WIZARD

ティリングハストの株式投資の原則

小さなことが大きな利益を生み出す

ジョエル・ティリングハスト［著］
長尾慎太郎［監修］
藤原玄［訳］

Big Money Thinks Small

Biases, Blind Spots, and Smarter Investing

by Joel Tillinghast

Pan Rolling

監修者まえがき

本書はフィデリティ・インベスメンツのポートフォリオマネジャーであるジョエル・ティリングハストの著した〝Big Money Thinks Small : Biases, Blind Spots, and Smarter Investing〟の邦訳である。フィデリティは世界でも指折りの規模と長い歴史を持つ資産運用会社の一つであり、ピーター・リンチが運用を担当していたマゼランファンドをはじめとして優れた投資手段を顧客向けに提供してきた。ティリングハストの運用するファンド群もその例外ではなく、長年にわたって着実な実績を積み上げてきている。著者の運用スタイルは伝統的なボトムアップのバリュー投資で、各銘柄を丹念に調べることによって市場価格と本質的価値との差分を取りに行くというアプローチである。これは一見地味な投資手法でまったく面白みがないように思われるかもしれないが、非常に堅実で信頼性の高い投資手法で、これまでにウォーレン・バフェットをはじめとした多くの成功者を生んできた。

さて、本書のなかで新古典派経済学への疑問に多くのページがさかれていることからも分かるように、金融市場には広義のグランドセオリーは存在しない。つまり、理論から導出して演繹的に正しいと言える投資手法はいまだ存在しない。したがって、投資における正当性は経験主義か実証主義に基づいて主張するしかない。この文脈ではバリュー投資はあまりにも多くの成功例があることから、帰納的にその正しさが実証されているとみなしてよいだろう。

しかし、正しいと分かっていてはいても現実にはそれを教科書どおりに実践できる投資家は少ない。なぜなら、バリュー投資に限らずどんな優れた投資手法にも訪れるドローダウンの時期をやり過ごせるだけの確信を維持し続けることは普通の人には難しいからだ。この問題は機関投資家のファンドマネジャーであっても避けることはできない。実際にはファンドマネジャー自身にはまったく迷いがなくても、投資家が不安になって資金を引き揚げてしまえばファンドは償還せざるを得ないし、たとえ投資家からの信頼に変化がなくても、怖気づいた経営陣の命令で理不尽なスタイルドリフトを強いられることもあり得る（資産運用の実務経験がない人間が経営する未熟な運用組織ではそういったことはけっして珍しくない。投資家にとって、資産運用会社の経営者の経歴は投資する際に必ず確認すべき注意事項の一つである）。

著者のファンドも一九九〇年代後半のＩＴバブルの時期には、アンダーパフォームに苦しんだようだが、幸いにも彼は自分の信念を貫いて慎重で合理的な投資スタイルをけっして変えず、それがその後の良好なパフォーマンスにつながった。思うに、ティリングハストという素晴らしい運用者を得ることができたフィデリティや受益者も幸運であったが、フィデリティという成熟した組織に属したことや忍耐強い投資家を得たことで、一貫した運用を継続することができたティリングハスト本人もまた幸せである。

二〇一八年一一月

長尾慎太郎

CONTENTS

序文

ピーター・リンチ

私は文字どおり、人生を通してアクティブ運用のストックピッカー（銘柄選択者）であり続けた。それゆえに、批評家たちが「アクティブ運用のファンドマネジャーはベンチマークに勝つことができない」と、すべてを一くくりにして口にするのを聞くのが嫌である。それが真実ではないことを読者に伝えるために筆を執った。投資家は、すべてのアクティブ運用者が同じではないことを知る必要がある。長期にわたりベンチマークを上回る業績を上げる有能なプロの投資家が大勢いるのだ。ティリングハストはそのなかでもトップクラスの存在である。ティリングハストは、今でもフィデリティ・ロープライスト・ストック・ファンドを見事に運用し、その担当期間も私がフィデリティ・マゼランを預かっていた期間の二倍にもなっている。

読者を投資家として成長させると説く書籍はたくさんある。しかし、著者自身の投資やビジネスにおける実績に裏づけられているものなどほとんどなく、ましてや最も成功したストックピッカーや過去三〇年にわたりアクティブ投信のファンドマネジャーを務めてきた人物の経験を描き出したものなど、さらに少ない。プロの投資家であれ、初心者であれ、本書は投資における一般的なトリックや落とし穴や誤りを避ける方法をより良く理解する一助となろう。

私はこれまで五五年以上にわたり投資を行い、業界の最も偉大な人物たちと働き、また出会うことに喜びを覚えてきた。マリオ・ガベリやジョン・テンプルトン卿からウォーレン・バフェット、ウィル・ダノフといった人々である。ティリングハストはそのなかでもトップクラスの存在である。私は自信を持ってそう言える。なぜなら、彼との関係は三〇年以上にわたるばかりか、彼をフィデリティで採用したのは私だからである。以来、ティリングハストがプロの投資家として成長する姿を見続けてきたが、一度に何百もの企業の情報の山を処理し、分析し、消化し、そしてそれを用いて多くの敗者を避けながら、長期的な勝者を見いだす、この世のものとは思えない彼の能力には今でも驚いている。

三〇年以上も前、私が新たな職を探していたティリングハストからの突然の電話に出たのも、この分析能力と、顧客第一とする彼の考え方がその理由である。彼が私のアシスタントであったポーラ・サリバンに連絡をしてきたことを覚えている。彼女は私にこう伝えた。「この子と話したほうがよいですよ。何度も電話をかけてきていますが、とても感じがいいです。中西部の出身ですから、農夫かもしれませんね」。私は「五分だけなら」とサリバンに答えた。そして、ティリングハストと電話で話をしたわけだが、私はあっという間に彼に魅了されてしまった。彼は株式に夢中で、プエルトリカン・セメントなど多くの優れたアイデアを持っていた。その後、彼は貯蓄貸付組合（S&L）の話を始めたが、まったく知識のなかった私は興奮を覚えた。われわれは、クライスラーやアームストロング・ラバーなどさらに多くの企業について話をした。

彼との電話を終えたときには優に一時間は経過していた。電話を切ると、私はすぐにフィデリティの投資部門長に電話をしてこう言った。「彼を採用しましょう。彼は素晴らしい。これまで会っただれよりも優秀ですよ」。それが一九八六年の九月であるが、それからのことは記すまでもなかろう。過去のパフォーマンスが将来の結果を保証するものではないが、ティリングハストはおよそ二八年に及ぶ期間を通じて、自らのファンドの受益者に素晴らしい成果を届けてきた。

私の辞書によれば、ティリングハストは、歴史を通じて最も偉大かつ成功したストックピッカーの一人である。彼はまさに市場に打ち勝つことのできるアクティブ運用者の好例である。辞書で「アルファ」を調べたら、そこにはティリングハストの写真があって然るべきだと考えている。彼はユニークで、比類なき投資家であるので、彼の成功を再現するためのレシピは存在しない。つまり、ティリングハストは、私が偉大なる投資家たるために不可欠だと考えている素養や特徴を持ち合わせているのである。彼は忍耐強く、柔軟で、融通無碍である。彼にはまた、世界中で起こっている心配事に振り回されずにいる能力があり、それが投資で成功することを可能にしている。また、独自の調査を行う意欲を持ち、自分が間違っているときは進んでそれを認めて撤退する。彼は粘り強いが、頑固ではない。優れた投資家はこれらの特性のいくつかを持ち合わせているものだが、ティリングハストのような偉大な投資家はそのすべてを身につけているのだ。

ティリングハストとほかのプロ投資家とを分かつもうひとつの素養は、ほとんどだれも気づかないような価値を見いだす能力である。本書でティリングハストは水道会社の株式に言及しているが、水道株は退屈なものである。さらには、Ｄｗｒ・Ｃｙｍｒｕ（ウェルシュ・ウォーター）、セバーン・トレント、ノーサンブリアン・ウォーターなどという風変わりな社名を付けられた日には、ほとんどだれも見向きもしないであろうし、グーグルやアップルのようにアナリストのカバレッジに入ることなど望むべくもない。一般的なアナリストには、ストーリーを理解し、投資機会を見いだすために必要となる、深遠な基礎研究を行うだけの忍耐力も覚悟もない。私はティリングハストと水道会社について話をしたことを覚えているが、その基礎となるストーリーは極めて説得力あるものであった。ティリングハスト以外にだれがそれに気づくだろうか。

ティリングハストはまた、価格が急騰する前に長期的な成長株を見いだす一貫した能力を示してきた。つまるところ、ほとんどの者たちがその機会を見逃すのである。本書においてティリングハストはいくつかの企業を取り上げているが、それらの企業は彼が成長サイクルの早い段階で見いだし、やがてはフィデリティ・ロープライスト・ストック・ファンドのパフォーマンスに大きな寄与をもたらした銘柄である。社名を挙げれば、ロス・ストアーズ、オートゾーン、モンスター・ビバレッジ、アンシスなど限りがない。ほとんどの投資家は、株価が一〇～一五％上昇すると利食いをして、ほかの銘柄に移ろうとしがちである。しかし、株価が上昇したとしても、一〇〜一五％の上昇はさらなる成長余地を否定するものではない。成功する投資家は長期間にわたって保有し、基礎となるストーリーを観察し続け、依然として有効であればとどまり、そうでなければほかへと移るのである。これらの能力によって、ティリングハストはそのキャリアを通じて、投資家として信じられないほどの成功を収めてきたのだ。

ティリングハストは、本書において熟練したアクティブ運用のファンドマネジャーとしての経験を記し、個々の投資ストーリーがどのように成功をもたらすか、また失敗に終わるかを説明している。彼はその優れた能力を証明し、キャリアを通じて成功しているが、ほかのすべての投資家と同じように、それは絶対確実なものではないのだ。銘柄選択は難しい仕事であり、ティリングハストのような最高の投資家でさえ、三〇年もの間には間違いを犯しているのだ。重要なのは仕事全体を通して何をなすかである。本書においてティリングハストは、自ら後悔することになった幾つかの投資を検証し、読者が同じ過ちを犯さずに済むであろう方法を提案しているが、これは本当に素晴らしいことだと思う。

ティリングハストは、偉大な投資家になる方法を学ぶことはできないが、間違いを避け、投資家として成功する術は学ぶことができると主張している。弁の立つ株式営業マンであれば、平均的な投資家を過信させ、判断を迫ることができる。しかし、ティリングハストは、注意深く行動し、間違いを避け、忍耐強くあることのほうが、大胆な投資を行うよりも利益を手にする可能性は高いと記している。

ティリングハストは、投資における災難を回避するための五つの原則を紹介している。読者が楽観的か悲観的かによって、これらの原則は従うべきものとも、避けるべきものとも思えるであろう。それは次のとおりである。

1. 感情的になって、勘に従って投資をしてはならない。忍耐強く、合理的に投資をしなければならない。
2. 他人の知識のみに依拠して、自分が理解していないものに投資をしてはならない。理解しているものに投資をしなければならない。
3. 不正直な人物や非常識な人物と投資をしてはならない。有能で、正直な運用者と投資をしなければならない。
4. 流行に左右されたり、変化が激しかったり、多額の負債を抱えているコモディティ化した事業に投資をしてはならない。得意分野を持ち、健全な貸借対照表（BS）を持った強い事業に投資をしなければならない。
5. 最新の「ストーリー」銘柄に投資をしてはならない。割安な銘柄に投資をしなければならない。

本書は「株をやる・市場で賭け事を行う（Play the Market）」方法を伝える書物とは一線を

画する。この言葉に私はいつもうんざりしている。「Play」という動詞は、投資という文脈においては非常に危険なのだ。株式投資は簡単なものではないが、苦痛を伴うものでもないはずだ。研究をし、株価は長期的には企業の利益に追随する傾向にあることを理解する必要があることは言うまでもない。それには驚くべき相関関係があるのだ。例えば、ロス・ストアーズの利益は過去二五年間で七一倍に増大しているが、同社の株価は同じ期間でなんと九六％上昇しているのだ。また、モンスター・ビバレッジの利益は過去一五年間で一一九倍となったが、同社の株価は同期間に四九五倍も上昇している。利益が減少するときも同様の相関関係が見られることを記しておく必要があろう。そのような例は枚挙に暇がない。

大部分の銘柄は公正な価格付けがなされている。一〇の銘柄のうち、投資に値するのは一つだけだと私は常々述べてきた。二〇の銘柄であれば二つ、一〇〇銘柄であれば一〇という具合である。最も多くの岩をひっくり返した人物が勝つのである。この例え話にこじつけるならば、ティリングハストは、最も多くの岩をひっくり返しているばかりでなく、彼は偉大なる地質学者でもあるのだ。

ティリングハストはこの職に専念してきた。彼が市場のタイミングを計ろうとすることはない。彼は、あらゆる銘柄の調査に時間と労力を費やすが、それは株式を買う前だけでなく、重要なことにそれらを保有している間もそうするのだ。ティリングハストは最高のプロの投資家のだれよりも懸命に働いていると私は考えているが、彼がファンドの受益者にもたらした成功がそれを証明しているであろう。

株式でお金を稼ぐだけの知性を持ち合わせている人物はたくさんいる。しかし、だれもが胆力があるわけではない。ティリングハストはその双方を持ち合わせている。そして、良識ある説明を通じて、自らの投資プロセスを一つずつ読者に伝え、適切な疑問を持つ方法、そして自らのポートフォリオの状況を客観的に検討する方法を教えている。

本書の素晴らしさは書き尽くせないが、簡潔に言えば、お薦めである。本書は必読の一冊――大化け株なのだ。

謝辞

多くの方々の支えや導きがなければ本書が生まれることはなかった。ピーター・リンチがいなければ、フィデリティ・インベストメンツで働くことはなかったであろうし、本書のもととなる経験や議論をすることもなかったであろう。さらに、エドワード・ジョンソンとその父の伝統を受け継いだアビー・ジョンソン率いるフィデリティは、私に学び、成長する自由を与えてくれた。トム・アレン、ジャスティン・ベネット、リチャード・ボウケ、エリオット・マッティングリー、ピーター・ハーグ、エミリー・マッコム、マウラ・マッキナニー、デレク・ジャンセン、アービンド・ナバラトナム、レスリー・ノートン、F・バリー・ネルソン、ブライアン・ペルトネン、チャールズ・サラス、そしてフィデリティの小型株チームのみんなには多くの意見を寄せてくれたことを心から感謝する。また、専門知識を提供してくれたジェフ・キャッシー、ダニエル・ガラハー、ショーン・ギャビン、スコット・ゲーブル、サリム・ハート、マーク・ラッフェイ、ジョシュア・ランドワイルド、クリス・リン、シュミット・メーラ、カレン・コーン、ラモナ・パーソード、ダグ・ロビンズ、ケン・ロビンズ、ジェフ・ターリン、ジョン・ウィルヘルムセンにも感謝を申し上げる。また、コロンビア大学プレスのマイルス・トンプソンには多くの励ましを頂き、またジョナサン・フィードラー、メレディス・ハワード、べン・コルスタッド、レスリー・クリーゼル、スティーブン・ウェズリーにはアドバイスを頂いたことに感謝を申し上げる。最後に、私を支え、執筆に集中することを許してくれた両親、アンナ・クローリー、エリック・モンゴメリー、バレリー・ティリングハストに感謝を申し上げる。

第1部
臨機応変

第1章 マッドワールド

「あなたの信念が思考となり、思考が言葉となり、言葉が行動となり、行動が習慣となり、習慣があなたの価値となり、あなたの価値が運命となる」――マハトマ・ガンジー

お金持ちになりたいか。経済学者はこの疑問をバカげたものと考える。なぜなら、彼らにとって答えは明らかだからである。「イエス」だ。しかし、動機や信念や判断の合理性に重きを置きすぎるのは私にとっても、またたれにとっても賢明ではない。本書は、投資業界は見かけとは異なり、また理想は外見とも現実とも異なることが多いということをテーマとしている。また、実際のところ、われわれは自分たちが考えるような合理的な方法で判断をしていないのである。われわれの判断は完全なものではなく、皆、やがて後悔するような決断を下すものなのだ。

本書は、間違いを避けることによって投資で成功する方法を伝えるものである。本書は五つの骨格から成るが、①合理的な判断をする、②理解しているものに投資する、③正直で信頼に

足るファンドマネジャーと仕事をする、④陳腐化しやすく、また財政的困難に陥りやすい事業を避ける、⑤株式を適切に評価する——ということをすれば、素晴らしい投資結果が得られるだろうとするものだ。本書に記した私の誤りに関するストーリーは、投資で失敗をしたことのある読者にはすぐに理解してもらえるであろうし、また、より多くの読者に他人の誤りから学ぶ機会を提供し、彼らにちょっとした楽しみを与えることになれば幸いである。

私は、一九八九年からイントリンシック・バリュー・アプローチ（企業の本源的価値に注目した投資手法）に基づいてフィデリティ・ロープライスト・ストック・ファンド（ＦＬＰＳＸ）を運用しているが、ラッセル二〇〇〇にもＳ＆Ｐ五〇〇にも、年に四％ほど上回るパフォーマンスを上げてきた。ＦＬＰＳＸに投じられた一ドルは、二七年間で三二ドルになったが、インデックスに投じられた一ドルは一二ドルにしかなっていない。

しかし、事業の世界も、投資の世界も諸行無常が常である。過去に有効であったことが有効であり続けるとは限らない。さらに重要なことに、投資家は多様な存在であり、感情も能力も知識も動機も、さらには目的もさまざまである。すべてに有効なことなどないのは明らかである。また、われわれは出会ったばかりなのであるから、読者についての結論を急ぐべきではなかろう。

「次に何が起こるのか」、そして「それはどのような価値があるのか」

ほとんどの投資家は次の二つの疑問の解を求めている。つまり、「次に何が起こるのか」、そして「それはどのような価値があるのか」である。われわれは、一つ目の質問が提起される以前に無意識のうちに答えを出そうとする傾向がある。株価は上昇しているのだから、次に起こることはさらなる上昇であろうが、もちろんそれは下落しないかぎりである。とある企業が壊滅的な決算発表をする。そして、収益予測は大幅に引き下げられる。株価は暴落するが、それは市場がその企業の大惨事を知り、また経営陣による収益予想がそれ以上に悪化しないかぎりである。次に何が起ころうとも、その次には別の何かが起こるのであるが、それには準備ができていないかもしれない。次に何が起こるかという疑問は、「そして、次は何か」という連続なのである。そして、それらに対する答えはたいていの場合、間違っている。

時間軸を長くとればとるほど、ほかの投資家を先んじる必要がある。意識の高い投資家は、少なくとも次に何が起こるかと何度か繰り返し自問するであろう。二度目の「次に何が起こるか」という疑問への答えは、一度目のそれに依存し、三度目のそれは二度目と一度目に依存する。その繰り返しである。例えば、素晴らしい新製品を開発した企業を想定してみよう。それによって売り上げは増大し、利益も増えることが多い。しかし、高い利益は競合他社を引きつける。つまり、製品を投入した最初の企業が勝者となり圧勝する場合もあれば、先駆的な企業が背中に矢を受けて、行き場を失うこともあるのだ。正しいにせよ、間違っているにせよ、私はこれらの答えを投資判断へと転換する術を知らない。

「それはどのような価値があるのか」という疑問はさらに複雑である。多くの人々が難しすぎて答えられないと思うがゆえに、価値に関する疑問を無視するのだ。株価と価値とは同じであるとして、その疑問すら持たない者もいる。彼らは、株式にはそれが売買されている価格どおりの価値があると思っているのだ。もし急いで売らなければならないとしたら、手にするのは時価であって、価値ではない。しかし、私自身も推奨しているバリュー投資の中心思想は、株価と価値とは常に等しいわけではないが、将来のある時点で等しくなるはずだというものである。それがいつなのかは分からないので、忍耐力は必須である。

価値が証明されるのは数年後、売買の判断を下したずっとあとである。価値は遠い将来の収益やキャッシュフローの予想に基づいたものなので、間接的にしか示すことができず、また正確でもない。予想はあくまで推測にすぎず、事実ではない。多くの場合、実際の結果は長い時間をかけて実現する。しかし、ある年の損失がとりわけひどいもので、企業が倒産してしまえば、それがターミナルバリューとなる。ほとんどの人々は、バリュエーションのような長い時間がかかり、判然としないものをやり遂げるだけの忍耐力を持ち合わせていない。

「それはどのような価値があるのか」という疑問に答えるには、忍耐力を持ち、回転率を低く維持することが求められる。だからといって、常に「次に何が起こるのか」に基づいて売買することは一見容易な方法に思われるが、ほとんどの投資家、さらにはプロたちにとっても有効ではない。ポートフォリオの回転率を、資産に対する売りや買いの量の少ないほうの割合と定

表1－1　投資信託の回転率とエクセスリターン

回転率五分位	平均回転率	年間エクセスリターン
高1	128%	－0.24%
2	81%	－0.31%
3	59%	＋0.07%
4	37%	＋0.33%
低5	18%	＋0.10%

出所＝サリム・ハート（フィデリティ）、モーニングスターで取り上げられた５億ドル以上の資産を持つアクティブ運用の株式投信

義すると、回転率が一〇〇％のポートフォリオでは平均的には毎年、保有株が完全に入れ替わることになる。投資信託は、保有株と回転率のデータをＳＥＣ（米証券取引委員会）に提出しなければならないので、彼らの行動はある種の公開記録となる。

大まかに言って、ほとんどの研究によると、回転率が高まるほど、ファンドのパフォーマンスは悪くなることを示している（**表1－1**）。私が目にしたすべての研究が、回転率が二〇〇％を超える投資信託のパフォーマンスは振るわないことを示している。回転率が一〇〇％超の投資信託はまだましだが、それでも大したことはない。ほどほどの回転率が最良なのか、最大限ゼロに近づけることが良いのかについて、一致した意見はない。しかし、回転率が五〇％を下回る投資信託は、バリュー投資のような、合理的で、忍耐強いアプローチを取っている可能性が高い。

民間伝承と大衆

歴史家、心理学者、経済学者は株式市場の動きについてそれぞれ異なる説明をする。何世紀もの間、株式市場は、罪の香りがする、大衆の妄想と騒乱に彩られた、名もなき人々が群れ集まるカーニバルだと語られてきた。強欲と嫉妬が常の場において、道徳上ふさわしい判断が下されるとはだれも思っていない。財政的には、現実を理解しないことが最大の危険を生み、それが結局はにわか景気と不況が永遠に繰り返されることへとつながるのだ。オランダのチューリップバブル、南海会社バブル、大恐慌、日本の不動産バブルなどがそれである。もちろん、ハイテクバブルと不動産バブルも含まれる。投資家たちは、自分たちは世界を改革する冒険に参加しているのだと信じていた。しかし、バブルが崩壊し、投資家の手に残ったのは、無駄な資産や詐欺事件、不良債権だけである。

フランス人学者のギュスターヴ・ル・ボンは一八九五年の『群集心理』（講談社）でフランス政治を批判したが、彼の見解は株式市場のバブルがどのようにして起こるかを説明するものでもある。群集心理によって、個々人は自分一人であればけっして行わないような突飛な行動に出る。大衆は、最も低俗で、かつ最も野蛮で、直感や情熱や感情といった、けっして合理的ではない集合的無意識に精神的に統合されるというのがル・ボンの主題である。群衆は、光景やイメージや神話に感銘を受ける。そして、誤った情報と誇張とが広がっていく。そして、共通の信念を繰り返し断言する熱狂的な信者に権威がもたらされる。群衆は、それが経験によって否定されるまで妄想を追い求めるのだ。

イギリスの投資家たちは、新世界の輝ける都市のイメージにあらがうことができず、南海会社バブルを膨らませた。今日、黄金郷と言えば、注射いらずの血液検査や火星の植民地や太陽光発電の無人自動車などを思い浮かべるかもしれない。投資家たちは、まるで宗教か政治運動かのように、フェイスブックやアマゾンやセールスフォース・ドットコムやテスラの株に熱狂しかねない。プロのファンドマネジャーは個人投資家ほど周りに合わせるような圧力に影響を受けることはないが、われわれは四半期ごと、そして毎年、相対的なパフォーマンスとベンチマークとの差異を批評され、後れを取れば顧客たちは口座の資金を解約してしまうのだ。

南海会社は一七一一年にイギリス政府の債務を整理する仕組みとして設立されたものである。国王は南海会社に南米との貿易を独占する権限を与えた。政府のアニュイティ（債券）を保有していた者たちは、それを南海会社の株式に転換することができ、南海会社が債券の利払いを賄うこととなったのだ。南海会社からの唯一の収益源は金利収入である。国際貿易には投機的な魅力があるが、積み荷に奴隷を加えたあとですら南海会社がそこから利益を得ることはなかった。それにもかかわらず、その株価は半年後には八倍にもなり、一七二〇年六月には一〇〇〇ポンド近い高値を付ける。国王ジョージ一世が同社の名誉総裁であり、ロンドン社会の多くの人々が熱狂の渦にのみ込まれていった。株式は分割払い方式で販売されたが、株式を買うために借金をした者もいたのだ。南海会社の株式は数カ月のうちに一五〇ポンドまで下落、翌年には一〇〇ポンドを下回り、レバレッジを用いていた多くの者たちが破産した。

南海会社バブルの時期には五つのカテゴリーの間違いが起きているが、そのなかで投資家は、本書の五つの基本理念と正反対のことを行っていた。

一つ目は、「合理的に判断をしなければならない」である。南海会社に投資するという判断は、南米の輝ける都市に関する共同幻想に基づいたものである。北米の英語圏との交易が利益あるものであったことはたしかだが、南米のほとんどはスペイン領であったのだ。事実が容易に確認できないとき、われわれは権威ある者たちの（しばし誤った）判断に同調する。国王が南海会社の株式を保有し、また役職にあることがその裏書となったのである。好機を逃すことへの不安（ＦＯＭＯ［the Fear Of Missing Out］）などは、周りのだれかが不労所得を手にするのを目にするまでバカげたものと思える。好機を逃すことへの不安は圧倒的なものとなり得るのだ。著名な物理学者であるアイザック・ニュートン卿は南海会社バブルで損をしたと伝えられているが、後にこう述べたという。「私は天体の動きを測定することはできるが、人々の狂気を測ることはできない」

二つ目は、「理解しているものに投資しなければならない」である。南海会社の株主のほとんどが、南米との貿易の成果を知るための機会や直接的な経験を持たなかった。海の旅は長く、ゆっくりとしたもので、ヨーロッパを出たことのある者も、スペイン語を話す者もほとんどいなかった。投資家たちは、植民地との貿易を独占する利害はスペインにあることを理解していなかったのかもしれない。また、社会の序列のトップに君臨する王室や地主階級にとってビジネスに精通しすぎることは汚点だと考えられてもいたのだ。南米への船旅がどれほど儲かるかを理解していた唯一のイギリス人は、海賊だけであっただろう。

三つ目が、「正直で信頼に足る者と仕事をしなければならない」である。南海会社を推進した者たちは、航海をした経験も、またそうすることの利害も有しておらず、また自分たちのためではなく、株主たちのために必死でお金を稼いだこともなかった。さらに、現在でも同じだが、政府が認めた独占企業は競争を廃し、たいていの場合は利益の大きなものとなるが、犯罪的な側面もある。株式オプションが、国王ジョージ一世、彼のドイツ人妃たち、プリンス・オブ・ウェールズ、財務大臣、財務省の長官など支配階級の人々に付与されていた。南海会社の推進者たちは、過大な価格で同社の株式を発行している。最大規模の株式発行時には、額面の三倍もの価格で政府債と交換されたのである。それが原因で後に財務大臣ジョン・エイズラビーやほかの者たちが弾劾を受け、投獄され、多くの者たちが大恥をかくこととなったのだ。

四つ目が、「競争の厳しい産業を避け、財政構造の安定した産業を探さなければならない」である。南米貿易の本質と株主資本にまつわる財政構造から見て、やがて失敗に陥ることは不可避であった。イギリス王室は独占を自由に認めることができなかった。なぜなら、自国の植民地との貿易に対する支配を維持する権利はスペインにあり、イギリスは同盟国でもなかったのである。フランスも野心を抱いていたが、南海航路の長期的な見通しを立てられずにいた。また、南海会社の株式は長続きするはずもない方法で取得されている。多くの官僚が事前に現金を支払うことなく株式を受け取ったが、彼らはただ純利益だけを手にすることができるのだから、これはオプションか賄賂とみなすことができる。一般大衆に対しては、初回の支払いと後日二回に分けて支払う分割払い方式で株式が売り出されたが、株式を買うために借金をした者たちもいた。返済期限が来れば、多くの者たちが株式を売却して現金を調達したのである。

最後の五つ目は、「株価と本源的価値とを比較しなければならない」である。南海会社の株価は、現実的な価値の見積額とはまったく関係がなかった。本源的価値とは、残存する期間を通じて支払われることが期待される配当額に基づいた株式の「真」の価値のことである。この計画に反対していたアーチバルド・ハチソン下院議員は、一七二〇年の春に南海会社の株式の価値は一五〇ポンドであると算定したが、時価はその何倍にもなっていた。ハチソンは、主に南海会社の金利収入に基づいて価値を見積もっている。それ以前までに、南海会社の遠征隊は損失を出していた（将来も損を出し続けるであろう）ので、その事業には価値がないとするのが正しかったかもしれない。一七二〇年、南海会社は純利益を上回る持続不可能な配当を支払ったが、これによる利回りが価値の非現実的な指標となってしまったのだ。

南海会社バブルを巡る誤算のすべてとは言わずとも、幾ばくかは群衆の狂気によるものである。人々は自ら理解していないことを完璧に無視することができるのだ。投資家たるわれわれは、組織の判断と永続性を評価しようとしているが、これこそは群衆の心理とは異なるものである。株式の価値を見積もるプロセスでは、蓋然性と統計数値とをもって理由づけを行うことが求められるが、そこでは異なるたぐいの心理的な知識が必要となるのだ。

ファスト&スローに考える

投資をどう考えるべきなのか。心理学者ダニエル・カーネマンによる意思決定に関する定型化された説明では、思考には二つのスタイルがあるとされる。早く（ファストに）考えるシステム1と、徹底的にゆっくりと（スローに）考えるシステム2である。システム1（通俗科学では爬虫類脳と呼ばれる）は、パターンを自動的に、即座に、無理なく認識し、次に何が起こるかを伝達する。システム2は、株式の価値を見積もったり、カーネマンが言っていることを理解したりするような、複雑な思考に嫌々ながら注意を向けるものである。選択やエージェンシーや注意はシステム2に付随するものであるが、われわれの意思決定はシステム1で行われることが多い。われわれは、合理的に、一つずつロジックに従って意思決定をしていると考えているが、実際には感情に左右されたパターン認識、つまり直感に従って意思決定をしている。そのような直感を蓋然性や統計数値に関して使うのならば、その判断は信頼できないものになる。

たとえその判断の多くが偽りであることが後に判明するにせよ、もし爬虫類脳が絶えず因果関係を示唆し、判断を促すことがないとしたら、本来はシステム2は必要ないはずだ。しかし、われわれの直感が感情や傾向をあまりに自然に生み出すので、そのことが真実だという幻想と、信念に対する不当な安心感を生むのである。自信というのは、知識よりも無知によってもたらされることが多いのだ。

システム1は、不明確さを無視し、すぐに目に見える証拠にだけ一面的に焦点を当てることで疑いを覆い隠してしまう。カーネマンはこれを、見たものがすべて（WYSIATI［What You See Is All There Is］）と呼んでいる。われわれの思考は、難解な疑問に答えるのではなく、経験則や簡便な方法を用いて、より簡単な疑問に答えようとするのだ。システム1は一般的、平均的、また繰り返し起こることよりも、サプライズや変化に反応する。それは、蓋然性の低いものを過大に重視し、判断を狭め、そして利益よりも損失により過敏となるのだ。

実際に投資家はどのように行動しているのか

カーネマンは、人間は経済学者が合理的な経済人が行うと仮定しているような振る舞いをすることはないと考えている。合理的という言葉が広く用いられているように、たいていの判断には理由がある。さらに経済学者たちは、人々の選択は論理的に一貫しており、経済的効用を最大化するものであるという要件を付け加えている。私が知るかぎり、最も欲深い輩でさえ、論理的に一貫した方法でひたすら何か（苦悩は除く）を最大化することはない。最も合理的な人物と言えば、バークシャー・ハサウェイのＣＥＯ（最高経営責任者）で、偉大なるバリュー投資家であるウォーレン・バフェットであろう。ほとんどの人々が、一つのことに集中するのではなく、同時に二つ以上の目的のバランスを取ろうとする。彼らは、最適化を行っているのだ。リスクとリターンについて考えてみてほしい。合理的経済人はリスク回避的ではない。しかし、私はそうである。私はほかの者が選択したことが理解できないときは、彼らの判断の裏側にある別の動機について考えるようにしている。

経済学者が合理的経済人の行動をどのように仮定しているかを見ると、私はどれほど改めようと思ってはいても、不完全で、誤りを犯しがちな人間を思い出してしまうのだ。

●**完全な情報**　すべての人々が、それが隠されたものであっても、個人的なものであっても、すべての有価証券に関するすべての関連情報をよく知っており、誤った情報は存在しない
●**完全予見**　われわれは将来がどのようなものとなるかを正確に知っている
●人々はあらゆる可能性とその期待効用を測定し、比較する
●すべての人々がニュースを正しく解釈する
●選好は変化しない（若者向けの小売り企業に投資をするなど愚かなことだ）

●すべての人々が極めて貪欲である（必要以上のお金を欲しがるのは本当に合理的だろうか）
●被雇用者は雇用者と同じ行動を取る

経済学者たちは、高所から見下ろして投資リスクを研究し、あらゆる種類のリスクを一つの瓶に入れてしまう。彼らは第三者の視点から市場を眺め、その結果を統計の対象としたすべてのグループに適用してしまう。つまり、個々の結果ではなく、システム全体に対する正味の影響を見ているのだ。例えば、原油価格が上昇し、航空会社や運輸会社の利益が減少しても、それと同じだけ石油会社の利益が増大するとしたら、システムからすれば問題はない、つまり正味のシステミックリスクは存在しないことになる。リスクは分散されているわけだ。こう考えると、無能な経営陣や不誠実な経営陣、事業の陳腐化や過大な債務などがリスクをもたらすかどうかは問題ではなくなる。すべては「市場リスク」なのである。

しかし、投資家はさまざまな種類のリスクを認識する。より魅力的なリスクもあるわけで、全体としてはより大きなリスクとなる。私は、過大な価格を支払うリスクに注意しているが、システム全体として見れば、私の損失はだれかの利益であるわけで、問題とはならないのだ。第三者の視点というのは、ほとんどの証券アナリストとは異なり、取り扱う案件のストーリーや詳細を無視し、それ独自の結果を予想しようとはしないのであるから、不自然なものとなる。しかし、第三者の視点も、適切な統計上の参照クラスにおける確率の基準率を推定することでは有益なものとなる。

基準率とは、統計上の母数における属性の頻度を表すものである。例えば、バイオテクノロジーの研究プロジェクトが収益性のある薬品を生み出す確率はおそらく二％ほどである。事例の特性に立ち返り、参照クラスを、ＦＤＡ（米食品医薬品局）の認証プロセスでより進んだ段階にある十分な資金のあるバイオテクノロジープロジェクトと再定義することもできる。参照クラスを目いっぱい広げることで、第三者の視点はテニスやチェスや投資のような運と実力の組み合わせであるゲームも含め、すべてを純粋な可能性のゲームとすることができるのである。

市場は効率的ではないのか

効率的市場仮説（ＥＭＨ）は、一連の行動における比較的正しい仮定に基づいて構築されている。現実の世界では、市場で取引されるすべての有価証券に関する完璧な情報を有している個人は存在しないし、全員が等しく情報に通じているわけではないが、彼らが求めるかなり有効な情報が手に入ることも事実だ。すべての者が情報を同じように解釈するわけではないが、多くの者たちは同じように解釈する。だれも完全な先見性を持ち合わせていないが、市場は将来を見通す。投資家は株式の価値を合理的に評価しようとするが、すべての買い手が投資家とは限らない。株式に誤った価格付けがなされているとき以外は取引すべきではないが、多くの者たちがそのようなときに取引する。取引コストはゼロではないが、低い水準まで低下してきている。税金は存在しないと真面目に仮定する者は、ＩＲＳ（米内国歳入庁）とトラブルを起こすことになろう。

効率的市場仮説に基づく結論は真実であることのほうが多い。株式はありとあらゆる情報を完全に反映して、常に適正な価格付けがなされている。株価は、ニュースが発表されたり、金利が変化したりするにつれ、ランダムに変化する。すべての株式は同様のリスク調整済みリターンをもたらす（それなら、どうして銘柄選択を行うのだ）。いかなる銘柄もポートフォリオも市場に勝てると考えるべきではない。リターンを改善させることはできないが、市場全体に連動するポートフォリオ、つまりインデックスファンドを保有することでボラティリティを分散させることができるという具合だ。手数料や税金が発生する現実世界において、リターンを改善する唯一の方法は、ファンドの経費を抑えることである。効率的市場仮説には説得力があるので、投資信託の巨人であるバンガードの創業者ジョン・ボーグルは、史上初めてコストの低いＳ＆Ｐ五〇〇インデックスファンドを組成したのだ。

私は効率的市場仮説を教訓ととらえている。平均的な人間が平均的な結果を得ることは真実だが、ほかのあらゆる取り組みと同様に、ほかよりも能力の高い者や利害の大きい者も存在する。競争のあるあらゆるゲームにおいて、勝者と敗者が生まれるのだ。これは、ゲームに取り組む価値がないということではない。しかし、カテゴリー全体の平均的な結果を見れば、だれもがインデックスファンドを「買ったら忘れる」べきとなる。競争相手もまた優秀かつ勤勉であるのだから、競争優位を得るにはそれ以上のことが必要となるのだ。

あなたは平均的な人間よりも、経済合理的で、感情的にも落ち着いているであろうか。投資資金が増大するに従い、忍耐強くなることができる責任感を有しているだろうか。あなたは自ら理解していないことを行う群衆に加わりたいと思うだろうか、それとも彼らの行動の理由を理解したいと思うだろうか。この疑問に対する答えが、自らが投資家という最も広範なカテゴリーとは異なる統計上のグループに属するかどうかを決めるのである。

興味は能力に勝るので、もし銘柄選択が能力を競うゲームであり、株式市場はルービックキューブよりも複雑で、魅力ある難題だと思うのであれば、私と同意見である。反対に、投資調査はつまらないものであり、株式市場は運を競うゲームだと思う者にとってはインデックスファンドが最良であろう。

インデックス運用を行う者たちは、株式市場全体のリスクを負うことで報われると信じているが、バリュー投資家はほかの者たちが誤りを犯しているときに、それとは反対の行動を取ることで利益を得ると考えているのだ。何が正しい行動で、何が間違った行動なのかという問題に興味がないのであれば、それが利益の源泉となるとは思わないであろう。インデックスファンド、アクティブ運用のファンド、個別株、どれを保有することが有効だと思うかは人それぞれなのである。

後悔

個別株に投資しようが、アクティブ運用のファンドに投資しようが、さらにはインデックスファンドに投資しようが、後悔の原因となるのは、本書で検討する五つの原則をひっくり返したものと分類できそうである。

1. 理性ではなく、感情に従って判断を下す
2. 自分は実際よりも知識があると考える
3. 誤った人物に資本を預ける
4. 陳腐化、競争、または過剰な負債ゆえに失敗しがちな事業を選択する
5. たいていの場合、華やかで、印象的なストーリーを持つ銘柄に過大な価格を支払う

本書の第1部では、直情的な爬虫類脳がどのようにしてありきたりの意思決定バイアスを引き起こすかを検討する。それは、投資と投機とギャンブルの区別が理解されず、また投資家が誤りから学ぶことができないときに致命的なものとなる。行動を起こす前にじっくりと考えることをしない人々は、自分たちがよく知っている問題と知らない問題があること、また、だれ一人として答えが分からない問題があることに気づけないであろう。

第2部では、投資の死角を探る。これは投資アドバイス、エキゾチックな有価証券、または特定の産業のダイナミクスという細々としたことにもなる。また、異文化間の誤解や、経済統計がどのように特定の銘柄と関係している（していない）か、という大きな問題となるかもしれない。自らの強みと限界を知れば、資本を預けるに値するエージェントのそれを理解することにもなろう。

第3部では、経営者の正直さや能力を評価するという問題に取り組んでいる。有能な経営者は、顧客に独自の価値を提供することに集中し、最も大きなリターンをもたらすものに資本を充当する。詐欺師どもは手がかりを残すものだが、それは企業の会計に見て取ることができる。

第4部では、有能な経営者でも厳しい事業に苦しむことはあるので、持続性がある産業とそうではない産業がある理由を探っていく。独自の製品、競合他社がいないこと、革新的な変化や少ない負債、これらすべてが企業のライフスパンを延ばすことになる。

第5部では、資産の価値は収入と成長と期間と確実性の掛け算であるので、これらの要素をまとめる。割引率を見積もるために、株式のヒストリカルリターンのパターンを検証する。割り引くキャッシュフローを正しいものとするために、利益のクオリティ（質）にも目を向ける。正しくも割安となっている銘柄を見つけたとしても、それがさらに下落する場合も多いのだ。

分散とインデックス

　では、銘柄選択を行うべきか、それともファンドで分散させるべきだろうか。分散させることで、リスクを拡散し、低減し、そして変質させる。つまり、企業に関して分散を高めれば高めるほど、自ら負うことになるリスクは減少する。Ｓ＆Ｐ五〇〇インデックスファンドは分散の完成形であるが、アクティブファンドや個別株からなるポートフォリオも分散が図られている。メブレビー教団の舞いのように衝動的に取引を行っているのであれば、Ｓ＆Ｐ五〇〇に投資しようが、特定の銘柄に投資しようが、関係なくなってしまう。そこでは分散は役に立たないが、理解していない分野に投資が集中することを避けることはできるだろう。インデックス運用を行う者たちはストックピッカー（銘柄選択者）よりも、一般的なルール、一般的な経済知識に頼ることができるが、ストックピッカーたちは特定の産業や企業の成長や競争力を理解する必要がある。

　インデックスファンドは企業の不正行為のリスク、浪費、陳腐化、破産、そして株式のバリュエーションに対して部外者となる。愚か者やペテン師が経営陣にいる企業もある。しかし、ひどい経営陣がいる可能性はほとんどないとしても、インデックスファンドにはそのような企業も含まれる。しかし、同じ確率で、優秀な革新者や称賛すべき経営者のいる企業を保有することにもなる。廃れゆく産業もあれば、財政的に行き詰まる企業もある。それでも、インデックスファンドは時価総額に応じてそれらの企業を保有する。反対に、インデックスファンドは成長株やドル箱銘柄を保有することでそれを相殺している。インデックス運用を行う者たちは細かいことを気にする必要はない。ただ、最終的に利益が出ればよいのだ。国全体の経済システムが腐敗しているか、時代遅れのものとなっていないかぎり、たいていは利益になる。

改めて記せば、インデックスファンドのバリュエーションやリターンは、全銘柄群の平均であり、効率的市場仮説が否定する割安銘柄やバブルが存在することを認めるとするならば、注目に値する割安銘柄がグロテスクなまでの割高銘柄の不利な点を相殺するのだ。効率的市場仮説を完全に信用してはいない者にしてみれば、インデックスそのものが本源的価値よりも高い値を付けていたり、株式の期待リターンが比較的魅力薄となる可能性はある。ここで、より広範な投資機会の期待リターンについて考えてみてほしい。国内または外国株、さまざまな種類の債券、不動産、現金、美術品、軍需物資に資金を投じることもできるのだ。常にとは言わずとも、株式は気の利いた選択肢の一つにすぎない。

インデックス運用を行う者たちはストックピッカーとは異なる方法で後悔を最小化し、不要な活動を避け、知識基盤を広げることに注力する。彼らは本源的価値についてあれこれ悩むことはしない傾向にあるが、仮に悩んだとしても後悔することは少ないであろうと思う。彼らにとっては、信用を裏切るような行為や財政的失敗は青天の霹靂に等しいくらい関係のないことなのである。対照的に、特定の銘柄に集中するストックピッカーたちは、それらの危険にさらされている。感情的な判断、誤解、良からぬ者たち、予期しない混乱、過大な負債、または過大な価格といった具合である。彼らはこれらのリスクを同時に最小化することを好むが、それはできない相談である。しかし、ありがたいことに、ストックピッカーはリターンの足を引っ張るような銘柄を除外することで、アウトパフォームすることができる。彼らは、成長した産業において、正直で優秀な経営者が率いている、割安となった企業の株式を探すのだ。

投資をどう考えるか

投資においては、すべては判断することから始まる。だが、他者の判断を評価していると、自分がどこにいるのか分からなくなる。われわれはまだ見ない未来に取り組んでいるのであり、真実ははっきりとはしない。それゆえ、社会的動物たるわれわれは他人の意見を求めるのであるが、それは間違っている可能性もあり、時には大間違いをすることすらある。個人としてわれわれにできる最良のことは、注意深く判断し、システム２を活用し（スローに考え）、数は少なくとも、より良い選択を目指すことである。直接的に言えば、これは過剰な回転率を避け、「次に何が起こるか」よりも「それにはどのような価値があるのか」ということに基づいて投資を行うことだ。また、株式であれ、インデックスファンドであれ、アクティブファンドであれ、それ以外の何かであれ、自分にとって有効な投資方法を選択するということである。

第2章 愚かな人間の錯覚（決定バイアス）

「感情の度合いは知識の量と反比例する。知識が少ない者ほど、興奮する」

――バートランド・ラッセル

心理学者は、人間が予想に関して判断ミスをするのはシステマティックなものだと主張している。株式市場のような、問題の構造が不明確（カジノとは異なる）で、回答がランダムにもたらされる複雑かつ不明瞭な状況では、それが顕著である。投資では、不十分なデータをもって結論を下すことを強いられる。目の前にある情報に基づき選択をし、目に見えない証拠を無視したり、複雑な問題を掘り下げるのではなく、巧みに語られるストーリーにしがみつくのも不思議ではない。ストーリーはユニークな出来事に関するものであり、統計上の母集団を代表するものではない。それゆえ、オッズを計算しなかったり、また誤った基準点を用いることで計算間違いをしたりする。本章では、心理的バイアスが投資にどのように誤った情報を伝えるか、そして株式市場がどのようにしてある感情や行動には代償を求め、また別の感情や行動には報いをもたらすのかを取り上げる。

われわれのシステム１は見たものがすべて（ＷＹＳＩＡＴＩ［What You See Is All There Is］）と考えるので、われわれは入手可能性（想起容易性）に基づいて情報の重要性を判断する傾向にある。この「見たものがすべて」は、直近の、劇的な、予期しない、個人的に関係のあるイメージこそが心に訴えかけるということである。歴史的・統計的・理論的・平均的なイメージは心に浮かばないのだ。一方でどれほど研究しても、株式の価値はあいまいである。その代わりに、手っ取り早い方法はある。つまり、今日のニュースは良かったので、株を買うというものだ。このような投資家は自らの行動は「データに基づいている」と主張しながら、実際は風任せなのである。あらゆる合理的な判断はデータに基づいたものである。では、どのデータなのか、その理由は何なのか。

暴落のあとでは、株式のリスクが取りざたされるが、強気相場の後半には、リスクの高いグラマー株の目覚ましいリターンがクローズアップされる。直近の出来事から推定することで、割高な銘柄を買い、安い銘柄を売ることになる。同様に、四半期のパフォーマンスの良かったファンドやアセットクラスがトップニュースとなる。株式がＴビルを長きにわたりアウトパフォームしてきたという事実がニュースになることもない。好況期には、景気循環に左右される産業が上げる歴史的な利益は報道されるが、それがつい最近までは損を出していたことには言及されない。やがてまたそうなるのに、である。二〇一六年のフォルクスワーゲンにおける排出ガスのスキャンダルやリコール問題によって、同社の株価は暴落した。スキャンダルはフォルクスワーゲンが安定しているかどうか、経営がうまくいっているかどうかという問題と関係しているかもしれないが、あまりにショックが大きく、それに答えようとする意欲を圧倒してしまったのだ。そして、まったく別の疑問と置き換えられ、そして答えが出された。「今すぐ売れ」である。

それよりも、無言の証拠にスポットライトを当てなければならない。その背後には、世の中や組織に関する検証されていない仮定が潜んでいるのだ。新近性バイアスを排除するためには、歴史を勉強すればよい。それも、期間が長ければ長いほど、範囲が広ければ広いほどよい。将来を思い描くためには、投資家は標準的なベースラインについて知る必要がある。何が変化し、何が変わらないのかを見いだすのだ。統計、確率、そして第三者の視点が鍵である。人々は同じことを繰り返すので、歴史は特に重要である。しかし、株式市場では、われわれの判断に対するタイムリーなフィードバックを得ることはない。われわれが手にするもののほとんどが雑音なのである。

歴史が持つマイナスの側面が「講釈の誤り（Narrative Fallacy）」である。著書『ブラック・スワン――不確実性とリスクの本質』（ダイヤモンド社）でナシーム・ニコラス・タレブはこう記している。

講釈の誤りは、説明を盛り込んだり、論理的なつながりや関係性を当てはめることをしなければ一連の事実をとらえることができないというわれわれの限界に対応するものである。説明が事実を結びつけるのだ。そうすることで記憶しやすくなる。つまり、より筋が通ったものとすることができるのだ。自分が理解したという印象が強くなると、この傾向は誤りとなりかねないのだ。

言い換えれば、われわれが実際には存在しない因果関係を認めることで問題が起こるのだ。分かりやすく、よく知られ、個人的にも関係し、感情面にも訴え、珍しいストーリーであると、それが怪しげなものでも信じてしまう傾向が強いのであれば、それまでの考えを確認し、それを否定する方向に動くべきである。より長く、多面的な歴史、比較可能な歴史、統計上の歴史、そして理論全般に向かって進まなければならない。データマイニングは有望な方法ではあるが、アマゾンの株価と銀価格、Ｓ＆Ｐ五〇〇とスリランカのバター生産量といった偽りの相関関係を容易に導いてしまう。投資家には、長期にわたって有効な説明と数字、そして懐疑的な思考が必要なのである。

避けられなかったのか

講釈の誤りの当然の帰結は後知恵バイアスであり、修正主義的な歴史では、結末は不可避であり、予見可能だったと考える傾向がある。しかし、実際には必要な情報が入手できなかったのだ。私個人は、企業の公表リポートを保存し、その合間に取引を行った理由を書き記しておくことで、後知恵バイアスと戦っている。投資日記をつけている者もいる。それにはプリモータムが含まれることもあるが、そこで行われるメンタルタイムトラベルによって、判断がお粗末なものであったことが判明したり、間違いの理由が推測できたりする。私もノートを見直すと、株式を買った当初の理由が、新たなものに置き換えられ、その理由のほうが有力であったり、または売りのシグナルであったりすることがしばしばある。私は当初モンスター・ビバレッジのオーガニックのフルーツドリンクに興味を持ったのであるが、株価の上昇は同社のエナジードリンクの爆発的な成長に支えられたものであった。反対に、一一〇ドルという原油価格に基づいたエネルギー企業の資産価値は、原油価格が四五ドルになってしまえば、バカげた数字に見えるのだ。

アンカリング

ストーリーが魅力的だと、誤った統計上の基準点から始めてしまうことが多いが、これはミスプレースド・アンカリング（誤参照点）と呼ばれるものである。時に人々は暗示にかかりやすく、無関係な数字を見せられると、それにアンカリングしてしまうことがある。例えば、取得コスト以下で株式を売れない投資家が多いが、これは株価が損益分岐点まで戻ることを期待しているのだ（彼らは、株式のその日の本源的価値に基づいて判断すべきである）。驚くほど割安な株価から急騰した銘柄に関して、フィデリティのファンドマネジャーであるピーター・リンチは、その時点における将来の収益機会に集中するためには、見逃した利益に「精神的な修正液を塗る」よう勧めている。

直近の高値や歴史的なバリュエーション比率、または予想利益など、一つの数字がミスプレースド・アンカーとなる。小型株やグロース株のその時点におけるＰＥＲ（株価収益率）を過去五年間の平均と比べても、同社の成長の様子や市場環境は劇的に変化しかねないのであるから、無意味である。それよりも、現在分かっていることに基づき、似かよった機会と比較することで、その日のあるべきＰＥＲを検討したほうがよいのである。また、たった一つの比率で判断するのではなく、さまざまなデータを組み合わせて価値を見積もったほうが有効である。

第三者の視点に立って、適切な参照集合を見ることで、より適切な確率の予想値にアンカーできるのだ。正しい参照カテゴリーには、もはや存続していないものも含め、似かよったあらゆるケースが含まれる。データが多ければ多いほど、信頼に足る推定が可能となる。しかし、グループがリンゴとオレンジからなることを知っているときは、参照クラスは狭いほうがよい。ここでわれわれは、生存者バイアスを避ける必要がある。言い換えれば、生き残った事案だけを検証してはならないということだ。後に、ほかに比べて失敗しやすい産業や企業が存在する理由を検証していく。

さらに広げてみると、誤ったアンカリングや見たものすべてによって、われわれはステップを省き、実際よりも結論に近づいているように考えてしまう。成長企業は、溶けかかった氷よりも価値がある。クオリティの最も高い事業は、コモディティ化した企業よりも正確な価値が付けられるが、突出したブルーチップの成長企業を見いだしたからといって、価格を気にせず買ってよいわけではないのだ。

反証を探せ

認証バイアスとは、何かが正しいと考えたときに、それを確認する証拠を求め、反証を無視する傾向のことである。爬虫類脳は、喫緊の物理的危険に対して素早く判断を下す。しかし、投資においては、素早い判断ではなく、独立した正確な回答が必要なのである。だれもがデジタルでつながっている現在、反響を避けるのはますます難しくなっている。ソーシャルメディアなどのメディアは、利用者が好むコンテンツや気に入るであろうものを意図的に提供している。資産運用は排他的な職業であり、ファンドマネジャーたちは似たようなバックグラウンドを持ち、考え方も似かよっている。私が買ったあとで株価が上昇すると、仲間たちは褒めてくれるが、それを私が正しかったことの証明だと考えることはできない。むしろ、私は間違っていたが、幸運にも株価が過大評価されているにすぎないのではないかと問うべきなのだ。

反証や弱気なストーリーを探すべきなのだ。逆に考えるのである。反対のストーリーもまた合理的なものであるかどうかを検討するのだ。例えば、低金利やマイナス金利は経済を刺激すると言われる。逆に考えると、低金利は、政府がパニックに陥っている（あなたはそうなってはならない）ことを示すので、経済を落ち込ませることになる。貯蓄者たちは利息が減るので、自分たちの財政的な目標を達成するためには消費を減らさなければならない。あらゆるものごとに陰の部分があるのだ。それを見いださなければならない。下落相場で底値にあることを除けば、たとえ割高となっていたとしても、たいていの場合、あらゆる投資は下落することがあるのだ。また、証拠が欠如していることが、欠如の証拠になるのではない。つまり、不正が証明できないからといって、不正は起こらなかったとは言えないのである。

強気

反証を締め出すことで、われわれは自分たちが選んだ銘柄は上昇すると過剰なまでの楽観主義に陥ることになる。ウォール街は、だれもが株を買うことになるので、この傾向をあおろうとする。その一方で、株を保有している者たちはそれを売りつけることができる。買い推奨の数は、売り推奨の数よりもはるかに多い。企業の一年後の利益予想や長期的な成長率についても、現実にはそれが達成されないことは常にある。利益が減少すると予想されることはまれであるが、実際にはしばしば起こることなのだ。これは、例えば利益が若干減少するといった、向こう２四半期の予想には当てはまらない。企業もアナリストも、四半期ごとに「アップサイドサプライズ」を生み出すべく、戦略的に結託しているのだ。懐疑主義を持ち、過去の業績と予想とを比較することで、過剰な楽観論に太刀打ちすることができる。

真実が理解できない者や現実から目をそらそうとする者もいる。うまくいかない投資家は、損をすると、その責任を転嫁しようとする。われわれは皆、素晴らしい結果は自分の能力によるものであり、悪い結果は運のせいだと考えるのだ。しかし、それは自らの誤りであり、それゆえ何が起きたかを整理しなければならないのだ。真実を探るにあたっては、同僚や組織に対する愛情を排除しなければならない。正しく認識し、消化した場合にかぎり、問題を解決することができるのだ。知りたくないような出来事があったかどうかを自問しなければならない。自分には答えが分からず、またほかのだれもそれを知らない問題であるなら、その事実を受け入れるべきなのだ。自ら答えることができる疑問を探しだすのである。真実が理解できない者たちは、ほかのだれかに資金の運用を任せるべきである。

大きすぎる過信

投資会社は、自分たちの答えは正しいという過信に満ちている。ウォール街には、野心家や生まれながらの勝ち組が引き寄せられる。真面目な話、過信がキャリアの一助となるのだ。能力を容易に測ることができる分野では、自信と能力は密接に関連している。一方で、金融市場では雑音や移ろいやすさゆえに、投資能力を測ることは難しいのだが、顧客たちは自信満々に語られる首尾一貫したストーリーにいまだ群がるのだ。合理的経済人はあらゆるリスクを恐れもなく受け入れ、そうすることで富を最大化するのだと考えれば、過信も合理的かもしれない。私のような臆病者は、報いのないリスクを負うつもりはない。離れたところから見れば、勝ち誇ったように見えるが、勇敢なリスクテイカーは単に運が良かっただけである。

オッズを大きく見誤り、不快になるほどのリスクをとったときに自信は過信に変わる。自分の分析は正しく、市場が間違っているのだと信じるためには自信が必要となるが、しっかりした理由がなければ、それは傲慢さとなる。何らかの分析が、たとえ今日市場がシグナルをもたらさないとしても、自らの能力、知識、一貫性、忍耐強さに応じた自信を持つべきなのだ。また、そうすることで自らの知識や能力の限界を知ることにもなる。例を挙げれば、私は債券よりも株式に、短期よりも長期に自信があるといった具合だ。自らの専門性（私の場合、心理学的なニュアンス）から外れる問題には警戒しなければならない。

トレードオフの関係が損失でフレーミングされるか、利益でフレーミングされるかによっても、判断は影響を受けることになる。例えば、繰り返し損失が発生するプレミアムだとフレーミングしたら、だれも保険を買ったりはしないであろう。その代わりに、保険は、加入者が壊滅的な損失を被らずに済むようにするものとして売られている。何かが利益として提示されると、たいてい人々は保証のある選択肢、またはより安全なそれを選ぶのである。損失として提示されると、よりリスクの高い選択肢を取る。この場合で言えば、壊滅的な出来事に対しては保険をかけないのだ。投資はすべてリスクとリターンのトレードオフであるが、多岐にわたるリスクには、受託者が不誠実であったり、管理が行き届いていなかったり、陳腐化したり、財政的に失敗したりといったことも含まれる。何かを本当にタダで手に入れるのでないならば、損失か利益かではなく、トレードオフとしてフレーミングされるべきなのだ。

誤りを即座に認識する

投資家は、損失を認識することよりも、利益を確定させるためのほうが迅速であることから、近視眼的な損失回避であると言われることが多い。彼らは花を抜き取り、雑草に水を与えているのだ、と。しかし、株式の本源的価値に変化がないのであれば、下落した銘柄を保有していることは誤りではない。私なら買い増しすらするかもしれない。状況が劇的に悪化し、銘柄がもはや割高となってしまったときに、過去の価値にアンカーすることが誤りなのである。また、株式の価値が株価よりも早く増大しているのに売却するのも誤りである。間違いを即座に認識すべきであるが、それは必ずしも損失とは限らないのだ。

他人の誤りから利益を得る

人間があらゆる欠点を持っていることを考えれば、定量的なデータを用いたルールに基づいた投資をすればよいと主張する者もいる。私は全面的には同意できない。アルゴリズム、ボット、スクリーニングは投資から感情を排除することになる。クオンツ投資家（クオンツ）たちがますます利用するようになっているこれらのツールは、複雑な仕事を見事にこなすが、一方で単純な仕事をめちゃくちゃにするサバン症候群の人びとのように機能することが多い。例えば、「フラッシュクラッシュ」によって、常識的な価値の推定値を大幅に下回る水準にまで、株価を一時的に下落させることになる。

システム1は、古代からわれわれの種に備わった知恵を反映したものであり、定型の作業を人間にとって単純なものとする。私は、株式は単なる数字ではなく、人々が運営する事業に対する部分的な所有権であることをクオンツたちは忘れているのではないかと思う。差し当たり私は、人間は信頼すべき人物を見定め、世の中や制度、そしてテクノロジーがどのように相互作用し、進化しているかを目に見える形にすべきだと考えている。私の理想はスポックである。つまり、半分人間、半分バルカン人ということだ。

合理的経済人への救いの手であるが、株式市場はある種の感情と行動に代償を課し、それ以外のものに報いをもたらす。消費者はお金を支払って何らかの満足が得られる財やサービスを購入する。ラスベガスでのギャンブルのようなバカげた買い物でさえ、消費者は王様だと言われる。投資家は銘柄を選択することで同様の満足が得られるとしても、そのために同等額の資金を喜んで手放そうとすべきではないだろう。ボラティリティの高いグラマー株では、ラスベガスでのギャンブルと同じようなスリルを味わうことになるが、損失は税金から控除することができる。投資家は、行動、興奮、喜び、満足、社会的な評価、人気、社会的独占といった、普通の個人が求めるあらゆるものには隠れたコストが存在していることを認識しないことが多い。また、忍耐、退屈、心配、勇気、痛み、孤独、専門バカ、また愚かだと思われることには目に見えない利益があるのだ。

最も高くつく感情は、満足とパニックを求めることであるが、それは無計画な売買を誘発する。「くそっ、どうして保守的な株で損をするんだ。破滅論者は正しかった。もう売ってしまおう」となる。そして、「パニックになるのも当然だった。利益を取り損ねた」と続く。セレブ株との付き合いは、それが続くかぎりは優雅で楽しいものである。反対に、バリュー投資家は、自分は市場が間違っていると思っても、市場が正しく、本来の状況は真っ黒なのではないかと心

表２－１　30年間の複利リターンに対する税金の影響

	取引の間隔			
	６カ月	１年	10年	30年
税引き前リターン	8.0%	8.0%	8.0%	8.0%
複利運用された1000ドル	4576ドル	7197ドル	7822ドル	8703ドル
税引き後リターン	5.2%	6.8%	7.01%	7.5%

注＝保有期間が１年以内の銘柄に対する税率は30％、長期保有には15％の税率が課される

配しているが、事実が判明したとき、自分の考えに従うことで報われるのである。

忍耐強い人々は、異常なまでに活発にスリルを求める人々よりも優れた判断をすると私は考えているが、両者が同じ銘柄を保有したとしても、忍耐強い者が勝つことを税金が保証している。手数料がこれを倍加させるが、ここでは無視することにする。四人の投資家を想定してほしい。彼らはすべて、短期取引には三五％、一年を超える投資には一五％の税率が課されている。彼らは皆、同じ銘柄を取得し、その銘柄は毎年八％上昇、複利で運用され、配当の支払いはないものとする。彼らの違いは、どれだけ頻繁にその銘柄を売り、また即座に買い戻すかだけである。一人は六カ月ごとにそれを行う。それ以外の者は、それぞれ一年、一〇年、そして三〇年ごとにそれを行う。三〇年後、最ものんびりしていた投資家は、最も活発な投資家の二倍近い価値を手にすることになる（**表２－１**）。

同様に、取引コストとファンドの信託報酬が純リターンを引き下げ、長期にわたり複利で影響をもたらす。資産総額に対して二％、利益に対して二〇％を徴収するヘッジファンドに投資していると仮定してほしい。例えば、このファンドは前述のように六カ月ごとに取引を行う。年間の取引コストを資産総額の〇・〇三％とすると、税引き後のリターンは年三・一％となる。投資した一〇〇〇ドルは、三〇年後に二四九九ドルとなる計算だ。これらすべてが、何もしないこと、または適度な手数料を課す無精なファンドマネジャーを選択することを称賛している。

値動きの少ない退屈な銘柄で我慢することのほうが容易である。退屈さを受け入れることで報いを得られるなら、私はそれらの銘柄を好む。ボラティリティの低い安定した銘柄は理論が教えるよりも、歴史的に優れた結果を残しており、エキサイティングなリスクの高い銘柄は低迷する。経済理論では、投資家はボラティリティを受け入れることの見返りにリターンを得るとされるが、実際にはリスクは投機家たちの娯楽でしかないことをこれまでの実績が示している。とりわけ株価が上昇しているときに、絶えず取引を行うのは楽しい。強気相場がいつ始まり、いつ終わるのかを正確にとらえることができるのであれば、最大限のベータ（相対ボラティリティの指標）を持つ銘柄を好むであろう。

私は、そう遠くない将来、安定した退屈な銘柄がこれまでと同じような動きを示さなくなると考えている。クオンツたちは、これまで低ボラティリティ銘柄のパフォーマンスが良かったことをとらえて、今や低ボラティリティ「ファクター」に基づいたポートフォリオを売り込んでいるが、そのこと自体がそれらの銘柄の株価を釣り上げている。歴史的にこの種の銘柄は割安であったので、以前はそのファクターが有効だったのだ。低ボラティリティが人気であるもうひとつの理由は、通常は資金を預金口座やＭＭＦ（マネー・マーケット・ファンド）に投じていた貯蓄者たちが、今やほとんど利息を稼げないことにある。インカムを得るためには、株式に投資をしなければならないが、彼らは低ボラティリティ銘柄を買うことで預金口座が持つ安定性を得ることができると期待しているのだ。暴落するリスクを除けば、低ボラティリティ銘柄のリターンは、投資家はリスクをとることでより大きく報いられるべきであるとする理論を支持すると考えている。

おそらく最も普遍的な満足は社会的な評価を得ることであろう。不必要なまでの大金を稼ぐ者たちのすべての動機のうち、社会的評価、人気、そして尊敬が上位にあることはたしかである。ほかよりも評価が高く、人気があり、尊敬されている企業も存在するが、それがその企業の株主たちに跳ね返る。最も人気があり、尊敬されている企業の株式は、ほかよりも高いバリュエーションが付けられる傾向にあるが、歴史的に割高銘柄は市場にアンダーパフォームするのだ。たいていの場合、企業が人気や尊敬を得るのは、その事業や株価が極めて好調だからである。しかし、極めて高い期待値を設定してしまうことで、多くの企業がそれを維持することができず、またそのペナルティも厳しいものとなるのだ。

不快かもしれないが、投資家は一時的に非難の的になっている銘柄を保有したほうがうまくいく。人気もなく、尊敬もされず、社会的にも受け入れられていない銘柄は、たいていの場合、安値で売られている。一九八〇年代と一九九〇年代、タバコ会社は社会的にも受け入れられない有毒な商品を売っているとして嫌われていた。利益は急激に積み上がっていったにもかかわらず、その間、タバコ会社の株式は株式市場全体に比べて低いＰＥＲで売られていた（一九七二～一九七三年の間だけが例外である）。それ以降、喫煙は健康を害するものであり、タバコの毎年の販売量も減少しているにもかかわらず、長年にわたり株価は市場を大きく上回るパフォーマンスを示し、ＰＥＲも上昇している。

定義に従えば、乗り越えることができないと大衆が考える、明白かつ忌まわしい問題を抱えている銘柄のミスプライシングが最も大きくなる。そのようなときこそ、でき得るかぎり綿密な調査に基づいて、その問題は解決可能か、またはそれほどひどいものではないという結論をひとりで判断することが報われるのだ。原則として、われわれは常に、理解可能で、経営状態が良く、永続性のあるフランチャイズを割安な価格で取得するのであるが、実際にはいくつかの要素が欠けていると市場は考えるのである。概して、自分の考えに従い、実際の状況を把握することで報いを得るのである。さらに、バカだと思われるような、不人気な意見に基づいて勇気をもって行動し、それがやがて正しかったことが判明することで報われるのだ。それまでは、大衆が正しいかもしれないという苦痛と不安に絶え間なく襲われることになる。

深く研究し、痛みや孤独や不安に耐えてでも、優れたリターンを得ようとする覚悟はあるだろうか。合理的経済人はそうするとされているが、多くの者たちにはその覚悟はない。個人的には、私は退屈には耐えられるが、苦痛に耐えるのは嫌である。このすべてが手に負えないと思うのであれば、インデックスファンドか、長期投資を行うファンドマネジャーがいる資金力のあるファンド会社のコストの低いファンドに投資をすることが最良の選択となる。それでもなお、性急な取引を行えば、ファンドマネジャーが持つ忍耐強さの効果を破壊することになるであろう。

経済学者に関して言えば、彼らの愚かで、非現実的な心理的前提は遠回しなアドバイスにつながる。自ら情報に通じ、優位性のある分野に投資すべきである。一般的な解釈だけでなく、さまざまな見解を検証しなければならない。株式の価値を見積もり、そしてそれ以外の理由で取引を行ってはならない。可能なかぎり将来を見通そうとすべきである。勇敢かつ狡猾でなければならない。税金と手数料と取引コストを最小化しなければならない。これは、取引頻度を下げることで容易に達成することができる。そして、何よりもライバルを過小評価してはならない。自分が平均的だと思うなら、優れた結果を期待すべきではない。競争のある市場では企業は公平な利益しか稼ぐことはできないとする完全競争仮説があるが、それならば競争のない分野に行けばよいのだ。

心理学者たちは、ソーシャルメディアや歴史的な統計、そして基準または正常という考えまで、容易に入手できる情報よりも広い視野を持てとアドバイスする。講釈の誤りに陥っているかどうか注意しなければならない。誤ったデータにアンカーしないようにし、第三者の視点を活用すべきである。今日、その銘柄にどのような価値があるかに集中しなければならない。反証を探し、反対意見もまた正しいものかどうかを問うことで、認証バイアスに対抗すべきである。トレードオフの関係を正しくフレーミングし、損失や利益に目を奪われてはならない。そして、内省を行う。

慎重な判断というのは、些細なことにとらわれて、重要なことを疎かにしないようにすることがその目的である。視野を広げ、じっくりと考えることで、凡ミスを避け、難しい選択に集中することができるようになる。アイデアと人物とを区別しなければならない。そして、人ではなく、アイデアを戦わせるのである。

第3章　ギャンブラーと投機家と投資家

ルノー署長「ショックだよ、ここでカジノが開かれているなんて」
カジノのディーラー「あなたの勝ち分です」
――映画『カサブランカ』より（一九四二年）

一般大衆から見れば、投資はすべてギャンブルのように思われるであろうし、実際にそうであるときもある。ウォール街は、自分たちの顧客のすべてを「投資家」と呼ぶことでさらに混乱させてしまっている。困ったことに、すべての投資には将来の出来事に対する投機という要素がある。さらに危険なことに、自らは投資を行っていると信じている人々の多くが、実際には投機を行っているのだ。情報を集め、リスクや不確実性を管理する方法は投資家と投機家とでは異なるので、この区別は重要なのである。

本章には、意図しないギャンブルや価格や心理、また自分には理解できない事柄への投機には近づかないように警告する目的もある。カジノとは異なり、ウォール街でギャンブルを行っている人々のほとんどが、自分たちがしていることを理解していない。投機にはその悪評に値するものもあるが、われわれの資本主義というシステムにとっては不可欠なものもある。重要な情報が欠けていたり、時にはその情報を手に入れることができない将来に備えて、人々は投機を行う。私の意見としては、株価や大衆の心理ではなく、企業が生み出す収益に影響を与えるファクターに対して投機をすることで、より収益性の高い投資を行うことになるであろう。

ここでのスペクトラムは二つの方向に広がっている。第一に、単一のイベントか全体か。勝てる取引を生み出すことが確認できるトリガーやキッカケとなるものを探しているのか、それとも資本とインカムを確実なものとする全体的で、包括的で、長期的な意味を求めているのか。第二に、よく調査されたものかどうか。徹底的な調査を行ったのか、ずさんな研究か、それともまったく研究をしていないか。

オッズが好ましいものかどうかを熱心に調査したか、いい加減に行ったか、それともまったく調査していないか、それぞれの調査とイベントに基づく取引との組み合わせを**表３－１**にまとめた。私は、綿密な調査を行ったイベントに基づく取引を「賢明な投機」と呼ぶことにする。一般的な調査であれば「無謀な投機」、まったく調査を行っていないのは「ギャンブル」である。同様にして、全体的な意味に基づく投資についても、その調査の深度に応じて分類することができる。投資とは、資本がおおむね安全であり、適切なリターンがもたらされるであろうことを示す、徹底した研究が生み出すものである。いい加減な調査と全体的な意味に基づく方法は、リスクの高い投資となる。何の裏づけもなく、すべてはどうにかうまくいくであろうというだ

表３－１　調査のレベルと調査対象の組み合わせ

	イベント	全体
徹底的な調査	賢明な投機	投資
ずさんな調査	無謀な投機	リスクの高い投資
調査せず	ギャンブル	ギャンブル

けで広く行われているものはギャンブルである。

オッズを知れ

ひとたびその確率と統計を把握すれば、たいていの場合、ギャンブルはその魅力を失う。ＭＩＴ（マサチューセッツ工科大学）の学生によるカードカウンターのチームに関する話は有名であるが、彼らはギャンブルをしたわけではなかった。なぜなら、可能性を分析していたからである。自らのオッズを知らない、またはそれを無視するならば、ギャンブルは無知な者に課される税金となる。例えば、宝くじを買う人々は、全体としても、くじの売上高の六五％しか取り戻せないことを想像してみればよい。確率的に言えば、くじを買ったその瞬間に資金の三五％を失っているのだ。最終的な結果は、たいていの場合、完全な損失となる。

私はかつて金融市場でギャンブルをやっていたが、自分は金利に投機しているのだとそのときは考えていた。株式市場にいるほとんどのギャンブラーは私と同様に無意識のうちにそれを行っていると思う。あとで議論するとおり、私にとっては巨額のお金を、あっという間に稼ぎ、また失っていたが、当初の私の勝利は自分が正しいことを証明するものだと頑なに考えていた。個別のイベントや瞬間的な出来事に賭けたり、レバレッジを利用したり、一つのストーリーに過度に固執したり、オッズが好ましいものであるかどうかを知る術がないときにギャンブルの兆候が見られるのだ。

愚かな投機

投機も適切に行えばギャンブルではない。投機はいかがわしいものと言われるが、セックスと同じで、広く行われ、往々にして楽しまれ、だれもがそれなしではいられないのだ。投機という言葉のラテン語の語源は「物見の塔から観察すること、または見渡すこと」である。どのような運命が待っているかに備え、またそれをできるかぎり形にする唯一の方法は、それを観察し、想像することである。ビジネスでは、顧客が何を欲しがるか、原料はどこから調達するか、そしてどれだけの量が必要かと少なからず推測する必要がある。投資も、資本がいつ、どのような危険にさらされるか、また最も生産的な投資対象は何かを認識せずに行うことはできない。将来を見通し、想像するプロセスは完全に論理的なものとはなり得ないが、それをせずして合理的経済人が根拠のある計算をすることはできないのである。

投資家はどうしても投機を行わなければならないが、投機に関する最も人気のある話題の多くが、彼らに優位性をもたらす調査とは相いれないものである。適正価値の概念のように、自分が間違っていることを教える何かがなければ、株価やコモディティ価格、そして大衆の心理に対して投機を行うことは最も当てにならないものとなる。市場が効率的であるならば、過去の株価の動きは、将来の値動きを知る役には立たない。これが真実であるならば――十分に真実だが――、ヒストリカルな価格の変化を研究しても報われることはないのだ。

株価の動きを説明するならば、それは移ろいやすく、気まぐれだということだ。短期的には株価の上昇はさらなる利益を暗示、また下落はさらなる損失を暗示することから、株価そのもののほうが価値という指標よりも将来の予想には有効となる場合があることを多くの研究が示している。しかし、モメンタムは一年ほどで反転し始めるので、トレーダーたちは素早く動かなければならない。インターネットの時代においては、モメンタムは情報がゆっくりと広がること、またはニュースに対する過少反応を反映したものだと考えるのはバカげたことのように思われる。モメンタムは、ニュースに対する過剰反応や社会的証明を反映し、積み上がっていくと考えたほうがよかろう。つまり、企業は悪いニュースは小出しにし、また利益を減少させるような問題を解決するには時間がかかるということだ。バリュー投資家たちは、自らの予想が十分に練られたものであることを確認しなければならない。

モメンタムプレーは、どれだけ先を見通すか、そしてどれだけ大衆が見通しているかを考える複雑に絡み合うペースの速いゲームである。すべての参加者が、ゼロから一〇〇までのすべての数字に賭けるゲームを想定してほしい。ほかの参加者の予想の平均値に最も近く、端数を切り捨てた数字を選んだ者を勝者とする。さて、数字を選んだであろうか。ゼロから一〇〇までの数字の平均である、五〇を選ぶ者もいる。しかし、予想値の平均を当てるのであれば、五〇を二で割り、二五を選ぶべきであろう。そして相手も同じ計算をしているとすれば、一二と予想したほうがよいかもしれない。長期投資を行う者たちは、可能なかぎり将来を見通そうとする。またさらなる相互作用を考えれば、選ぶべきは六にも三にも一にもなる。数学者であれば、最終的にはゼロになると言うであろう。

現実世界でこのゲームを行う場合、勝者は一歩または二歩先を見た者であり、五〇または二五と答えた者たちは、イベントに対する反応である二次効果を十分に考えていなかったのだ。例えば、コモディティ価格が急騰すると、供給が増大し、価格のモメンタムを鈍らせる可能性がある。少しばかり先を見通し、自問すべきである。明白な事実があるのなら、ほかの者たちはどう反応するだろうか、と。これはゲームであるのだから、参加している者たちの行動にすべてが依存するのだ。反対に、このようなゲームでゼロと予想した者が勝つことはない。なぜなら、ほかの参加者たちがそう考えることはほとんどないからである。いずれにせよ、私にしてみれば、ほかの者たちがいつまで近視眼的であり続けるかに賭けるのはギャンブルに等しい。

集団行動を研究することは有益かもしれないが、投機家たちが想定している正確な日付や数字は手に入らない。株式市場のバブルは、トレーダーたちが当初の説得力ある前提にしがみつき、その論理を遠い将来にまで拡張させたときに発生する。投機家たちは、株価が上昇していることをもって、自分たちが正しい証拠とする。彼らは、機が熟して初めて、自らの過ちに気づくのである。人々はほかのあらゆることを試すまでは理性を避ける。パーティーがいつ終わるかを示す明確なサインがあると空想しているのであれば、ほとんどの投機家と同様に、必然的な結果を知りながらも、轟く天地へと放り出されることであろう。

ほかにもその答えが遠い霧のなかにしかない問題はある。例えば、S&P五〇〇の現在の配当利回りは二％である。この利回りだと、配当で取得コストを賄うにはおよそ五〇年かかる計算だ。だからと言って、今後数十年で、経済は好況を呈するか、順調に進展するか、それとも不況に陥るかを予想すべきだろうか。その答えは私には分からない。その代わりに私は、遠い将来を思い浮かべることがそれほど難しくない状況を探し、また数十年後に経済の状況が判明したときにひっくり返ってしまうような投機を避けようとしているのだ。

企業の投機

経営陣が然るべきときに然るべき判断を下すかどうか、産業がコモディティ化、陳腐化、または財政的な困難ゆえに破綻しそうかどうか、また有価証券の価値はどのようなものであるかという問題には賭けてみる価値がある。なぜならこれまでに経験したことのない問題や機会に対する反応を推測しているのであるから、実際にはだれにも分からないからだ。しかし、経営陣や産業界のトラックレコードが有益な指標となり得る。例えば、従来型の小売り業者はインターネット上で販売を行わなければならない。さもなければ、アマゾンに打ち負かされるリスクがある。ここで私は、どのカテゴリーの商品がインターネットに移行するのが遅いか、インターネットと実店舗の取引はどのように結びつくか、そして、どのチェーン店が両方のフォーマットで顧客を確保できるシステムと順応性とを持ち合わせているかを基に賭けることになる。

初期段階にあるバイオテクノロジー企業やインターネット企業への投資で成功するためには、その科学は有効なのか、顧客はその製品を好むのか、潜在的市場はどの程度の大きさになるか、ということに対して投資を行う必要がある。「交感神経β2受容体作動薬」や「B2Bの顧客分析管理」といった言葉や、顧客がそれらを欲しがる理由がまったく分からずに、とにかくも株式を買っているのだとしたら、それはギャンブルをしているのだ。しかし、業界に近い情報通のインサイダーにとっては、最終的な収益は途方もないものとなり得る。ベンチャーキャピタリストと呼ばれる特定の投機家たちがいなければ、このような科学的な事業の多くは、アイデアを製品へと転換するために必要となる現金を手にすることはできない。どの程度成功するかは、ある種の賭けとなってしまうが、収入と将来の確実性は結果論なのである。

投資家は、事業が継続している間に配当として支払われる現金に注目するが、投機家にとっては個別のイベントが鍵となる。何か一つの事柄に基づいて株式が喧伝されているときは、立ち止まらなければならない。われわれの賭けは、注目しているファクター以外のファクターにはそれほど影響力がない場合に限ってうまくいくのである。例えば、航空会社の株式は原油価格が下落していることを理由に推奨されるが、利用者数の減少、運賃の競争、労働争議、または経営の失敗が原因でこの取引は不首尾に終わるかもしれないのだ。賭博場ではリスクを特定することができるが、株式では魅力的なリスクの陰により危険なリスクが潜んでいるのだ。

資本は安全であり、リターンは適正である確度

バリュー投資の父ベン・グレアムは次のように記している。「徹底的な分析に基づいた投資こそが、元本の安全性と適切なリターンを約束する」。この一文は、①適切なリターンとはどのようなものであり、②元本が安全であることをどう判断し、③どれだけ分析すれば十分なのか――という問題に展開することができる。

適切なリターンとは、現在の市場で得られるよりも高いレート、または許容できるレートということである。債券の期待利回りは容易に入手できるが、株式については推測によらなければならず、そこには大きな誤差が含まれる。より高いリターンを求めることが問題だと言っているのではない。二〇一七年、日本とヨーロッパでは利回りがマイナスとなった債券もあるが、

これは、債券の保有者は将来、投資したよりも少ない円やユーロしか手に入らないということだ。なんてこった。代替案としては現金やほかの資産で保有することになるが、それもまたひどいリターンしかもたらさない。投資は常に株価とそのときの環境に依存する。今日、投資適格の債券のなかには（そのラベルにもかかわらず）、もはや投資対象とはならないものもあるのだ。

株式がスクリーン上の数字ではなく、企業に対する部分的な所有権であるのなら、われわれが求める確実性は事業そのものから生まれるべきものである。株価ではなく、事業に関して分析力を上げることが正しい道である。われわれは、あらゆる有価証券や産業を分析する能力を等しく持っているわけではないが、自分たちが精通している点に焦点を当てれば、証拠を適切にまとめ上げられることはたしかであろう。正直で能力のある経営陣にだけ資本を預けることで、不正行為のリスクを低減させることになる。競争が激しく、絶えず変化を強いられる産業もあれば、銀行家の好意に依存している企業もある。別のもっと安全なところへ向かうべきなのだ。

株式については、元本の価値が安全であるという確かさは、債券の場合よりも隠喩的であるが、どちらの場合も数字で示す。一ドルの有価証券を六〇セントで買えば、八〇セント支払う場合よりも安全域は広くなる。しかし、価値は推定にすぎないので、私にとっての一ドルはだれかの七〇セントかもしれないのだ。現金以外の多くの会計上の数字が推定値であるのだから、ある企業の利益額はほかの企業では異なる数値で計上されているかもしれない。株式について言えば、元本の安全性は、保守的な会計原則に基づいた企業の、慎重な推定を用いて算出した大きな安全域によってもたらされるものである。

入念に調査することで、実際にも、認識上でも、確実性は高まり、収穫逓減点を探すことができる。同じニュースのさまざまなバリエーションに繰り返し触れていると、われわれはその重要性を過大視しかねない。賞味期限が短く、判断を下すまでには陳腐化してしまう情報もある。われわれの知性が一度に対応できる事柄は限られている――七つほどだというのがコンセンサスである――ので、インプットを増やしても、判断が改善することはない。それは多項式を解くというよりも、パターンを認識するといったほうが正しい。そして何よりも、われわれは遠い将来を見通そうとしているので、答えが永遠に判然としない場合もあるのだ。

情報を横目で見るばかりで、あまりに多くの時間を延々とリツイートされるニュースに割いている投資家が多すぎる。何年にもわたり、企業の四半期の決算報告を見直してきた私は何が重要かを感じ取ることができる。過去に公表された報告を検証することなく、発表されたときにだけ報告を見ていたら、そのような感覚を得るにはかなり長い時間がかかるであろう。もちろん、ニュースは四六時中手に入るが、歴史を学ぶには時間がかかる。目の前のことだけを考えている者たちにとっては、悪徳経営者や無能な経営陣は、彼らが最近、何か悪いことをした場合にしか目に入らない。拡張しすぎていたり、時代の変化や競争にあえいでいる事業が注目を集めるのは、彼らが音を立てて崩れたときだけである。

より長い期間にわたるデータを、統計上の大きな枠組みを通して見ることで、オッズを優位なものとしなければならない。例えば、私は一年先の市場の日々の変動を予想することはできないが、日々の高値と安値から測ると、一九二八年以降、二〇％下落した弱気相場が二五回あったことを知っておくことは有益であることが分かる。ぞっとするだろう。しかし、奇妙なことに、S&P五〇〇のトータルリターンが二〇％を下回ったのは、八七年のうちたった六年だけであった。下落相場後に急騰するか、急激な反転が起こって、その年のダメージを相殺することが多いのだ。統計的に言うと、観測数値を長期にわたって増やしていく（より多くの値を観察する）につれ、中心となるレンジが分かってくる。私は推定値を求めるのではなく、レンジを考えるようにしている。

分散することで、予期しない出来事がポートフォリオを吹き飛ばさずに済む確率を高めることができる。航空業界などの富は、石油会社などほかの産業の富が減少するにつれて増大する。本当に原油価格に投機したくないのであれば、航空会社と石油会社の株式を買うことになる。分散はリスクを低減させるが、たとえ市場全体に分散したとしても、リスクがなくなることはない。S&P五〇〇インデックスファンドの投資家は、特定銘柄の固有のリスクは負わないが、避けることのできない市場リスクは負っているのだ。しかし、価値を判断することができるのであれば、長期的には市場に打ち勝つことが期待できるであろうし、割安銘柄からなるポートフォリオに分散することで、大失敗の可能性は低下することになる。

価値に集中できない

テクノロジーは人間の行動の延長であり、使い方次第でわれわれはより良い投資家となることもできるが、それはギャンブラーにとっても天の恵みであり、われわれをその道に引き寄せもするのだ。まずは良いニュースから記そう。現代の検索エンジンやスクリーニングのソフトによって、統計上魅力的な有価証券を探す時間が大幅に低減した。また、グーグルを利用すれば、新しいニュース記事や業界情報や競合他社分析なども容易に見つけることができる。企業の年次報告書を掲載している連邦のオンライン図書館であるＥＤＧＡＲは素晴らしいシステムであるが、十分に活用されていない。決算報告のカンファレンスコールには、今やウェブを通じてだれもが、どこにいても参加できるのだ。

インターネットはまた、広告やニュースの媒体となり、たいていはわれわれの爬虫類脳に訴えることで、注意を引こうとする。インターネットの商業的意図は、広告を通じて気を散らすことにあるが、出所の怪しい注目を集めるアイテムが優れたクリックベイトとなる。これらすべての雑音が誤解へとつながる。一度に複数のことに取り組んでいると、すべてに注意が行き届かない。この点については、生々しい話（おそらく作り話）がある。あるニューヨークの投資アナリストは、彼女のｉＰｈｏｎｅを見ながら道路に飛び出して亡くなってしまった。投資をしているときは、同時に複数の仕事をしてはならないのだ。

ＮＹＳＥ（ニューヨーク証券取引所）に上場している銘柄の平均保有期間は、一九六〇年の約七年から、二〇一六年には四カ月まで短縮している。これらの統計数値が、最も活発なトレーダーたちの存在によって歪められていることは疑うべくもないが、保有期間の中央値はもっと短いのではないかと考えている。高速のコンピューターネットワークによって、オンライン取引は安価かつ容易になり、今やアルゴリズムトレーダーたちは激しい競争を繰り広げている。取引所に置かれた専用サーバーやデータ回線によって、高速トレーダーたちは、執行時間を一〇〇〇分の一秒単位にまで短縮している。取引が容易で、素早く、安価であることは素晴らしいが、あまりに簡単すぎて、有価証券を意味もなく売買するようになっている。平均すると、Ｔボンドは年に数回は持ち主が変わっているのだ。

よくよく考えなさい

投機は、特定のきっかけや状況を伴い、時間も限られているので、魅力的なものともなり得るが、障害ともなり得るのだ。株式について言えば、燃料価格を前提とした航空会社株の取引などは、投機家が軽視したファクターによって台無しにされることが時折ある。また、自分のアイデアが実を結ぶまで忍耐強く待つ能力に限りがあるなら、投資はより投機的なものとなる。例えば、オプションでは満期日があらかじめ設定されており、差金返済をしなければならないので、嫌が応にも投資期間は短くなる。

次に、実際にギャンブルではなく、投資を行っていることを確認するためのチェックリストを掲載する。

1. 長期間にわたる企業全体の利益について考えているか
2. 自らの結論にかなりの確信が持てるまで調査を行ったか
3. 自らの資本は安全であると言えるだけ事業は安定しているか
4. 適切なリターンを期待するのは合理的か

インデックスファンドの投資家は、これらの疑問に対してストックピッカー（銘柄選択者）とは異なる解釈を持つであろう。インデックス運用を行う者にとっては、利益とはS&P五〇〇を構成する五〇〇社全体の利益のことであり、個別企業のそれではないので、異なる調査が必要となるのだ。悪徳な経営者や無能な経営陣や陳腐化や財政的失敗といった個別銘柄に付随する不確実性の源泉の多くは分散によって抑えられる。インデックスは極めて完成度の高いものであるが、個別株を通じても分散することができる。第5部において、インデックスや個別銘柄で、どの程度のリターンを期待すべきかという問題を詳述する。

第4章　金銭欲に惑わされるな

「人間が持つ性質のうち称賛に値するもの、つまり親切、寛容、開放性、正直さ、理解や思いやりといったものは、われわれのシステムの失敗に付随するものである。そして、われわれが忌み嫌う、利発さ、貪欲さ、けち、エゴ、そして利己主義といったものは、成功に付随するものである。人々は前者の性質を称賛する一方で、後者の結果を愛するのである」――ジョン・スタインベック

フォーブス誌の長者番付四〇〇人に登場する起業家のほとんどが、数十年にわたり飛躍的に成長した企業を創業した者たちである。マイクロソフトのビル・ゲイツ、アルファベットのラリー・ペイジ、ウォルマートのサム・ウォルトンなどを思い浮かべればよいであろう。番付に乗った一流投資家のほとんどが経営者としての経験も有している。ウォーレン・バフェット、チャーリー・マンガー、カール・アイカーンなどがそれである。これは一見矛盾しているようにも思える。投資家は企業に投資を行うのであるから、起業家と投資家の双方が成長または価値から恩恵を受けることはないのではなかろうか。しかし、成長は価値とは対立しない。むしろ、将来の成長は価値の構成要素の一つである。投資家は経営者のように考えることで利を得る一

方で、異なるルールにのっとって活動し、異なる方法で機会を定義し、また、まったく異なる特徴を有している。本章では、成功した投資家の心理的特徴を探求する。

通常、起業家はすべての資本とエネルギーを一つのベンチャー事業に集中させる。その事業が花開けば成功である。投資家は自分自身で、または投資信託のファンドマネジャーを通じて分散投資し、少なくとも二〇銘柄は保有する。フォーブスの番付に乗った人々は皆、並外れた能力と幸運（または優れた両親）とを持ち合わせているはずである。分散することで、投資家の運の効果は低減する。能力の効果を高めるためには、投資家は並外れて好ましいオッズを注意深く選択し、それに大きく賭け、ありきたりな機会は無視しなければならない。集中したポートフォリオは運の効果を増大させるが、毒にも薬にもなり得るのだ。

ウォーレン・バフェットは集中したポートフォリオという考えを極端に受け入れ、人生における投資のパンチカードは二〇件に限定すべきだと提唱している。結婚と同じで、事業を保有するのは長きにわたるコミットメントである。投資も同じであるなら、投資家は高い基準を設け、正しい相手が現れるのを忍耐強く待つことになる。投資信託のファンドマネジャーは、必然的に最初の日に二〇の機会すべてを使い果たすことになる。私は今でもこのパンチカードという考えに惑わされる。彼が経営するバークシャー・ハサウェイを一つの大きなカードだと考えないとしたら、バフェットは何十億もの資金を用いて、カードをさらに何枚か買ったことになる。

多角化していない経営者が、最も極端な外れ値となることが多いのは自然の摂理である。しかし、大きな失敗をするのは分散していない投資家である。例えば、エール大学の寄付基金は、その資金のほとんどすべてをイーグル・バンクに投じ、同行が破綻した一八二五年にそのすべてを失ってしまった。

株主は、経営者がなぜ、どのように考え、行動するかを理解する必要がある。それは、彼らがカードとプレーヤーの双方に賭けており、自分たちではどうすることもできないからである。また、機関投資家は経営者でもあり、アドバイスや運用サービスを売っている。われわれはまた映画評論家のようなもので、自分たちでは作ることのできない映画をけなしたりもする。最高の機関投資家は、たくさんの優れた作品を見て、適格な評価を下す。そして、起業家は競合他社が無視している顧客を獲得する一方で、投資家はほかの者たちが見落としている価値を探し求める。それが同じことである場合もあるが、そのようなケースはまれである。

もちろん、成功した投資家のすべてがバリュー投資家であるわけではない。株式市場でお金を稼ぐ方法は、投資家の性格の違いに合わせるかのように、数限りなく存在する。無謀ながら、幸運な投機家やギャンブラーが成功することもあり得るが、どれだけ長続きするだろうか。バリュー投資家にとって有効な特徴が抜け目ない投機家を害することも多く、またその逆もある。珍しい株式バイアスロンの選手でもないかぎり（私は違う）、投資と投機の垣根を飛び越えることには注意したい。チェスとテニスを同時にプレーすることはできないのだ。しかし、バリュー手法を強いることもしない。それが有効でないならば、別の有効な方法を見つければよいのだ。

忍耐強さは投資家にとっては美徳だが、投機家はアイデアや情報が古くなることを心配しなければならない。忍耐力が価値を持つのは、持久力のある事業に関してだけであるが、この問題は後述する。静かに、泰然自若としていることは投資家にとって有益だが、投機家は感情的な感覚や不安を生かすことができる。投資家には徹底した永続的な判断が必要となるが、投機家が必要とするのはもっと融通の利くものである。

鍛えられた直感

ビジネスでは、どのような性格の者でもお金を稼ぐ方法がある。しかし、投資家として成功するためには、二つの特徴が挙げられる。それは心理学者が思考と直感と呼ぶもの、または合理的な分析者である（ここでの直感は、一般的に用いられる「直感を信じろ」という意味ではない。パターン認識、目的、抽象的な理論、そして将来を含めた目に見えないものに対する順応性を直感と定義している）。思考する人々は論理に基づいて（つまり、システム２を用いて）判断を下す傾向にあるが、反対に、感じる人々は人物や感情に基づいて判断する。株式市場にまつわるあらゆることが抽象的であるので、将来はどのようになるか、またそれが何を意味するかを推測しようとする。理論がなければ、どこへも進めないのだ。私は、思考と直感の組み合わせ、つまり目に見えないものに論理一貫した方法で取り組むことを、鍛えられた直感と呼んでいる。

感情的に認識しても、理性をもって判断する

優れたアナリストは、感情よりも思考を優先し、合理的に考える傾向にある。彼らは第２章で記したようなバイアスや歪んだ解釈に注意を払い、事実を選択的にとらえ、その重要性を過度に重視したり、過度に一般化したりしないように努めている。彼らは可能な場合は仮説を検証する。彼らは、自分たちの予想が絶対的な事実だとは仮定しないのだ。

ストイックに超然とした態度と感情的な認識は、株式にとっては完璧な組み合わせである。恐れを感じなければならないが、理性をもって判断しなければならない。最も頻発する失態は、自らの直感が教えるすべてを信じる者たちによるものだ。最大の惨事は、感情的に認識できず、何かが間違っているという正しい警告を直感が追い払ってしまった者たちが引き起こす。イライラしたり、極端に感情的にならないのであれば、不安は良いものともなる。バリュー投資家としての私は、物事がうまくいかないわけではないときに心配することを好む。なぜなら、感情的なコストが低いからである。最も重要なことは、不安は代替案に取り組み、より良い方法を

見いだそうとするときにだけ役に立つということだ。空が落ち、助からないと言われても、安心してほしい。取り入れるニュースを減らせばよい。心配はいらない。

好奇心あふれる懐疑主義

私がこれまでに出会った優秀な投資家のすべてが、好奇心が旺盛で、終生、学ぶ姿勢を忘れない。彼らはいつも、広範に読書をしている。将来を予測するためには、何が起こるかよりも、それが起こる理由を理解することのほうが重要である。歴史上の事例を研究することで、私が考えていたものとは異なる何らかのファクターが多かれ少なかれ影響していることを発見することが多い。そして、過去には起こらなかった出来事が起こると、私は過去に起きた未曽有の出来事に他者がどのように対応したかを研究するのである。

好奇心は、懐疑主義をもってバランスされる必要がある。だれもがスパムフィルターやクラップディテクター、つまり何らかの方法で、無用な情報や誤った情報を隔離する必要があるのだ。金融の世界では、外見と実際が異なることが多い。懐疑主義的になり、他者が当然のことと考えているアイデアを疑う覚悟を持たなければならない。

独立した思考

ＧＰＡ（成績の平均点）の高い学生は概して好奇心と勤勉さをもってそれを達成しているが、システムを利用し、教授たちの機嫌を取り、彼らが聞きたいと思っていることを繰り返すことで、高い成績を取ることも可能である。何もしないことが間違いを防ぐことになる投資の世界では、ある種の怠慢は受け入れられるが、精神的な怠惰は受け入れられず、また独立して考えないことは完全に有害である。他者が見落としていることを発見することが、このゲームの主眼なのだ。他者とは異なる、そして正確な考え方をする者が最高の栄誉を得るのである。バカげている、または常軌を逸していると思われる投資アイデアもあるであろうし、実際にそうであるものもあるが、その対極にあるのは平凡なアイデアである。勇敢だと言われるか、不遜や無謀だと言われるかは結果次第なのである。誤りを恥じるべきではない、恥ずべきはそれを正せないことなのだ。おそらく、大学では三回の試験と学期末リポートで評価が決まるであろうが、株式市場ではどの問題に取り組む価値があるか、どのように取り組むべきか、さらには完全に間違っているかどうかは分からないのだ。

解決を楽観する

楽観主義は起業家にとっては強い味方であるが、投資家の役に立つ楽観主義はたった一つである。つまり、賢明に学び、成長すれば、やがて目の前のジレンマを解決できるという楽観主義である。自ら結果に影響を与えることができるあらゆる取り組みにおいて、楽観主義は自らを精神的に支えるものとなる。アップルのスティーブ・ジョブズは、彼の心のなかの「現実歪曲空間」なくしては、スティーブ・ジョブズたり得なかったであろう。問題は解決され得る、また解決策は実行され得ると信じているならば、やがて成功が訪れるであろう。

さまざまな意味で、投資家は自らの運命を支配することはできないので、楽観主義がすぎると、リスクや不確実性に対して目が届かなくなり、結果に対する相対的な評価を歪めてしまう。投資家は売買のタイミングや数量を決定することはできるが、株価を決定することはできず、またその逆はない。必要以上に悲観的になれば、機会を見逃し、おまけに疲弊してしまう。バリュー投資家に見られる典型的な楽観主義は、特定の銘柄の見通しは暗いものであるが、現在の株価はそれよりさらに暗いという不完全な信念からなる。反対に、パニックが広がると、バリュー投資家の太陽が顔を出すのである。

規律――何を為さざるか

規律は、何を為さざるべきか、または何を為すべきかで示される。投資家にとっては前者がより重要で、投機家にとっては後者がより重要となる。ウォーレン・バフェットの二〇のパンチに従うことは、かなり魅力的な機会の多くは行動に値しないことを意味する。成人してからの期間を二〇に分割すると、投資家は数年間、何もせずにゆっくりと過ごすことになるが、それでは顧客や従業員たちを困惑させるかもしれない。それは、分析マヒのように思えるであろうし、投機家であれば、そのとおりである。反対に、イベントに基づいて取引するトレーダーは、イベントが実現しなければ、売らなければならない。一二％下落した銘柄は売らなければならないというルールを用いているモメンタムトレーダーも同様である。彼らは一日だけバリュー投資に転換するということはできないのだ。

同意しないことに合意する

成功する投資家は、同意してくれない者は互いを嫌い合うという社会的な慣習を軽蔑する。社会生活は、視点が共有できているときほど、概して容易に進むものである。しかし、投資や科学においては、真実を発見することが第一であり、事実が分かりきっていないならば、さまざまな見解を持つことで友情が害されることはない。また、柔軟で、分析的な人々は、後に偽りだと判明しようとも、あらゆるたぐいの突飛なアイデアを試みようとすることを理解すべきである。彼らは最終的に真実に到達するのだ。

誤りを受け入れる

謙虚と呼ぼうが、自らに正直だと言おうが、投資の誤りを認められないのは誤った投資である。運と能力を分けて考えれば、能力は向上する。優秀に見えることよりも、優秀であることのほうがよいのだ。見方によっては、すべての投資家が常に誤りを犯しているとも言える。株価の低迷が予想され、頑張って長期保有をしているとき、私は鋭敏な投機家が私の過ちに狙いを定めていたかと認めざるを得ない。投機家の論理はたいてい短期的なものであるが、それが長期的にも正しいかもしれないのだ。投資におけるサイコパスは他人のことなど気にもかけないことで利益を得るが、たいていの場合、彼らは自分たちが間違っていることを認識できずに失墜していくのだ。過ちを認める能力こそが、誠実さを測るバロメーターとなり得る。

賢明な投機家や投資家は、自らの経験を検証することで、自分たちが勝ったり負けたりする原因は何か、全体として勝てた理由は何かを理解するのだ。例えば、理解していない産業であまりに冒険がすぎる投資を行ったあと、私は少しばかり距離を置き、理解を深めるまでポジションを小さくしておくのだ。私の直感では、実際よりもずる賢い人々がかなり多い。企業の会計を研究していると、本物の悪人を見つけだすのがうまくなる。石炭業界のアナリストをしていたので、私は競争が厳しく、陳腐化しやすい事業を避けるようになった。投資においては、気前よく振る舞うよりも、けちん坊であったほうがはるかに良いのだ。つまり、私は安価に手に入る、正直な経営者と独自の製品を持つシンプルな企業に集中することで勝つのである。しかし、途方もなく盛り上った強気相場では、私の出遅れは目も当てられない。

失敗に対処する

フィデリティは、概して、極めて優秀で、勤勉で、野心的で、分析力があり、ほかのアナリストたちが大失敗したときに成功したトラックレコードを持つ者たちを採用するが、表面的な理由で採用することはほとんどない。というのも、株式市場は大学ではなく、彼らは失敗に対処する術を学んでいないからである。成績をかさ上げしたとしても、五五％では及第点とならないだろうが、株式市場では全体の五五％の期間正しければ、申し分ない。株式は、上昇すべきときに下落し、下落が予想されたときに上昇するのだ。私にしてみれば、市場では蚊に刺されたような失敗は毎日のように起こり、時折、より深刻な惨事に見舞われるのだ。私はかつて、失敗した経験を持つ人々を採用することを検討するよう提案したことがあるが、気概のある快活な人物を採用したほうがよいと言われてしまった。

曖昧さを楽しむ

優れた投資家は、常に曖昧な状況で活動することを受け入れている。少数の才能に恵まれたファイナンスの教授を除けば、完全な情報を有している者などいないのだ。ある株式を買う者がいても、別の者はそれを売るかもしれない。おそらく、その人物は何かがおかしいと考えているからであろう。正しいのはだれだろうか。強気相場では、謎めいた雰囲気は魅力的で、魅惑的なものともなり得るが、下落相場では、われわれは最悪の想定をする。不確実なことに対して、比較的安定し、さらには反循環的な耐性を維持することは難しい芸当である。株価が下落し、曖昧な状況にさらされ、リスクをできるかぎり早く抑えようとしているときにこそ、とばりの陰から最高の機会が現れるのである。陽気な冒険が不相応な利益をもたらしたときは、熱狂を抑え、きちんとした利益の流れに身を寄せるべきである。

正しいこと

投資家は事業と経営者を理解しなければならず、また自分たち自身が事業を行っていることも多いが、多くの銘柄に分散し、確率的に考えなければならない。最も成功する投資家は、合理的で、分析的である傾向にあるが、それは心理学の類型では、直感と思考と呼ばれるものである。将来は、いまだ実現していないのだから、理論的に理解するしかない。株式に関する判断を下すためには、理性は感情よりも有効な指針となるので、感情的に認識しながらも、泰然自若としたアプローチが最も有効である。株式市場には失敗が付き物なので、投資家は打たれ強くなければならない。何事にも影響されない考えを持ち、大衆から孤立する覚悟を持ち、同意しないことに合意しなければならない。市場はそれが最も求められているときに不確実さに耐えることを報いるのであるから、投資家は安定した反循環的な忍耐力を持つことを目指すべきである。

第2部
死角

第5章　知る必要があるのか

「之を知るを之を知ると為し、知らざるを知らずと為す。是れ知るなり」

——孔子

われわれの知性は機知に富み、情報が乏しくても即座に判断を下すことができる。この働きがなければ、われわれは、終わりなき調査にはまり込み、タイムリーな判断はできなくなる。しかし、それは後に重要であることが判明するような詳細を省略するという犠牲を伴うものである。例えば、われわれの注意を引きつけるのは潜在的なリターンであって、リスク管理や動機やコストという話題ではない。われわれは、特定の産業や国で有効な文脈をほかの分野でも安易に適用するが、それが常にうまくいくとは限らない。自分たちは、経済統計や金利や株式市場の変動、さらには個別株の価格まで、正確に予測することができると考えている者もいる。幸運を祈ろう。われわれはそれによって何かを失うまでは、海外の文化や制度の違いを無視し、お金は世界の共通語だと考える。

われわれは、自分たちが考えているストーリーに合わないからといって重要な点を見落としてしまう。これに対する一つの処方は、視野を広げることである。私は考えを広げ、そして狭め、理論までズームアウトし、そして細々とした詳細をクローズアップする。われわれは事実を知ることができるが、人々や物事がどのようになるかも知ることができる。客観的な真実もあれば、主観的な事実もある。コントラリアンにとっては不満であろうが、金融の世界では、多くの事柄が慣習にすぎず、ほかの多くの者たちが同意することで真実となる。しかし、それが現れるには時間がかかるのだ。

ここでフレッドの話を紹介しよう。彼は、自分の目的だけでなく、ファイナンシャルアドバイザーがどのように働いているのか、またETF（株価指数連動型上場投資信託）のような複雑な有価証券のメカニズムを理解していない。

「僕のポートフォリオは全部ETFなんだ」とフレッドは不満を漏らした。四年ほど前に、彼はファイナンシャルアドバイザーを雇ったが、彼はフレッドの資金のほとんどをETFに投じた。ETFとは、投資信託のように絶えず受益権を発行または償還する投資プールだが、株式と同じように証券取引所で売買される。彼は、自分の口座が保有を続けていたS&P五〇〇インデックスよりも低いリターンしか上げていないので、アドバイザーがアンダーパフォームしていることを理解していた。また、バークレイズの債券インデックスにも負けていたことが判明した。何かが間違っているのだが、フレッドはそれが何なのか分からなかった。

目的とリスク許容度

財務計画を決定する要素は、年齢、収入、資産といった客観的なものであるが、リスク許容度や目的といった本人でなければ分からないものもある。高価なアドバイザーを雇う前に、自分が何を達成したいのかを明確に分かっていなければならない。アドバイザーの仕事は、その目的を、合理的な計画を通して、そして、それを堅持して、どのように達成するかを見つけだすことであって、何が目的なのかを解明することではない。私の偏見かもしれないが、賢明なる人は、自分自身で考えるべきであろう。同時に、自分がすべてを承知しているわけではなく、助けが必要であることを認識することで、無駄に痛い思いをしなくて済むようになる。

人々は自らの目的を考えるときに、自分たちが今日とは異なる環境にいると想像することはめったにない。例えば、若い人は、転職したり、失業したりすると、個人の年金口座を解約し、貯蓄を使ってしまう傾向にある。しかし、株価の低い不況期に仕事を失う可能性が高いので、一つの不幸な出来事がさらなる不幸を招くのだ。おそらく、貯蓄を増やすこと以外に、不測の事態に備えることは事実上不可能である。景気の良い時代に、収入が減ったときに備えた資産の組み合わせを選択することなど容易ではない。例えば、フレッドは引退後に目標とする収入を得るために株式を必要としたわけだが、それほど際どいことを望んだわけではなかった。

コストとインセンティブ

フレッドは、アドバイザーが自分の資金運用のために働いていると信じ込んでいたが、彼が理解していなかったことは、アドバイザーは自分のお金儲けのためにフレッドを利用することに集中していたということである。投資家のコストはだれかのインセンティブなのだ。フレッドは、アドバイザーにお金を支払っているのはだれかと問うべきだったと思う。いくら、何のために、と。アドバイザーはフレッドの利益を第一とする立場にあったのだろうか。それとも、利害が対立しているのだろうか。販売手数料の大きなものには注意が必要である。フレッドのアドバイザーが勤める企業は、口座の残高に応じた手数料と取引手数料とを課していたが、そのうちの何割かはアドバイザーの手に渡るのだ。アドバイザーがフレッドの口座で取引を行えば行うほど、彼が手にするお金は増えるのである。案の定、フレッドの明細を見ると、彼は八カ月ごとに保有銘柄を完全に入れ替えていた。手数料がフレッドのリターンを蝕んでいたのである。

投資家が自分の資金を他人の手に委ねることもあるだろうが、信頼に足る人物の手に委ねるのが望ましい。アドバイザーは、信頼の網の目のなかでは最初の結び目にすぎないかもしれない。次に彼は、自分が関係しているファンドの幹部たちの正直さや能力を頼ることになるが、幹部たちは自ら保有する企業のリーダーたちの才能に依存し、リーダーは部下たちやビジネスパートナーを当てにしているのだ。通常、幹部たちは能力があることを示したがるが、それをどう解釈するかは自由である。ファンドマネジャーたちは、自分たちがどれほどユニークなことを行っているか、なぜ成功するのかを分かりやすく説明し、またそれを裏づけるためにいくつかの数値を示すことができるはずである。しかし、われわれは彼らの動機と倫理観は想像するしかない。私はインセンティブ制度や会計原則の選び方を研究することで、その手がかりを見つけるのだ。本書では、後に悪党や無能な経営者の裏切りをどう回避するかという問題を取り上げる。

なぜその戦略は有効なのか

投資戦略がどのように提案されたのか、なぜそれらの判断基準をほかの市場参加者は利用しないのかを明らかにし、それが有益な方法である証拠を提示できなければ、その投資戦略が市場に打ち勝つと期待すべきではない。インデックス運用を行う者たちは、手数料を除いたあとで市場平均に匹敵するパフォーマンスを上げることだけが目的であり、それは容易に達成される。フレッドのアドバイザーは、「テーマに基づくセクターローテーション」や「ファクター投資」をしているが、その理由は判然としない。彼のアドバイザーは、経済のモメンタムの変化をとらえ、最もダイナミックなファクターや人気の産業に飛び乗っていたのであろう。しかし、彼はETFを取引するための判断基準を示すことも、自分の戦略が有効であることを示す証拠を提示することもできなかったのだ。

私は、予想した価値よりも安い価格で株式を買い、それが正当な株価を付けるまで保有する。たいていの場合、これには数年を要する。しかし、私の判断が正しければ、それらの銘柄の本源的価値は時を追って上昇し、平均的なリターンだけでなく、株価と価値との差額をも手にすることになる。掘り出し物とは、現在の見通しに動揺したか、飽きてしまった投資家が価値を無視して株式を売却したときに現れるものである。価値は主観的な推測であるので、私の理論を直接証明することはできない。しかし、推測のほとんどは金融のヒストリカルデータに基づいたものである。つまり、利益やキャッシュフローや資産のいずれをもって測ろうとも、割安銘柄はアウトパフォームするという膨大な証拠に基づいているのだ。私が失敗するのは、予想外の急なイベントが発生したり、予想のなかで確実性の低い要素と高い要素とを区別することができなかった場合である。

リスク管理——分散

ファンドマネジャーやアドバイザーはリターンを基準に採用されるが、彼らの仕事の本質は、リスクを認識し、管理することにある。投資家はリターンをコントロールすることはできないが、どのようなリスク、そして売買価格が受け入れられるかを決めることはできる。投資リスクを管理する主な方法が二つある。分散と入念な銘柄選択であるが、これらは反対方向に作用する。相反する、または相関関係にないリスクに分散させることで、とりわけベンチマークと比較すれば、リターン全体のボラティリティは低下する。分散させる最も安価で容易な方法とはインデックス運用を行うことであるが、ストックピッカー（銘柄選択者）であっても、相反する相関関係にないリスクを選択することで分散させることができるのだ。銘柄選択においても、魅力の薄いリスク、とりわけ高い価格を支払うリスクを抑え、魅力的なリスクを選択することで、全体のリスクを抑えることになる。リターンが大きくばらつく市場では、銘柄選択はより強力な道具となる。

現実問題として、ファンドの投資家はそれが保有している銘柄を一つも理解できないし、またその必要もない。しかし、どのように有価証券を選んでいるか、またファンドマネジャーの運用方針がどれほど柔軟なものかを把握すべきである。インデックスに連動させることを目的としたファンドもあれば、インデックスに勝つことを目的としたアクティブ運用のファンドもある。インデックスファンドについて言えば、インデックスの構成銘柄を決めるにあたり、どのような要件や公式が用いられているか。このインデックスや公式を用いて投資をする理由は何か。アクティブ運用のファンドについては、ファンドマネジャーはなぜ市場に勝てると考えているのか。彼の知的優位性をアルゴリズムに変換することはできるか。彼はトレンドに乗っているのか、それとも長期的視野を持っているのか。

Ｓ＆Ｐ五〇〇はアメリカ市場のベンチマークとして広く用いられており、このインデックスに連動するファンドは最適な分散が図られていると考えられている。ベンチマークに遅れる可能性をリスクと考えるのであれば、Ｓ＆Ｐのインデックスファンドは定義上、極めて安全である。幾ばくかの低い手数料を差し引いたあとで、インデックスに正確に連動することが期待できる。しかし、インデックス運用では、割高な有価証券や望んでいない特定のリスクを回避することでリスクを管理することはできない。そして、市場全体が暴落するときは、絶対リターンが問題となる。大損するのだ。

株式のカテゴリーやインデックスの予想リターンを客観的に見ることが、分散を図る投資家にとっては調査の主眼となる。ストックピッカーにとっては、それは最初の一歩にすぎない。どちらの場合も、データを説明し、投資の根拠となるストーリーが必要である。どちらの場合も、過去に繰り返し起こったパターンなどを導き出すには、大数の法則に従うことになる。市場全体や投資戦略を示す適切な統計上の参照クラスを定義し、またどれだけの期間を対象とすれば十分かを判断するのは容易なことではない。Ｓ＆Ｐ五〇〇インデックスはアメリカの主要銘柄を代表しているが、株式全般を表しているわけではない。また、用いるデータの期間が異なれば、中心となるレンジも変わってしまうことがしばしばある。

可能なかぎり客観的にとらえ、大なれ小なれ、世界中のすべての株式を検証したうえで、Ｓ

&Ｐ五〇〇にだけ投資するのであれば、それは実際には小型株や外国株を除外するというアクティブな判断を下していることになる。さらに株式以外にも、多くのアセットクラスがある。イギリスのＦＴＳＥ一〇〇、ＭＳＣＩディベロップト・ワールド・インデックスもあれば、大企業に対する広く分散したイクスポージャーを低コストで提供するＥＴＦもおそらくは三ダース以上あるであろう。Ｓ&Ｐのインデックスファンドと ＦＴＳＥ一〇〇のインデックスファンドを組み合わせれば、Ｓ&Ｐだけを追いかけるよりも、より分散を図ることができる。主要な市場の広範なインデックスファンドをポートフォリオに組み入れる目的は、風変わりなサイドベットをするのではなく、グローバルな株式市場の平均リターンを稼ぐことにある。外国の特殊性や外国為替、コモディティＥＴＦなど、分からないものから離れればよいのだ。

多くの国の株式市場がもたらしたリターンの長い歴史を比較すると、概して株式は、価格のボラティリティは高くとも、債券よりもリターンが高く、アメリカはほかの多くの国々よりもパフォーマンスが良かった。この事実は、株式はリスクがより高いので、より高いリターンをもたらすとする理論を実証しているように思われる。では、アメリカ株の期待リターンを推定するために、われわれは世界すべての先進国市場の記録に目を向けるべきであろうか、それともアメリカは特別なのであろうか。アメリカは、法の支配、民主主義、比較的自由な市場、そして優秀な大学の存在が生み出す幸運をかなりの程度維持すると私は推測している。しかし、この優位性が純粋な運によるものか、それとも一時的な要素によるものかは議論の分かれるところである。

フレッドのアドバイザーは急成長を遂げる中国経済に賭けるためにラージキャップ・チャイナETFを購入したが、彼はあることを見落としていた。このETFはFTSEチャイナ五〇インデックスに連動するものであるが、これは国有企業（SOE）にひどく偏っているのである。インデックスの半分以上が銀行や金融機関であり、考えているよりも分散が効いていないのだ。中国では、完全雇用が収益性よりも優先されるので、銀行は財政状態に疑義のある非効率な国有企業に貸し付けを行う。中国の成長ストーリーのうち、最も収益力が高く、ダイナミックな部分、つまり、小さな民間企業やテクノロジー分野はインデックスにほとんど入っていないのである。

カテゴリー全体の結果が外れ値によって左右されると、インデックス運用は期待した結果を得ることができない。ベンチャーキャピタルやジャンクボンドやバイオテクノロジー企業などのアセットクラスでは、リターンの分布は統計上の正規分布とは似ても似つかないものとなる。インデックスを構成するうちの極端な勝者と敗者に左右されるのであれば、そのようなカテゴリーは悪魔の顔と天使の顔を行ったり来たりすることになる。それゆえ、フレッドにとっては、高利回り債インデックスのETFよりも、アクティブ運用のファンドのほうが有効であったであろうと思う。債務残高が最も多い企業はインデックスのなかで最も重要な存在である。債券利回りが低下すると、その価格は上昇し、インデックスのなかでのウエートが大きくなる。対照的に、一定の利回りが見込めるなら、現実の人間は最もクレジットの高い投資対象を好むのだ。

選択――数字なきテーマ

銘柄選択は、それほど傲慢にならずに将来を見通せる分野に集中しているときが一番有効である。たいていの場合、知性は、有限で、刺激が乏しく、変化の遅い分野で最も力を発揮する。自らのどの予測が無価値である、またはコンセンサスと同じであるのかを認識できないのであれば、予測はやめるべきである。成功することはないだろう。例えば、ウォーレン・バフェットは、自分が理解していない事業、二流の経営陣、景気循環的な事業、コモディティ化した事業、また変化の早い産業、そして割安になっていない銘柄を拒絶する。変化しない銘柄などほとんど存在しないが、バフェットは大きな落胆を覚える可能性を見積もっているのだ。

ほとんどのＥＴＦは、分散を図るためのものではなく、狭いグループを対象としたトレードの道具である。それらは個別銘柄のリスクを回避する手段として提案されるが、さまざまな銘柄の事実を組み合わせる術はある。インデックスが二つの銘柄からなり、どちらも五〇ドルで取引され、一銘柄は五ドルの利益を上げ、もう一銘柄は四ドルの損失を出していると仮定してみよう。収益性のある企業だけを取り上げれば、ＰＥＲ（株価収益率）は一〇となる。双方を合わせると、平均PERは一〇〇となる。もしくは、市場独占的な地位にある企業と、平凡で一般的な企業との平均とも言えようか。競合他社との関係が業界において最も大きなリスクとなることが多いが、これは、主要なプレーヤーのすべてを研究することでしか理解し得ないものである。

フレッドのアドバイザーは、「だれもが一台持っている」とスマートフォンETFを売り込んだ。しかし、数字がなければ価値を評価することはできないのであるから、数字なきテーマは危険である。奇妙にも、アップルやサムスンの供給業者のほうが、スマートフォン・インデックスにおいては、アップルやサムスンそれ自体よりもはるかに重要なのである。多くの納入業者が巨大な顧客に販売を行っている場合、供給業者の立場は弱い。また、おかしなことに、赤字のHTC（エイチ・ティー・シー・コーポレーション）やブラックベリーは、何十億も稼いでいるサムスンよりも、ウエートが大きいのだ。業界の成長は、主にファーウェイが製造している安価な電話機のアジアにおける販売がもたらしているが、同社はETFには含まれていない。価格圧力があることで、販売が増大しても業界の利益はやがては減少することになる。業界の勝者を見いだしたら、それらの企業にだけ、適正な価格で投資をするべきだ。

理解なきデータ

ファクター投資、または「スマートベータ」は現在、ファイナンシャルアドバイザーやＥＴＦプロモーターのトレンドとなっている。彼らは、株式を切り離せないリスクの束ととらえるのではなく、時価総額や株価のボラティリティ、株価のモメンタム、グロース指標やバリュー指標などの数値が極めて高い、または低い銘柄でポートフォリオを構築する。研究では、小型株、低ボラティリティ、高モメンタム、そして高いバリューがアウトパフォームするとされているが、常にそうなるわけではない。グロースについて言えば、その証拠は不完全であるし、決定的なものでもない。これらのファクターはかつてファンドや株式を分類するために用いられてきたもので、有名な例が投資信託の「スタイルボックス」である。私のファンドは常に、小型株、バリュー株、そして低ボラティリティに偏っている。

なぜこれらのファクターは有効なのか、ファクターに関する過去の判断は誤っているのかどうか、またファクターによって株式を売買する判断基準を見いだせるのかどうかについて、専門家は意見の一致を見ていない。小型株は国内と海外ともに長期にわたりアウトパフォームしているが、複数年にわたって後れを取ることもある。おそらく、小型株は情報の入手や分析が容易ではないので、ディスカウントされているのだと思うが、その程度は昔ほどではないと考えている。小型株は分散が効かず、より景気循環的で、顧客の集中度が高いため、リスクがより高いのかもしれない。しかし、小型株効果は、グローバリゼーションや反トラスト法の緩和が進む以前の遺物だとする主張に私は反論できない。

フレッドはＴＶＩＸ　ＥＴＮに頭を悩ませていたが、彼は自分の口座でそれを取得した理由を理解できなかった。ＴＶＩＸこと、ベロシティ・シェアーズ・２Ｘ・ロング・ＶＩＸ・ショート・ターム・エクスチェンジ・ノートはＶＩＸに基づいたデリバティブである。短期的には、ＶＩＸはウォール街の恐怖指数となる。ＶＩＸは、向こう数カ月を見渡して算出される株式指数オプションのインプライドボラティリティを示す指数である。将来の株価のボラティリティに対するトレーダーの期待を直接とらえることはできないが、オプション価格にそれが表れているはずであると考えたわけだ。法的な表現をすれば、ＴＶＩＸは、ローリング・フォワード・スタート・バリアンス・スワップを基礎とする仕組債である。ボラティリティには本源的価値はない。ＶＩＸには平均回帰の傾向があること以外に、それに対する長期的な見通しを立てる術がない。データは豊富にあるにもかかわらず、分析不能なのだ。さらに悪いことに、ＴＶＩＸではレバレッジが用いられている。

債券が持つ悪魔のような素顔

三倍のレバレッジがかかったファンドは、三倍の速度で上げ下げするが、投資家はそれが意味するところを理解していないであろう。ＥＴＦは、ＶＩＸの対象指数の三倍の額を維持するために、受益者の投資額の二倍に相当する借り入れを常に行っていることになる。つまり、対

図５－１　３倍のレバレッジがかかったインバースETF

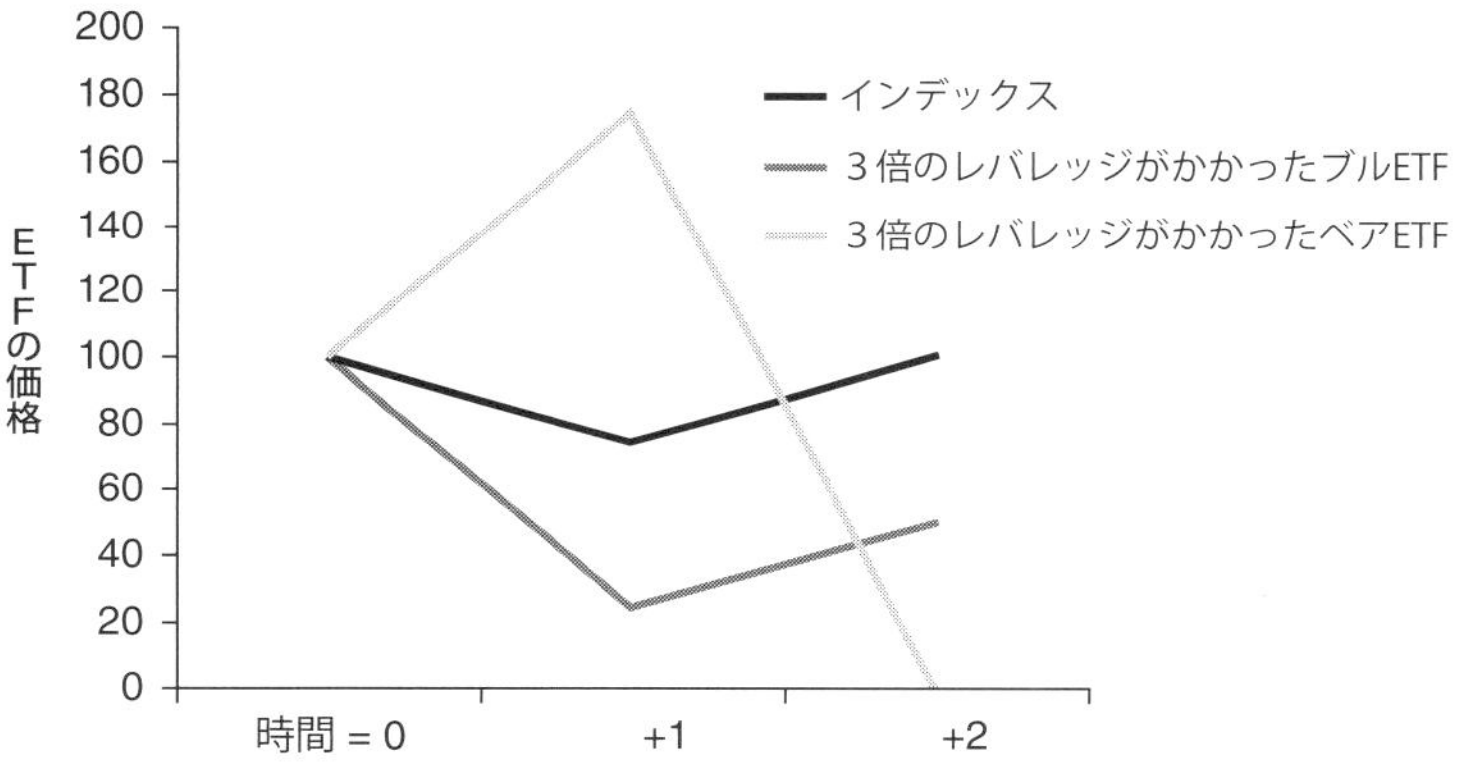

象指数が二五％下落したら、三倍のレバレッジがかかっているＥＴＦは七五％下落することになる。ＥＴＦの価値が下落した場合には、ＥＴＦは然るべき価額のインデックスを売却し、借り入れを減らし、ＥＴＦの価値の二倍に維持しなければならない。では、インデックスが三三％急騰し、すぐに元の水準まで下落すると想定してみよう。次に挙げる図が示しているとおり、三倍のレバレッジがかかったＥＴＦは二倍上昇し、その後七五％下落するので、最終的には当初の価値の半分になる。これが**図５－１**に示されている。

　借り入れは投資家のタイムホライズンを短くするが、レバレッジを一定に保とうとすることで、ファンドは有害なアルゴリズムを内包することになる。高く買い、安く売るわけだ。われわれの例では、インデックスは行って来いとなるが、三倍のレバレッジがかかったＥＴＦはその価値の半分を失うことになる。発生順序は問題ではない。上昇のあとに下落が来ても結果は同じである。売りであろうが、買いであろうが、借り入れた資金を使って投資を行えば、思いどおりに事が進んでも、激しい上下動は免れない。最も好ましくないタイミングで手仕舞いすることを迫られることになるのだ。

一方、ベア（「インバース」）ＥＴＦを用いると、空売りするために株式を借り入れるという仕組みを利用することなく、インデックスが下落することに賭けることができる。空売りは容易ではない。買いの投資では利益は無制限だが、損失には限度がある、つまり損失は一〇〇％までである。一方、空売りをすると、利益は最大で一〇〇％までとなるが、潜在的損失は無制限である。インデックスが一〇〇から七五へ下がり、一〇〇まで戻った前述の例を検討してみよう。パーセンテージにすれば、マイナス二五％とプラス三三・三％である。空売りを行うと、結果は反転し、プラス二五％とマイナス三三・三％となる。三倍のレバレッジがかかったＥＴＦは悪魔のような結果を生み出す。三三・三％の損失が三倍になれば、インデックスは累積では変化していないにもかかわらず、ベアファンドは吹き飛んでしまうのだ。

「連中はなんでこんなＥＴＦに投資したんだ」とフレッドは激怒して尋ねた。

デリバティブと債券は契約であり、企業の部分所有権ではない。つまり、契約上の権利と義務があるとすれば、契約書の細則に潜んでいるのだ。自分が保有する企業の上級幹部とは異なり、発行者たちは取得者の利益を最優先する義務など持ち合わせていない。しかし、ウォール街は、あまりに複雑すぎて、買い手の多くが適切に評価できないような特徴を持つ金融のからくりを開発するのである。それをよりよく理解できる者たちにしてみれば、軽率な犠牲者たちをペテンにかけられるのだから、この非効率さはまさに収益を生むものとなる。顧客たちはファンドにレバレッジがかかっていることは知っているかもしれないが、その特徴が資産を破滅させることは認識していまい。安全性にはいかなる価値があるかではなく、数字の裏づけのないストーリーという観点から物事を考える人々が最高のターゲットとなる。有価証券がどのように機能するのかを理解している市場参加者は、それを理解していない者たちが行う誤ったアドバイスに基づく取引を巧みに利用するのだ。

本章は、詳細を無視し、真実でないことを前提としてしまうような状況に敏感になってもらうことが目的である。フレッドの見落としと無謀な行動はわれわれの行動とは異なるものであろうが、何らかの共通点はあるだろう。われわれが自分の目的を知らなければ、ほかには分かる者などいない。なぜ、どのようにして戦略が機能するのかと尋ねたがらない人は多い。コストやインセンティブ、だれを信頼すべきか、またリスク管理といった問題は期待リターンを最大化するという目的からすれば、雑音のように思われるが、実際にはそれらこそが重要なのである。

自らその存在を知っており、分析ができ、また好ましいオッズを提供しているリスクが投資における最良のリスクなのである。より小規模で、シンプルで、安定している事業では、それらのすべてを容易に評価できる。分散は、分からないリスクや分析できないリスクから身を守ってくれる。その二つを満たす最良の方法は、優れたオッズを提供する銘柄に分散することである。財務レバレッジのように、長期的な視点を持つ能力を邪魔するいかなるものをも回避すべきである。

第6章　私にはシンプルな人生

「すべてを知っていると思い込んでいる人々は、本当にすべてを知っている人々にとっては腹立たしい存在だ」――アイザック・アシモフ

自ら理解し、十分に知っている事業に投資しなければならない――これは素晴らしいアドバイスだが、説明が必要である。事業を理解するためには、各セグメントが何をしているのか、そして彼らはどのようにしてお金を稼いでいるのかを理解しなければならない。将来の利益を生み出す要素を見いだし、また程度の差こそあれ、それらを正確に予測できなければならない。すべての産業が、等しく理解しやすいものとは限らない。バイオテクノロジーのように、素人にはまったく理解できないものもある。しかし、少し研究すれば、競争が激しく、収益性が乏しい産業もあれば、一貫して儲かる産業もあることが分かるであろう。

グーグルは、あらゆるトピックに関する情報を即座に入手できるようにすることで、優れたサービスを提供しているが、また欠点もある。自分は実際よりも知識が豊富だという幻想を与

えてしまうのだ。ある重要な知識を有していなくとも、ほんの数秒でそれを集めることができてしまうのだ。人々は常にこの幻想に影響を受けやすい。特に、優秀で好奇心が旺盛であればなおさらである。すぐに検索できるような情報は、投資に関する「次に何が起こるか」という疑問に答えるには有益であろうが、「それはどのような価値があるのか」という疑問にはそれほど役に立たない。その結果、投資においては有害な組み合わせが生まれる。つまり、少しの過信と短期的な視点である。

知っていることと知識は同じではないが、しばしば混同される。フィデリティのピーター・リンチが、奥さんのキャロラインのショッピングの習慣を観察することが、株式研究の優れた起点になると提唱したことは有名である。キャロラインは、レッグスのストッキングが競合するほかのパンティストッキングメーカーの製品よりも優れている理由を知っていたのだ。彼女はまた、競合他社がより優れた製品を導入するかどうか、またいつ導入するかも知っていたであろう。企業を理解するためには、顧客がその製品を購入する理由を知る必要がある。どの産業を一番よく知っているかが分からないのであれば、リンチも私も、まずは消費財から始めることをお勧めする。

よく知っていることが、投資家に不利に作用することもある。仮に、一九七二～二〇一六年まで、S&P五〇〇の構成銘柄のうち、時価総額が最も大きい銘柄にだけ継続して投資していたら、インデックスが年一〇%以上のリターンを上げたにもかかわらず、その複利リターンは四％に満たなかった。S＆P五〇〇の上位一〇銘柄で見ても、度合いは小さくとも同様の効果が見られた。時価総額の大きい企業が大きな事業を営んでおり、また投資家によく知られているとは限らないが、たいていの場合はそうである。二〇一六年、その収益は一二分の一であったにもかかわらず、フェイスブックの時価総額はウォルマートを大幅に上回ったが、おそらくそれは知名度が高かったことが理由であろう。だれもが知っている名前はより安心だと思われるのだ。知名度、または少なくとも規模は債券の格付けと利回りに反映される。より規模が小さく、無名の企業は、同等の信用度を持つ人気のある大企業よりも高い金利で借り入れを行うことになるのだ。

何を知る必要があるのか

心理学でも専攻した人でなければ、自分が何を知らないかということについて考えたことはほぼないであろう。「既知の未知」と「未知の未知」と言ったドナルド・ラムズフェルド元米国防長官はよいところを突いていると思うが、そのようなことを考えたこともない人からすれば、戯言のように聞こえたであろう。何を知っており、何を知らないかを見いだす近道が存在するならば、私も学ぶ意義はなかったであろう。心理学者は、分からないことが分かれば、分かるであろうといったパラドックスを楽しんでいるのかもしれない。しかし、投資家たる私には役に立たない。私は十分に理解していない分野は避けたいだけである。

私は「知っている」と「理解している」という言葉を使うとき、明確な要件を念頭に置いている。顧客が企業の製品を購入する理由を理解しているだろうか。彼らが購入をやめる、または競合他社の製品に乗り換える理由を理解しているだろうか。企業に競争優位をもたらしているのは具体的には何だろうか。この事業はどのようにしてお金を稼いでいるのだろうか。なぜその企業の収益性は上がったり下がったりするのだろうか。成長を左右するのは何だろうか。この種の事業はどのように失敗するのだろうか。その企業が五年後どうなっているか、またその結果を決めるファクターについて知っているだろうか。この産業における素晴らしい機会をとらえることができるだろうか。これは自分が賢明な判断ができる分野だろうか。

これをコンピタンス領域と呼ぶ投資家もいる。私はその考えに同意するばかりか、でき得るかぎり強い言葉で支持したいと思う。フェイスブック上の四〇〇〇人の友だちと二～三人の終生の友という違いであり、数ではなく、中身の違いなのである。挨拶する程度の知り合いに、友人との時間を邪魔してほしくはないであろう。私が言いたいのは、「コンピタンス領域」は特別な能力や洞察力の領域であるべきだということだ。私はすべての産業に適応できるかもしれないが、把握するのが容易なものもあれば、ほかよりも困難なものもある。序列が重要なのだ。

成功する人々というのは、人生を簡略化し、最も重要な事柄や行動に集中するのである。そうしなければ、ハムスターのように走り続けるか、つまらないことに足を取られることになる。

雑音を避けながら、自らの目的に影響を与える新しい相反する情報に柔軟に対応することが最も難しい。四半期ごとの結果に関する詳細の多くはさておくとして、その情報は一年、または二年後も有益であり続けるかと問うことが雑音を避ける一つの方法となる。

私が求めている事実は、古い背景情報のように思えるものであることが多い。つまり、長期にわたり真実であり続けた、そしてあり続けるであろう情報である。私は賞味期限の長い重要な事実を探している。例えば、企業の競争力に関する説明であったり、経営者が歴史的に現金をどのように使ってきたかという情報である。これらの話をＦＯＸニュースやＣＮＢＣで耳にすることはほとんどない。なぜなら、それらはニュースではないからだ。私にとっては、これらの事実を掘り下げて検証することのほうが、直近の四半期の業績に関するリポートを六つ読むよりも、はるかに有意義なのである。

難しい産業を避ける

私は、個人的には小さな過ちを繰り返しているが、それでもコンピタンス領域を心から支持する者である。私のファンドはたいてい八〇〇銘柄ほどを保有している。「コンピタンス領域」と「広い視野」とのバランスを取ろうとしているのだ。私にとっては、終わりなき可能性を切り開くことは、この仕事の楽しみのひとつであるが、意図的に自らを制限することは楽しいことではない。しかし、意思の力を発揮して重要な目標に当たらなければ、災難が待つばかりだ。

選択の対象となる銘柄は何千とあるが、自らの能力が発揮できる分野に絞ったとしても、ほとんどの投資家は多くの機会を手にすることになる。私は完璧なまでに素晴らしい機会を持つ多くの可能性を捨てなければならない。テレビの経済番組で取り上げられた銘柄だけを買うといった方法では、実際のところ魅力のない銘柄ばかりとなるであろう。世にあるほとんどの方法がランダムなもので、Ａから始めてアルファベットにしたがって進めていくといったものに等しい。自分が知っている銘柄に焦点を当てれば、可能性も改善されたものとなる。少なくとも、優れた機会をとらえることができるようになるであろう。

どの業界を調査し、またどの業界を無視するかという選択は、自分の既存の知識や目的、そして業界の魅力度に依存する。ある業界で働いているならば、それについてはほとんどの人々よりも詳しいことは言うまでもない。目の前のインカムが必要ならば、高い配当利回りが一般的となっている安定した業界に焦点を当て、配当を支払わない業界を回避すればよい。少し調査を行えば、たいていの投資家は、長期投資を行う者にとっての機会が豊富にある業界と、機会がほとんどない業界を見つけることができるであろう。短期のトレーダーは、不安定な業界の企業が損を出したり、利益を出したりするなかで売買することでお金を稼ぐことができる。しかし、長期投資を行う者たちは、自分たちのリターンは利益率の平均のようなものととらえている。つまり、利益率の平均が振るわなければ、自分たちの成績も振るわないのだ。

業界を詳しく調べるために、私はバリューライン・インベストメント・サーベイの紙の印刷物を利用している。今ではオンライン版もある。およそ一七〇〇銘柄をカバーするバリューラインは業界ごとに整理されているのだ。三カ月に一度、すべての企業について、およそ一五年間のヒストリカルデータとその時点での解説からなる一ページもののリポートが発表される。さらに、各業界の業績をまとめた業界リポートもある。鉄鋼や航空産業のページをペラペラとめくっていると、ほとんどの企業が少なくとも過去数年間に損を出していたことが分かる。企業に関するページを見ると、アメリカン航空、デルタ航空、ユナイテッド航空、USエアウェーズのすべてが破産し、時にはそれを繰り返していることが分かる。目立った利益を上げている企業や注目を引く業界が見つからなければ、次に移るのだ。

効率的市場仮説（EMH）に基づくならば、長期的な収益性が劣っていたり、産業がまったく成長していないからといって、その株価が市場に後れを取っているということではない。そのような悪い要素はすべて低い株価となって織り込まれており、適度なリターンしかもたらさないであろう。株式は概して、その見通しが少なくとも短期的には単調なものとなるので、利益や資産に比べて低い価格で取引される。平均すると、安い銘柄は、その実際の利益が市場に劣っていたとしても、市場を上回るパフォーマンスを上げるが、これは期待が低すぎたことを示唆している。だからといって、見通しの暗い銘柄だけを選んで探すべきではない。カテゴリーとして見れば、赤字の企業は概して市場に後れを取るが、これは期待が十分に低いものではなかったことを示している。

投資対象のユニバースを狭めるときは、オッズが好ましくなるように偏らせればよい。効率的市場仮説では、すべての株式と産業グループのリスク調整済みリターンは等しくなると仮定している。これが真実であるならば、銘柄のカテゴリーを絞ることで、投資ユニバースが狭まり、分散が小さくなるが、期待リターンには影響を及ぼさないことになる。本当にランダムな業界を除外しても、その業界をほとんど知らないのであれば、自らのオッズは悪化せず、むしろ改善することになると私は提案したい。ファンドマネジャーはその知識を期待して雇われているので、知らない産業があることを認めたがらない。私もまた、ＰＥＲ（株価収益率）が低い、または時価総額が小さいといった好ましい特徴を持つと考えている銘柄を除外するような判断基準を避けている。

デンドレオンの予想もつかない旅路

収益性のないバイオテクノロジー銘柄は私の理解を超えたものであることに変わりはない。しかし、だからといって、交流のある医師たちから学ぼうとすることをやめさせるものでもない。薬品は完全に彼らのコンピタンス領域に属するものであり、私のコンピタンス領域ではない。がん患者の世話をしている熟練の精神科医である「ルービン博士」が、デンドレオンの株式が四ドルで取引されているのを知って興奮したという話を聞いた。デンドレオンは、前立腺がんの免疫細胞療法であるプロベンジを開発していた。私も、この新しく、より人道的ながん療法の開発に、ルービン博士同様に魅了されたが、デンドレオンの株式を買うことはなかった。私は、ＦＤＡ（米食品医薬品局）の承認を期待することができず、また将来の利益を見積もることができなかったのだ。

デンドレオンの向こう五年間の収益性を見積もるためには、プロベンジがＦＤＡによって承認されること、市場で受け入れられる可能性、そしてその市場規模を知る必要があるのは明らかである。ＦＤＡによる新薬承認のプロセスは三段階からなり、それぞれの段階を通過する確率は低いものである。プロベンジはこの手続きに一〇年をかけていたが、最初の治験によって薬品が安全かつ効果的であるとＦＤＡが判断するまでに七年、二回目の治験にさらに二年、そして最後の承認までに一年という具合だ。承認が下りたあと、デンドレオンの株式はちょうど一年前からすると一〇倍以上にあたる五六ドルを付け、ルービン博士の含み益もかなりのものとなった。プロベンジの売り上げは二〇二〇年までに四〇億ドルに上ると予想したアナリストもいた。

私は、デンドレオンによるプロベンジ開発がどのようになるかを事前に予測することはなかった。歴史の浅い事業ではよくあることだが、投資家は、ＦＤＡによる承認のようなひとつの大きな節目を迎えると、すべてはバラ色であると仮定してしまう。デンドレオンについて言えば、FDAによる承認が見果てぬ夢だったのではない。プロベンジが承認された六週間後、メディケア（未高齢者・身障者対象の公的健康保険制度）において、前立腺がんの薬品の薬価に上限を設けることが提案された。治療期間中、プロベンジは九万三〇〇〇ドルの費用がかかるが、それよりも高い抗がん剤もある。民間の保険会社も払い戻しを控えた。プロベンジを利用する患者は、自分の免疫システムに応じてカスタマイズされた薬を受け取るのだが、その製造には時間がかかった。とある研究者が、ワクチンによる延命効果に関する臨床データは患者の年齢によって歪められているとするリポートを公表した。いかなる薬品でも同じだが、副作用を被った患者もいた。

デンドレオンは、初年度の売り上げ予想を引っ込めざるを得なくなり、実際の売上高は当初予想の半分ほどである四億ドルにすぎなかった。その後、ジョンソン・エンド・ジョンソンがザイティガを投入する。これは、プロベンジと組み合わせて摂取することもできるが、療法としては競合することになる。ザイティガや、もう一つの競合他社であるメディベーションのエンザルタミドは経口薬であるが、プロベンジは注入薬である。患者の多くが経口投薬を好む。プロベンジは科学的には成功であったが、商業的には大失敗である。二〇一四年、利益情報のアップデートを目的としていたはずのカンファレンスコールにおいて、デンドレオンは破産申請をしたことを発表した。

投資家は、事実が変化したら、自らの意見も変化させるべきであるが、企業やその産業をよく知っていれば、そのようなことはさほど頻繁には起こらない。今になっても、ルービン博士の科学的にかなり優れているという洞察が「次に何が起こるのか」、または「それはどのような価値があるのか」という疑問に答えていたのかどうか、私には分からない。超人的な証券アナリストでさえ、デンドレオンの浮き沈みのすべてを言い当てることはなかったであろう。彼らが完璧な先見の明を持っていたならば、デンドレオンの最終的な価値はゼロであり、何年もの間、完全に間違って認識されていたと結論していたことであろう。

保険業界

私が最初に担当した業界の一つが生命保険業であるが、この業界は退屈なまでに予想が可能なように思われる。保険業は、似かよっていても相関関係のない大量のリスクを積み重ねれば、結果は理論上の平均、または中心傾向に近づくという原理に基づいて機能している。思い切って簡略化すると、例えば、保険会社は一〇〇万人の被保険者をカバーしており、一人当たりの保険料が年一〇〇〇ドルとすると、保険料の総額は一〇億ドルとなる。保険数理士は、保険の対象となっている母数のうち、毎年一％が死亡すると判断したとする。伝染病や戦争を別とすれば、一人の人間の死はほかの者の死とは統計上独立したものである場合がほとんどである。一〇〇万人という数字は確率を平均するには十分であり、一万人が死亡するという保険数理士の見積もりもかなり正確なものであろう。生命保険の額が一人当たり六万五〇〇〇ドル、販売および一般管理費が保険料の二五％と仮定すれば、保険会社が負担する年間の費用は九億ドルとなる。すると、保険会社は保険業務から年に一億ドルの利益と、余剰金からの投資収益を獲得することになる。

保守的な生命保険会社が五年後、または一〇年後にどうなっているかを合理的に予測することはできる。実際のところ、公表されている利益は将来に関する見積もりに依存しているのである。しかし、予測そのものは単調なものとなる。生命保険業が不確実なものとなることはおそらくないであろうが、成長の可能性は極めて小さい市場である。だれもが同じ生命表を用いており、コストもある程度固定されているため、利益がひどいものとなることはない。しかし、生命保険の基本的な内容はどれも同じようなものなので、企業は価格競争にさらされることになり、心躍るような利益となることもない。価格競争を仕掛けて市場シェアを獲得した保険会社は収益性をあきらめることになるので、ほとんどの会社が中道を行くことになる。投資収益は、株価や金利の変化によって変動する。もし本当に株価や金利の変化を予測することができるなら、その能力は利益モデル以外のことに用いたほうがよいであろう。

年金保険やほかの受け取り式保険を提供している生命保険会社にとっては、そのような投資収益に関する仮定の変化が重要となる。堅実な保険会社は、金融市場の先を読もうとするのではなく、債券ポートフォリオから上がるキャッシュフローのタイミングと、年金受給者に対する支払いのタイミングとを合わせるのだ。年金受給者はリスク回避的であるので、堅実な保険会社はクオリティの最も高い債券に集中する。しかし、保険契約者には契約の破棄を含め、さまざまな選択肢が与えられており、それがバランスを取ることを難しくしかねない。死亡率と異なり、人間の行動は移ろいやすく、またほとんど予見不可能である。また、保険会社はより高い利息を稼ぐために、ジャンクボンドを買ったり、満期をずらしたりする誘惑に駆られることがある。

損害保険（Ｐ＆Ｃ）会社は、リスクと同じだけの不確実性に取り組むことになる。特に、自然災害への再保険では、平年などというものは存在しない。つまり、ほとんどの年は問題ないのだが、時折巨額の損失が生まれるのだ。特化した地域における価値の高い、少数の資産に対する保険を引き受けている企業は、いつ、いかなる請求を受けるか分かったものではない。短期的には、保険会社は自分たちが将来の正しいオッズを反映した保険料を設定しているかどうか分からないであろうが、それはほとんど問題とはならないようだ。最終的には平均の法則が働くのであるが、四半期ごとや年度ごとの結果は予想しても無駄である。もし保有している企業がマイアミの建物に対する風保険を引き受けていたら、ハリケーンの季節には天気予報番組にくぎ付けとなるであろう。

保険会社の破産は、たいていの場合、投資や保険リスクを集中させたことが後に裏目に出た結果である。ファースト・エグゼクティブが破産したのは一九九一年だが、同社が取引量の少ないジャンクボンドに多額の投資を行い、それらを売却せざるを得なくなったときに、多額の損失を被ったことが原因である。フレモント・インデムニティは二〇〇三年に支払い不能に陥ったが、カリフォルニアの労働災害補償を引き受けすぎたことが原因であった。労働災害補償の市場は、一九九〇年代に競争が極めて厳しくなり、その結果保険料が低くなっていたのである。その後、給付に関する法律が変わったことで、請求権の悪用や裁判が大量に発生した。損害保険会社にとっては、将来の正しいオッズが過去の歴史とは異なるものとなった。つまり、分からないし、不安定なのだ。目に見えない危険性としては、リスクが頻繁には顕在化せず、集中しており、また最近は顕在化していない場合に、保険会社が保険料を低くしすぎるということがある。

AIG

同社が行う保険事業に関する私の知識と、AAAの格付けや評判からして、二〇〇七年時点でAIG（アメリカン・インターナショナル・グループ）は私のコンピタンス領域に属していると考えていた。しかし、私の知らないうちに、AIGはそこから飛び出していたのである。数十年にわたって、ほとんど連続して成長してきたAIGのトラックレコードは他の追随を許さず、同社は時価総額で世界最大の保険会社となっていた。一九一九年に上海で産声を上げたA

ＩＧは、保険業が力強い成長を見せるアジア、ならびに世界における保険会社のリーダーであった。ＡＩＧはすべての種類の事業保険を提供していた。労働災害補償、再保険、自動車保険、抵当保険、個人、ならびに団体の生命保険、事故補償や健康保険、固定または変動の年金保険、航空機リース、金融商品、財務保証、元本保証の金融商品などである。グローバルに分散が図られ、事業部門も多岐にわたるので、一つの分野でのトラブルはほかの分野での強みで相殺されるはずであった。

二〇〇七年、ＡＩＧの株式はファイナンシャル・プロダクツ（ＡＩＧＦＰ）部門を巡る議論が一因となって、二〇％ほど下落していた。ＡＩＧＦＰは一九八七年に私の元同僚であるハワード・ソシンが立ち上げたこともあり、私は状況を把握していると勘違いしてしまったのだ。ＡＩＧに加わる以前、ソシンはドレクセル・バーナム・ランベールで働いており、同社では金融スワップの責任者を務めていた。しかし、この個人的な関係は、二〇〇七年のＡＩＧの状況には何も関係がなかった。ソシンは一九九三年にＡＩＧを去っていたのである。ドレクセルのスワップデスクは主にブローカー（売り手と買い手を引き合わせて手数料を稼ぐ）として活動していたが、ＡＩＧはスワップを保険として扱い、金融スワップのリスクをとっていたのである。

ＡＩＧＦＰは複雑さを増すスワップを取り扱っていたが、それは私がかつて多少の知識を有していたものとは異なるものであった。リスクの高い債券のデフォルトに対する保険であるＣＤＳ（クレジット・デフォルト・スワップ）がＡＩＧＦＰの主力商品の一つとなっていた。モーゲージ債や企業債務のデフォルトは、近年あまり見られるものではなかったので、その手数料は極めて安いものであった。年間の手数料が保険の対象となるリスク額の一％に満たないなどということも多くあったのだ。CDSの買い手の多くは、リスクの高い債券に保険をかけようとしたのではなく、デフォルトに賭けていたのである。つまり、AIGの損失である。

後知恵だが、CDSを保険商品として扱うのは、まったくもってひどい考えである。債券の発行額は何十億ドルにも上るので、それを保証するとなれば、膨大なリスクが生み出されることになる。保険は少額のリスクを大量にプールすることで機能する。CDSはどちらかと言えば災害保険に近いが、通常の保険とは異なり、その災害は自然の出来事ではなく、人間の行動に依存しているのである。さらに悪いことに、信用上の災害は景気循環と相関関係にあり、互いに影響を与える。デフォルトは波及することとすらあるのだ。

リスクの高い債券を保証することで、AIGは事実上、同時に悪化する投資リスクの大きな塊を保有していたのだ。CDSによる債務が増大するに従って、AIGは保証金を差し入れなければならず、それが同社の流動性を圧迫していた。出血を止めるために、AIGは不適切なタイミングでスワップ取引を解消することになったが、そうすることで、損失が一時的なものにも、経常的なものにもなりかねなかったのである。二〇〇七年、AIGは九九七億ドルの損失を発表する。株価は高値から九八％も下落し、アメリカ政府が債務不履行を回避するために介入することになった。

シンプルな事業に投資することの利点の一つが外部の人間でも問題を理解することができることにあるのであれば、有能な経営者はそれを解決できるかどうか、またどのようにして解決するかをすでに知っているということだ。ＡＩＧは私のコンピタンス領域を逸脱し、お手上げ状態であったことは言うまでもないが、おそらくＡＩＧの経営者も同様であったであろう。私は、ＣＤＳの最近の短い歴史だけを検証し、最低限の保険料を見返りに、高い相関関係にある壊滅的なリスクの塊を引き受けているという、より大きな視点を持てなかったのは自分だけではないと言い聞かせた。確実に分かっていたのはＡＩＧの職員だけであろうが、私はこうつぶやいたものである――「無知は共有することで気が楽になる」と。

私は常に新しいことを学ぼうとしているが、いつもながら自分のコンピタンス領域にとどまることは容易なことではなく、自らの専門領域となれば言うまでもない。私は保険業を十分に理解していると考えていたが、ＡＩＧは進化していたのだ。災害はなじみのない文脈で発生するのであるから、私は保険業においてよく知られた災害の要因を見逃していたのだ。私は過去の担当分野と知識を、自分が理解していない分野にそのまま適用してしまったのである。概して私は、より小規模のシンプルな事業を好む。今では、何十もの事業部門を持ち、そのうち二つはブラックボックスになっているＡＩＧのような複雑なコングロマリットではなく、より小規模で、透明性の高い銘柄一〇社に投資しようとすることが多い。

不思議なことに、私は今でもバイオテクノロジー業界で大当たりする可能性に魅力を感じるのであるが、自分にはどれほどの失敗作が生まれるかを評価できないことを知っている。また、これは次の第7章で議論することになるが、先物を取引した忌まわしい経験のおかげで、わたしは、自分がマクロ経済の変数や経済全体の動きを予測できないことを知っている。また外国投資を行ったことで、私は現地の言葉は言うまでもなく、現地の企業を完全に理解できないことの危険性を認識するに至った。スイートスポットから離れずにいれば、そのような過ちは起きないのである。

第7章　シンク・スモール（小さな範囲で考える）

「経済学の興味深い課題は、自分たちが設計できると考えているものについて、実際には人間はほとんどなにも知らないということを人々に論証することなのである」――フリードリッヒ・フォン・ハイエク

「私が金持ちになったのは、ひとえに自分が間違っているときが分かったからである」――ジョージ・ソロス

ＧＤＰ（国内総生産）は経済全体における企業の売上高を反映し、それが企業利益の方向性を指し示す。そして、この企業利益の方向性が株価と関係するのだが、マクロ経済学は株式市場の予測においては驚くほど役立たない。新しい経済データは日々公表されるのだが、それがわれわれの視野を狭くする傾向にある。さらに重要なのが、全体像を示すさまざまな数字や個別企業の業績と株価との関係は弱く、変化が大きく、またよく理解されていないということである。データは過去を伝えるものであり、株価は将来の期待を反映するものである。断続的なつながりの連鎖によって、自分たちがどこで間違ったのか、さらには間違っていることすら把握することが難しい。ほとんどの経済予測は株価のトレンドを示そうとするが、一度立ち止ま

って、適正価値を見積もろうとすることはない。

知的好奇心を超えて、大局観に基づく投資に警鐘を鳴らすとすれば、日々のニュースでそれに関連する情報が洪水のように押し寄せてくるので、簡単なように見えるということである。マクロの調査は個別銘柄よりも軽くて済むように思えるかもしれない。さらに、GDPやS&P五〇〇の変化を正確に予想することは、個別株に関する予想に比べて大きな価値を持つであろう。マクロの投資家は、巨大で、流動性に富んだ市場に取り組んでいるので、望む規模のポジションを即座に取る（または手仕舞う）ことに関しては心配することはないのだ。株式指数や債券やコモディティ、または外国為替の先物やデリバティブで要求される証拠金も、個別株に比べれば小さなものなので、ポジションも容易に増やせる。デリバティブ市場での空売りも、株式とは違って、大騒ぎすることもないのだ。

トップダウンアプローチを用いる投資家のほとんどはめちゃくちゃな投資を行うが、大局観に基づく判断で驚くべき富を手にする者も少数存在する。ロジャー・バブソンは一九二九年の株式市場の暴落を正確に予想し、手にした富を寄贈してバブソン大学を設立した。ジョージ・ソロスやジョン・ポールソンは、イギリス・ポンドやサブプライムモーゲージを空売りして何十億も稼いだ。私がもっと若かったころ、マクロの目利きたちは、経済のすべてに関する素晴らしい普遍的な理論を持っているに違いないと考えていた。今では、彼らに共通する特徴は、第一に相矛盾する情報に対して柔軟で、第二に自分たちが誤っているかどうかを調べる何らかの術を持ち、第三に判断を変える覚悟を持っていることだと考えている。

当初から、経済学者たちは経済を機械としてとらえていた。経済学者のウィリアム・フィリップスは経済の動きをモデル化した機械を開発し、ＭＯＮＩＡＣと名づけた。私の祖父のウィリアムは、自動車を分解し、また走るように組み立て直す才能を持っていた。かつては私も経済で同じことをしたいと考えていたが、経済を分解できるかどうかは怪しく思えてきた。再び組み直すことについては言うまでもない。

ここで問題がある。経済学を構成するあらゆるパーツが抽象的だということだ。経済や市場の構成要素、または市場のひとかけらに至るまで、すべては定義次第なのである。「市場」とは、アメリカで上場公開している四〇〇〇余りの銘柄のすべてと定義することも、Ｓ＆Ｐ五〇〇を構成する五〇〇銘柄とすることも、ダウ・ジョーンズ工業株平均の三〇銘柄とすることもできる。経済は株式指数を構成する企業だけからなるのだろうか。自営業者は言うまでもなく、未公開企業やほかの組織も重要なはずである。

定義を変えれば、数字も変わることになる。二〇〇九年の世界的な金融危機の際、ヨーロッパの国々はＧＤＰを基準とした国債の目標額を達成することに苦労していた。しかし、定義を変え、売春や違法薬物、その他の活動から上がる収入を含めると、ＧＤＰは数％増大したのだ。経済的知識がこのような抽象的かつ移ろいやすい定義に基づいたものであるなら、完璧な先見性を持った完璧なモデルなどお笑い草である。

大恐慌期、ジョン・メイナード・ケインズは、マクロ経済に関する最も著名な一冊となる『雇用・利子および貨幣の一般理論』を著した。この理論はほとんどの大学で教えられ、また多くの政府が実践に用いてもいる。ケインズ理論には欠点もあるが、理路整然とした、包括的な代替案がいまだないことから、誤りがありながらも指針があったほうがよいのか、それとも指針がないほうがよいのかという問題が未解決のままとなっている。ケインズは、マクロ経済学で用いられる主要な定義のほとんどを生み出した。ＧＤＰは、消費と資本投資と政府支出に輸出を加え、輸入を差し引いたものに等しいという具合だ。

最もボラティリティが高く、またほかの構成要素を主導し、しばし好不況の引き金を引くことになる要素が資本投資である。企業は、需要が増大しているときにだけ生産能力を増大させる必要がある。需要が急に減少したら、企業は工場の生産能力を増大させないばかりか、使い古した設備を取り替えることすらしなくなる。企業が投資を決断するとき、彼らは目の前の年ではなく、設備の耐用年数を通じた利益を検討しなければならない。しかし、将来の利益は予想にすぎず、事実ではない。それゆえ、投資は経営者たちの一般的な見通し、ケインズが「アニマルスピリット」と呼ぶところのものに依存することになる。アニマルスピリットは高まったり、衰えたりするので、その予想は誤ったものとなる。ケインズのモデルは、機械というよりも、生き物に似ているように思われる。

人々はさまざまな理由から将来を正確に予想しようとすることよりも、予測行為そのものを重視する。ウォール街では、主に何かを売るために予測が用いられるが、結果はけっして顧みられることはない。例えば、仮想通貨は広く用いられるようになるという予測は、この予測を実現させるための行動に拍車をかけるという意味であろう。反対に、アル・ゴアは、世界の温暖化に対する自分の予測は災害を回避するための行動を促すためのものであると認めている。ケインズのモデルは、予測を行うためというよりも、政権の政策に影響を与えることを意図したものであった。アニマルスピリットが停滞しているときは、政府が大きな赤字予算を組むことで、経済は活性化されると彼は予測するのである。政府はそれに従って行動を取ってきた。

経済学者のミルトン・フリードマンは、経済モデルでは、現実世界で起きているような何かを仮定する必要はないと主張している。必要なのは正確に予想することだけだ、と。本当だろうか。科学者はすべてを観察し、できるかぎり正確に描写することから始める。とりわけ各ピースがシステムにどのように組み込まれているかが重要となる。そして、彼らは何がどうなっているかを説明するモデルを構築する。彼らは、何がどうなっているかを説明できるまでは、予測はしないし、できないのだ。物理学者は、それが非現実的であることを承知のうえで、シンプルなモデルと理想的な仮定から出発し、後に、それまで無視していた摩擦や複雑さをモデルに取り込んでいく。

重要なことは、物理学のモデルは実際のところ正確に予測ができなければならないということだ。その点、経済学は立証基準が低い。相対性理論を検証するにあたり、アルバート・アインシュタインは「ここから導き出される結論の一つでも誤っていることが証明されれば、私はすべてをあきらめなければならない」と述べた。科学的理論が無効であることを示すには、たった一つの反証を挙げればよいのである。経済学者たちはそのようなことは言わない。もしそうしていたら、マクロ経済学など跡形もなくなるであろう。経済学では未来を完全に予想できるとする非現実な仮定をもったモデルが示され、経済学者たちはその非現実的な仮定を受け入れている。

経済学や投資では、傾向や確率や状況がすべてである。いつでも、どこでも当てはまるものなどないのだ。経済的イベントのほとんどが、個々のイベントや確率の長い連鎖反応の結果である。この連鎖を把握する唯一の方法は、できるかぎり正確に現実を説明し、また現実的な仮定から始めることである。たいていの場合、シンプルな行動や取引を説明する経済理論は、複雑なシステムを説明するそれよりも信頼性が高い。安定した理論にさえ反証は存在するので、経済学者たちはこれまでに多くの予測に用いられてきた理論に固執することになるが、いずれにせよその有効性を証明することはできない。

マクロ経済を通じて株価を説明しようとすると、脈略が失われることが多い。経済の論理を見ると、私は子供のころにやった伝言ゲームを思い出す。そこでは、「デュボイス婦人は家の近くにゼラニウムを植えました」といった簡単な文言が、「シャピロさんと、デュボイス婦人が彼女の家の庭でキスしているのを見ました」と似ても似つかないものに変わりかねないのだ。同様に、経済や金融のイベントの連鎖には、歪みやズレが発生する。経済の登場人物には短期的に考える者もいれば、長期的に考える者もいるので、最終的な結果が出発点とはまったく異なるものとなることも多い。投資家は、実際に起こるであろう一つのストーリーではなく、可能性のあるあらゆるストーリーを想像しなければならないのだ。

ワシリー・レオンチェフの産業連関図は、私が知るなかで、複雑な経済を説明する最も正確なモデルである。産業連関図では、経済が生み出すあらゆるものの生産に必要なインプットをすべて列挙している。平均的な自動車が二四〇〇ポンドの鉄と三二五ポンドのアルミニウムを必要とするとしよう。自動車を生産する設備にはさらに、自動車一台当たり六〇〇ポンドの鉄が必要となる。一六〇万台の車両を生産するとした場合、何百万トンの鉄鉱石が必要となるかを算出することができる。GDPの予想など楽勝、ではないだろうか。

現場のエコノミストは、産業連関図を使ってGDPを予想することはしない。経済が生み出すものは常に変化している。企業は、より少ないインプットで同等のアウトプットを生み出す方法、これまでどおりのインプットで新しい製品を生み出す方法を常に求めている。産業連関図は、ソフトウェアや映画、または製薬など、最初の製品の開発がボトルネックになり、またコストがかかってしまうような知識産業では役に立たない。追加生産は安価に行えるのだ。今やほとんどの経済成長は知識産業がもたらしているので、産業連関図はGDP成長の予想には役に立たないものとなってしまったのだ（だが、モデルを完全に捨てるべきではない。ビッグデータの降臨で新たな生命を得るかもしれない）。

ドレクセルで働く

一九八〇年代、ドレクセル・バーナム・ランベールでリサーチエコノミストとして働いていたとき、あらゆることに関する詳細なモデルや理論は顧客たちには無用であった。彼らはただ、主要な経済統計が発表される以前に「数字」を知りたがり、またそれが失敗するか、何が起こっているかの説明を求めるだけであった。

われわれは遠い将来を大胆に調査することなどなかったのだ。トレーダーたちは、来月または次の四半期に公表される統計数字をもてあそんでいた。数字をものにすることが、当時も今もお気に入りの暇つぶしなのだ。私の上司であるノーマン・メインズ博士が私に経済統計を担当するよう指示したとき、彼は私に数字と日付をけっして結びつけないよう忠告した。彼は冗談を言っているものだと思ったが、彼が言わんとしていたことは、頻繁に公表される数字には大量のノイズが混じっており、自分たちには分かり得ないことが多いということだった。経済政策の立案者や投資家たちのなかには、自分たちは近い将来のイベントを予想し、管理することができると信じている者もいれば、途中に発生するランダムさや苦痛までも受け入れ、長期的に好ましい結果を求めようとする者もいる。

経済統計をあまりに的外れにならないように推測するためには、私はソーセージがどのようにして作られるかを学ばなければならなかった。多くの統計数値は、すでに公表されているデータに、いくつか新しい情報を加えることで算出される。工業生産の数値はGDPの成長率の計算に投入されるが、これが先に公表され、後者の数値のヒントとなるわけだ。政府は電力消費量を用いて、工業生産を見積もっている。暖房度日と冷房度日は、電力消費の数値が公表される前に算出することができる。とても暑かったり、寒かったりすれば、それだけ電力消費も増えるのである。しかし、すべての段階でズレが発生するので、冷暖房度日からGDPの成長率を割り出すことはできず、ましてやマーケットインパクトとなれば言うまでもない。

私は前年からの平均変化率を求めることで、月次の数値を正確にとらえることができた。消費者物価が平均すると月次〇・二％上昇していた場合、私の予想は〇・二％となる。一株当たり利益が前年から一〇％上昇し、一年前の一株当たりの四半期利益が五〇セントであれば、私の予想は五五セントというわけだ。期中のデータが当てにならないことや、異常事態が発生することもあるが、その場合は数字を微調整することになる。私はまた、すでに公表されていた構成要素となる数字の調整も行った。自分が何かを見落としていないことを確実にするために、ほかのエコノミストの予想を確認することもした。

最終的に、メインズ博士は私の予想をジャーナリストや顧客と共有するよう促してくれたが、ある顧客は私のデイリーコメントを読んだことがないと言ってきた。なぜなら、そこからお金を稼ぐことはできないというわけだ。私の予想は十分に正確だが、だれかの模倣にすぎないと彼は言うのである。顧客が気にしていたのは、市場の反応の度合いであり、データそのものではなかった。それゆえ、コンセンサス予想や設備稼働率のようなミラー統計は雑音でしかないのだ。正しい予想とは、重要かつ想定外のものでなければならないのだ。顧客は、一貫して自分自身と近しい意見を持つ、強気なエコノミストを好むのである。エコノミストが予想をするのは、そうしたいからではない。そうするよう求められているからだ。

高い税率は強い経済と同じことか

私がドレクセルで取り組んだ最もイラ立たしいプロジェクトは、レーガン大統領による減税が経済に大きな恩恵をもたらしたことを示そうとするものであった。顧客の多くや、ドレクセルのすべての経営幹部には最も高い所得税率が課せられていたので、どのような結論が求められたかは言うまでもない。私の税率はもっと低いものであったし、経済学と政治的信念との交わりには警戒していたが、われわれが求めた回答は実のところ正しいものであったと考えていた。ほとんどの経済学者が、人々は生産を増大させようとするので、減税によって、より一生懸命働くようになると言うであろう。

増税は働くインセンティブを奪い、そのことがGDPの成長率を下げるはずだというが、データはそれを支持しなかった。私はすべての年を一覧表にしたが、最も高い税率区分は八〇％を超えていた。一九四一年、最高税率は八一％に引き上げられ、一九四二年には八八％に、一九四四年には九四％となった。そして、一九四六年に九一％まで引き下げられ、それが一九六四年まで続き、その後、七七％まで引き下げられた。この二三年間において、実質ＧＤＰは、二〇〇九年のドル価で、一兆二七〇〇億ドルから三兆五九〇〇億ドルまで、複利にすると四・六％の成長を見せたのだ。これは、アメリカが信頼に足る統計を取るようになって以降、最も高い成長率に属する数字である。

税率が高くとも経済が活況を呈することを説明するために、私には異なるストーリーが必要であった。アメリカが大恐慌から脱しようとしていたとき、多くの人々は生き抜くことがやっとであった。増税によって、人々は生活水準を向上させ続けるために労働を増やすことを強いられた。戦争遂行の努力に加わることが愛国者の義務だと考えられていたのだ。過去数十年におけるこの証拠は忌まわしいものなので、だれも気にしようとしなかった。

一九八一年から一九九〇年までの期間、最高税率は七〇％から二八％へ切り下げられた。この間、実質ＧＤＰの成長率は年三・四％と平均を上回るものではあったが、それでも大きなものとは言えない。減税の効果を示そうとするならば、一九八一年から一九九〇年までの期間を、先の九年間と比較すべきであろう。たとえ、この九年間はひどい不況であり、公平な比較はできないとしても、である。原油価格は一九七二年から一九八一年の期間に急騰し、レーガン時代に下落した。金利は一九八一年までに未曽有の水準まで跳ね上がり、その後、元の水準にまで下げた。先の期間には、不人気だったベトナム戦争が落ち着き、リチャード・ニクソンはアメリカの大統領で初めて辞任することになった。

簡潔な事例としてレーガンによる減税を挙げたが、因果関係を追うことが極めて難しいときに、経済学を用いて賢明な投資を行うことが可能なのかどうかと悩んだものである。経済学では、ほかのすべての条件が等しくなることはけっしてない。一つのファクターを独立してとらえることはできないのだ。大恐慌があり、戦争があり、心躍らせるリーダーが登場し、原油価格が急騰し、そして暴落した。イノベーションも数多く見られたが、決まったときに決まったように発生したのではない。あらゆる経済的行動には、すぐには分からない間接的な効果や先例があるのだ。直接的な効果を把握することがほとんど不可能であることも多い。一九四一年から一九六四年における税率とＧＤＰ成長率のように、統計数値はともに変動するが、何が何を引き起こしているのかは分からない。相関関係は、因果関係を証明するものではないのだ。

経済学に基づいてトレードする

ドレクセルにおいて、私の判断が市場でも価値を持つことをはっきりと示すためには、トレードするしかなかった。

投資家やトレーダーは、微妙なバランスを取ろうとする。つまり、新しい情報を受け入れても、無駄な情報に迷うことなく、また事実と自らのロジックの正しさを過信することも、また自信を過度に失うこともないようにするのだ。そして、新たなニュースがもたらされると、私は自分がほとんど知らないことに対しても大胆となり、若さゆえの虚勢を張ることで気の向くままに行動できたのである。結局、リスクに対する私の姿勢は環境によって決定づけられたのだ。ドレクセルで働いている間、私はビジネススクールの二期目を終了しようとしていた。学資ローンを借りたことは言うまでもないが、わずかな銀行残高は学費には足らなかったので、私は少額の先物取引を始めざるを得なかった。

一五〇〇ドルほどの少額の証拠金を入れれば、一〇〇万ドルのTビル、または一〇万ドルのTボンドの取引を「コントロール」することができた。もちろん、差額が借り入れとなることは言うまでもない。ほかの先物取引も数多く行ったが、私はリサーチエコノミストとしての自分の知識をそれに生かすことができなかった。もしTボンドの価値が一ポイント、つまり額面の一％変動すれば、先物取引は一〇〇〇ドルの損益を生むことになる。価格の変動に基づいて、勝敗が毎日現金で決済される。間違った側についていれば、当初の証拠金は一日二日で失われる。正しければ、資金はあっという間に倍増する。

私は、経済は成長していると日々感じていた。一九八三年一月、失業率は一一・四％であったが、五月までに九・八％まで下がり、一二月には八・〇％となった。私は、雇用は大幅に改善し、それがまた株価を押し上げると無条件に期待していたのだ。しかし、経済が急拡大しているときは、債券投資家がインフレを懸念するので、金利が上昇することが多い。ドレクセルの先物の商売の多くが、金利の上昇をヘッジしたいと思う者たちがもたらしたものだった。金利の急騰、もしくはその懸念だけでも、ヘッジの商売は潤うのである。私が望んでいたことすべてが世界観としてかみ合っていたのだ。

経済が回復することで、金利は間違いなく上昇せざるを得ないと私は確信していたので、先物市場でそのとおりに賭けたのだ。およそ三カ月間、すべてはこのうえなく順調であった。私は次々にポジションを増していった。時には、TビルのロングとCD（譲渡性預金）のショートの組み合わせといった取引を行うこともあった。このような「スプレッド」取引の証拠金は、それぞれ個々の取引を行う場合よりも少なくて済むのだ。

この三カ月、すべてがうまくいくと確信していた。そして自信をもって投機を行うことにしたのである。私は利益の出ているポジションを増やし、それがまた良い結果を出していた。アルコールと同じように、金融におけるレバレッジは過剰な楽観主義と自信とを招来するものである。ポジションを二五枚まで積み上げ、価格が一ティック変動すれば、六二五ドルも豊かになったり、貧しくなったりすることに気づいたとき、私はうっとりとスクリーンを眺めていたものだ。予想した方向にたった三ティック変動するだけで、もう一枚取引を増やせるだけの資金がもたらされる。利益は株式よりもはるかに早く流れ込んでくる。二カ月もすると、私は四万ドルを超えるお金を手にしていた。これは年間の給料を超える額だった。私はトレーダーとして輝かしいキャリアをスタートさせたと悦に入っていたのだ。

一カ月もしないうちに、すべてが崩れ去った。経済は力強い成長を続けていたが、どういうわけかインフレは高進せず、金利は上がるどころか急落したのである。自分が損をしたという事実以上に、私は自分が正しいのか、間違っているのかも分からず、また間違いの原因がどこにあるのかも分からなかった。統計のいくつかは偶然の産物だったに違いない。私は正しい経済統計に注目していなかったのかもしれない。ただ何かを見落としていたのかもしれない。私の個人口座、卒業試験、ＣＦＡ（認定証券アナリスト）の試験、職、あらゆるものが頭を駆け巡った。

四万ドルの利益はあっという間に消えてしまった。証拠金の担当者は、私の現金残高がゼロであり、またポジションは年間の収入の何百倍もの価値になってしまっていることを心配していた。私は彼にそれが自分が持っているすべてであると伝え、学資ローンや手持ちの現金については黙っておいた。そして、彼は私の口座を清算した。

株式は予想する

追証によって、私が苦労して開発した株式市場のタイミングを計るシステムも破壊された。私は株式指数先物にも手を出していたのだが、投資資金以上の損を出し、やめざるを得なかった。私は経済統計と金利とを結びつけ、そして金利を株式指数に、さらに株式指数を個別銘柄に結びつけることを目指していた。経済統計が互いにどのように連関するかは把握していたが、経済のデータと金利や株式市場、究極的にはトレードによる利益へと結びつけることはできなかった。

ほとんどの投資家は、経済の変動によって株式市場がどのようになるかが分かるというが、それは逆である。株式市場によって、経済がどうなるかが分かるのだ。全米産業審議会が、経済全般より先に変動する先行指数を取りまとめている。一〇ある先行指数のうち、最も一貫して効果を上げているのはS&P五〇〇インデックスである。投資家は、例えばPMI（購買担当者指数）よりも少しばかり先を見通している。議論の余地はあろうが、株式市場が低迷すれば、アニマルスピリットは落ち込み、不況の原因となるわけだ。

経済統計は金利に影響を与えるので、多くの投資家は金利を通じて株式の未来を予想しようとする。株価と債券価格が同じように上下動することもあるが、それらが反対に動くこともある。金利が上昇し、債券価格が下落しているときは、たいてい経済と企業利益は向上している。では、金利と企業利益のどちらが重要であろうか。それはケースバイケースだ。

金利水準に注目している投資家は、金利の変化率を見ている者とは異なる結論に達するであろう。ほとんどの投資家が、金利の下落は経済と企業利益を押し上げ、より高いPER（株価収益率）を正当化すると考えている。それらすべては株価にとって前向きである。しかし、インフレ調整済みの金利が極めて低いときは、ほかの金融資産のリターンもまた振るわないものであることが分かっている。

長期的には、株価は利益を反映するので、市場のタイミングを計ろうとする者の多くが企業利益に着目しているのである。ここでもまた、タイミングよりも利益水準に着目している者もいれば、変化率に注目している者もいる。市場のタイミングを計ろうとする者のほとんどが利益が増大しそうになると、強気に転じる。たいていの場合、彼らが企業利益の本源的価値に注意を払うことはない。

企業の利益成長を予測することで市場のタイミングを計るシグナルを得られるが、それは自らが考えているものとは異なるものである。だれもが先を見通そうとし、その賭けが正しく、またほかの者たちの予想とは異なる場合に利益がもたらされるのだ。利益が低迷したり、利益が減少することがだれの目にも明らかな場合、株式市場はすでに下落しており、素晴らしい買い場となる。そのまた逆も真である。二〇一五年までの四〇年間で、S&P五〇〇の利益成長が最も大きかった年は、PERが平均的に下落し、また大幅に低下することが多かったので、トータルリターンはマイナスだったのだ。S&P五〇〇の利益が下落したときは、平均PERは上昇し、株価も増大したのである。

自分を知り、他者の誤りを研究する

トレードで大失敗をしてからの数十年、私はトップダウンアプローチによる投資を行ってポートフォリオを吹き飛ばした投資家をたくさん見てきたが、それらは基本的に二つの関連した理由による。彼らは、①公正な価値を考えずに投資した、②新しい情報を取り入れない――のだ。外国為替やコモディティなどマクロのトレーダーが用いる投資対象には本源的価値というものがない。その代わり、例えば為替には購買力平価で示される公正な価値がある。本源的価値というコンセプトがなければ、自らの考えがすでに市場に織り込まれているのかどうかを見極めるのは不可能である。トレードがどこで間違えたのかを把握するためには、因果関係をすべて追跡する（マクロのトレードでは不確かである）か、公正な価値を算出するための何らかの基準が必要となる。

投資家は、広く認識されれば市場価格を大きく変動させることになる、見逃された見解を常に探し求めているが、公知となっているものは遠回しにしか評価し得ない。シンプルな状況であれば、投資家は因果関係を追い、市場がどの要素を把握していないかを見いだすことができるが、複雑な全体像のなかではそのようなことはまず不可能だ。公正な価値や本源的価値という考えではどちらのアイデアが誤っているかは分からない。ただ、価格に誤りがあるかもしれないというだけだ。市場価格と自ら算出した本源的価値に目に見える差があるとしたら、自分か市場のどちらかが間違っているのだ。

投資アイデアが間違っているかどうかを判断し、行動を起こす指標として本源的価値を用いることもできる。損をすることが何かが誤っていることを示す唯一の手がかりとしたら、問題は深刻だ。モメンタム投資家は、上昇している銘柄を買い、下落している銘柄を売る。彼らは、上昇している銘柄を四〇ドルで買い、三五ドルに下落したら売り、また四一ドルまで上昇したら買うということになると私は考えている。株式に五〇ドルの価値があると考え、それを四〇ドルで買っていたとすれば、その価値が変わらないかぎりは、株価が三五ドルに下落したら大喜びである。下落を引き起こしたニュースが公正な価値に関する私の予想を三〇ドルまで引き下げるものであれば、売却し、損失を受け入れるであろう。

宗教や政治や愛では、真に信じる者はその証拠があるなしにかかわらず、揺るぐことはない。投資家は自然科学が持つ合理性を求めるが、ビジネスや経済は人間が生み出すものであるから、それを望むべくもない。経済の問題が大きく、多面的になるに従い、それらは政治的・心理的信条の影を帯びるようになる。例えば、裕福な債権国が債務国からの返済を回収できないと、人々は事業で失敗したときとは違って、道徳的・政治的な判断を下すようになる。社会制度を個人的な価値に触れるものと考えると、集団思考を回避することは難しくなる。そのような場合、私は自分が起こってほしいと思っていること、または正しいと考えていることではなく、起こると予想していることに厳格に基づいて投資するだけの自信がない。

本源的価値について考えることができない、また新たな情報を取り入れることができないありふれた例が、万年の弱気筋（株価が下落することを常に期待している）やゴールドバグたちである。これは、弱気相場は来ないとか、金（ゴールド）が有効な価値の保存手段たり得ないと言っているのではない。バリュー投資家も資本を保全したいと考えているが、私はインカムをほとんど生まない（現金など）資産や、まったくインカムのない（金など）資産を保有することに伴う機会費用を懸念しているのだ。下落論者やゴールドバグたちは、消費者物価や政府債務の高騰の結果としてインフレが高進するとして、差し迫る危機について長々と説明することが多い。あらゆるデータを、彼らの言い分を支持するよう解釈し直すことはできる。心配するのは結構だが、最も悲観的な分析が最も賢明な分析ではないのである。

一九九二年から二〇一六年までの四半世紀におけるS&P五〇〇の平均PERが前の四半世紀、またはインデックスが組成されて以降のいかなる四半世紀よりも高いので、私は下落論者にある種のシンパシーを感じている。マルチプルが高いことをグローバリゼーションや独占力の増大、新しい技術をもって正当化することができると主張する者もいる。にもかかわらず、市場のバリュエーション指標は平均回帰すると考えている者たちは下落論者のように考えられてきた。その違いは、市場のマルチプルがより長期にわたる平均値さえも下回った二〇〇九年のような弱気市場での彼らの行動に見てとることができる。そのときに株式を買っていたならば、彼らは下落論者ではない。

金は価値の保存手段かもしれないが、どれだけの価値があるかは明確ではない。金はインカムを生まないので、本源的価値はない。しかし、長期的には消費財のバスケットと比較することで平均的な価値を測ることができるが、それも大きく変動している。二〇〇一年、金は一オンス二七〇ドルを付けたが、二〇一一年には一九〇〇ドルとなった。消費者物価のインフレを高めに調整しても、二〇一一年における金の実質価格は前の一〇年間の五倍であった。ワイマール期のドイツやジンバブエにおけるハイパーインフレの危機に関する話は時を同じくして人気を集めた。インフレ懸念と奇妙にも時を同じくして、大量の金の仕組債が発行されている。価値という感覚と、自らの意見を変える能力を持つ投資家であれば、そのときに金の保有量を削減したのではなかろうか。

ケインズ――投資家でもある偉大なる経済学者

ジョン・メイナード・ケインズがマクロ経済学の創始者であるだけでなく、傑出した投資家でもあったことを学んだとき、私は、彼が経済学を投資に適用するロールモデルになるのではないかと期待した。ケインズの方法論は時間をかけて進化したが、その成功の度合いもさまざまである。ケインズは、通貨を取引する投機家としてそのキャリアをスタートさせ、主にアメリカドルを買い、ドイツマルクなどのヨーロッパの通貨を売っていた。一九一九年、ケインズは、ドイツは第一次世界大戦の賠償金を支払うことができないだろうとする書物を著し、ドイツに支払いを迫れば、同国の経済は機能不全に陥るとした。最終的にはそのとおりとなったのだ。

経済が混乱し、賠償金の支払いに窮したドイツはハイパーインフレに陥り、一九二三年、マルクは完全に崩壊してしまった。そのときまでマルクを売っていれば、ケインズは巨額の利益を手にしていたであろうが、彼はその取引を行うために資金を借り入れていたのだ。一九二〇年五月、下落していたマルクが突然上昇し、ケインズは吹き飛ばされ、友人に借金をするはめになった。

再び他人から投資資金を借りることができたとき、ケインズはコモディティ取引に取り組んだ。この試みでは、私に言わせれば不公平な優位性を彼は持っていたのだ。つまり当時、一般には出回っていなかったコモディティ価格のヒストリカルデータを入手することができ、また政府の政策立案者たちと近しい関係にあったのである。しかし、コモディティ取引による全体の成果はまちまちで、とりわけ大恐慌の初期には壊滅的な損失を被っている。

自分自身の資金に加え、ケインズはケンブリッジ大学キングス・カレッジのチェスト寄付基金の運用を始めた。最初の数年間、彼は経済学と金融に関する分析を用いて、株式、債券、現金をいつ入れ替えるかの判断を行っていた。今風に言えば、ケインズはモメンタムを用いたトップダウン型のアセットアロケーションまたはセクターローテーションを行っていたわけであ

図7－1　ケインズとインデックスの比較（1926～1946年）

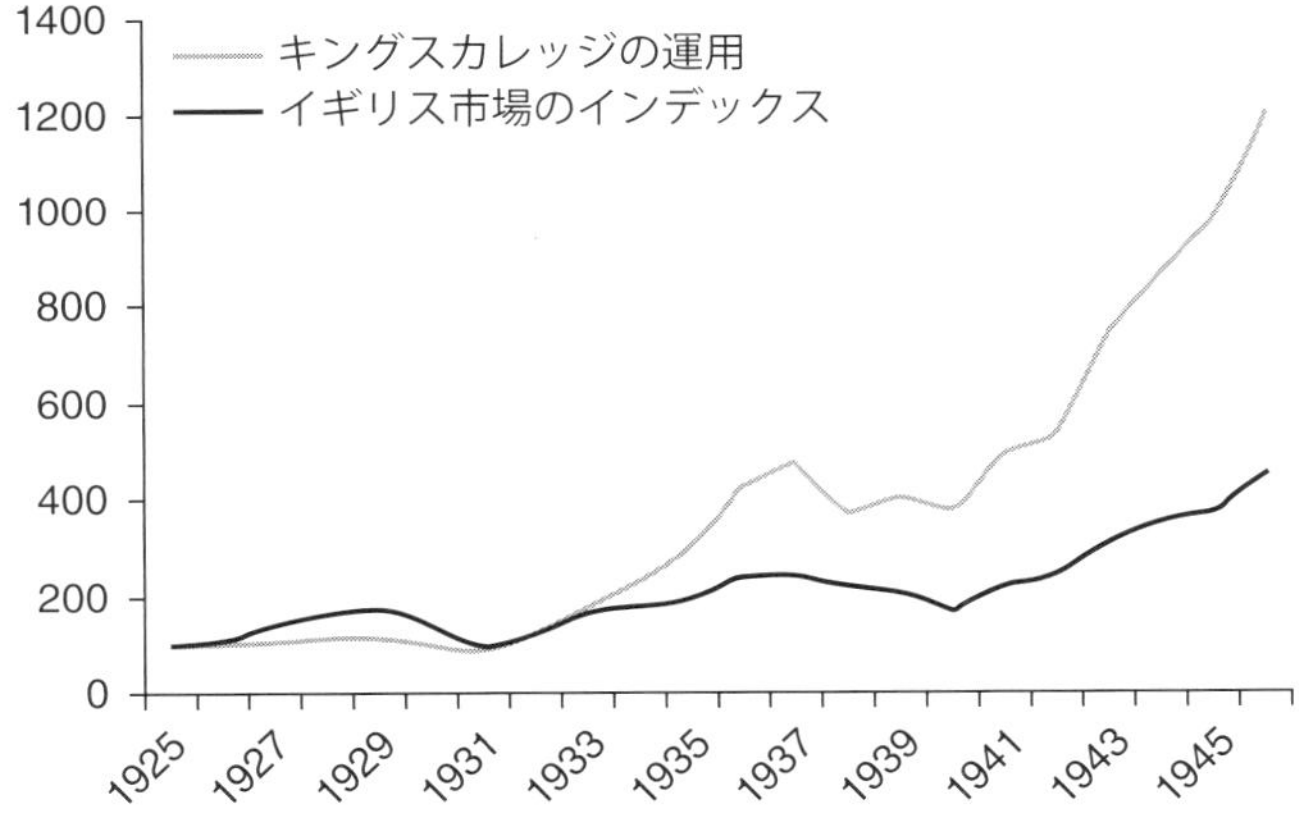

る。しかし、一九二〇年代の彼の業績を積み上げてみると、イギリス市場に後れを取っていたことがわかる（**図7－1**）。

キングス・カレッジに提出した投資リポートで、ケインズは次のように記した。「われわれは景気循環の異なる局面において、システム全般の動きを利用し、株を売買することはできない」。彼はまた次のような意見を記してもいる。「信用サイクルとは、実務上は下落相場で市場のリーダー株を売り、上昇相場でそれらを買うことを意味し、また費用と金利負担とを考慮すれば、そこから多額の利益を上げることには驚くほどの能力が必要となる」。特別な情報を入手でき、また政策立案者とも関係のある史上最も偉大な経済学者が、信用や景気循環に基づいた取引で成功できなかったのなら、ほかにだれが成功するのだろうか。

一九二九年の暴落と大恐慌は、経済学者であり、また投資家であったケインズを驚かせた。『ザ・グレート・スランプ・オブ・１９３０（The Great Slump of 1930）』でケインズは、「われわれは大混乱に巻き込まれ、その機構を理解していないデリケートな機械の操縦で大失敗を犯した」と記している。ケインズ個人は全体で個人資産の五分の四ほどを失ったが、これは彼が借り入れ資金を用いることをやめなかったことに一因がある。キングス・カレッジのポートフォリオはそれよりも良かった。このポートフォリオで、ケインズは下落相場のなかで株式を売り、市場はその後も下落を続けたので、信用サイクルが役に立ったのである。

ケインズは自らの方法論が有効ではないことを認識し、それを改めた。全体の動きをとらえる経済学を用いるかわりに、ケインズは自分がよく理解している少数の企業に焦点を当てるようになっていた。モメンタムを追うのではなく、彼は配当が大きい割安銘柄を買ったのである。彼が買った銘柄の配当利回りは平均すると六％であった。この利回りはイギリス株や債券の平均利回りよりもかなり高く、いつものように投資資金を借り入れても、金利費用を賄うに十分であった。そのほとんどが大恐慌の真っただ中にあった鉱業や自動車など不人気な産業の中・小型銘柄であった。当初こそつまずいたが、ケインズは二〇年以上にわたり、平均すると市場を年六％ほど上回ったのである。

効率的市場仮説をどこに適用するのか

ケインズと私は最終的に、割安の、主により小型の銘柄を好むようになったが、ケインズは将来を予測する能力については異なる見方をしていたと思う。われわれはともに、経済学に基づく予測を用いて市場で取引ができると当初は期待していたが、それを正当化できるだけの十分なお金を稼ぐことができなかった。ケインズは特定の銘柄の将来の利益率に関するわれわれの認識の危うさを記しているが、私はあらゆる複雑な経済システムの将来に関しても、その懸念があると思う。

本書で、効率的市場仮説（ＥＭＨ）について前述したが、これは市場価格は本質的に公正であり、だれも一貫して市場に打ち勝つことを期待すべきでないとする説である。すべての情報が周知のものとなり、平均的に正しく解釈されれば、結果としてそうなるのだとされている。テレビやインターネットで報道され、何百万もの聴衆を引きつけるだけの普遍的な重要性がある統計やトレンドであれば、その説明も現実的であると思われる。

強度の効率的市場仮説は、私的な情報やインサイダー情報でさえ、市場価格に反映されているとする。いまだ株式に関するインサイダー情報で大きな利益を得たとするニュース報道を目にするので、私はこれは正しくないと思う。映画『大逆転』以外でも、経済データに関するインサイダー取引の主要な現実の例を考えさせられる。定義に従えば、経済データは広範な市場に関するものであるから、潜在的利益も巨大なものであるはずだ。インサイダー取引のスキャンダルが出てこないということは、経済データに関しては、強度の効率的市場仮説が当てはまるのかもしれない。全体像に対する情報のほとんどは広く知られており、少なくとも価格に反映されているのだ。

シンク・スモール（小さな範囲で考える）

何百万もの視聴者がテレビやインターネットで目にしていることからは短期的にお金を稼ぐことはできない。マクロ経済学を有効に利用するためには、歴史的な例に基づいて、一つの事柄が本当に別の事柄の原因になっているのかどうかを注意深く確認し、自分が誤っている可能性があることに注意しなければならない。学校で学んだモデルが有効なのかどうか、またどのような環境で有効なのかを確認しなければならない。結果は明確なデータというよりもモザイクに近く、あまりに多くのニュース報道がなされ、またあまりに多くの関係性が存在するため、物事を単純化する術がない。あらゆる情報が等しく重要なわけではなく、ほとんどが無駄なものなのだ。

それゆえ私は、シンク・スモールを心がける。個別企業に関するニュースは、経済全体のニュースよりも少ない。株式の分析では、経済の分析ほど細かな解釈に左右されることはない。それはインサイダー情報ではない。ただ、ほとんどの人々が注意を払っていないというだけであり、小規模な企業となればなおさらである。だれもが将来がどのようなものとなるかを把握するにあたって誤りを犯す。関係性がより明確で、より直接的であれば、予測の正確性も高まることになる。より壮大な問題とは異なり、個別銘柄については自分が知らないことは何かをより容易に把握することができる。

マクロの投資家であろうとなかろうと、自らの指針となる公正な価値というコンセプトを必要とする。公正な価値という考えは、どの取引が最も魅力的かを指し示すだけでなく、新たな情報の重要性を測り、ポジションを追加するか、反転させていくかを決める一助ともなる。議論の多いところではあるが、ジョージ・ソロスの再帰理論は、イギリス・ポンドが購買力平価に比べて大幅に割高となっており、またその後それ以上にはならなかった理由を説明している。それにも増して、ソロスの最も強力なツールは、公正な価値という考えである。

マクロの投資家もストックピッカー（銘柄選択者）も、恐れることなく真実を探求すべきであるが、私にしてみれば、間違いは小さいほど認めやすいのだ。大きく、重要な事柄を説明する理論に身を委ねたら、私はめったに考えを改めない。私利私欲に関するちょっとした状況よりも、自分を取り巻く世界を把握していないことのほうが認めにくいのだ。私は、株式市場は暴落寸前であるとか、金は唯一の安全資産であると考えてばかりいる投資家をバカにしているが、私にも確たる信念があるのだ。個別銘柄に関する一つのアイデアは、たくさんあるもののなかの一つにすぎず、そのうちの一部は無用なものであることを完全に承知している。間違いは小さいほど、概して容易に矯正できる。シンク・スモールを心がけることで、間違いの重大さや頻度を抑えるだけでなく、よりよい心構えを持ち、それを予測し、また修正することを可能とするのだ。

第8章 はた迷惑な乱暴者

「邦に道有るに、貧しく且つ賤しきは恥なり。邦に道無きに、富み且つ貴きは恥なり」──孔子

外国に出かけると、言葉など自分には分からないことがはっきりする。たしかに、私が訪問する国は英語がビジネスの公用語になっている場合が多いが、法律や社会制度もさまざまである。「財産」が持つ意味も同じではなく、どの国でも等しく守られているわけではない。外国人であればなおさらである。裁判所が法の支配に従っている国もあれば、そうでない国もある。税率や課税対象は世界的に一致してはいない。インフレ率も異なる。会計の数字は、その意味が文脈や地域性によって変化することの象徴のようなものである。経営者の社会的地位も異なる。抱えている従業員数が重要な国もあれば、収益性が重要な国もある。これらすべての要素が企業経営者の行動に影響を与える。収益性や成長や確実性、さらには企業の存続のダイナミクスに関する経験から得られるアメリカ人の知識が完全に的外れであることもある。

国際投資の基本的な論拠は、それがより大きな釣り堀を提供するということにある。カナダとイギリスを合わせれば、上場銘柄数はアメリカよりも多くなる。バミューダ、オーストラリア、香港、シンガポールについても同様であり、ほかの英語圏の国々については言うまでもない。外国に投資を行うことでより広く分散することができるが、事業がグローバル化するにつれ、その効果も低減してきている。

国際投資では、リスクも増大するが、とりわけ途上国への投資では、小規模な外国人投資家の権利がしっかりと守られない場合も多い。自国では当たり前の条件が世界でも通用すると思ってはならない。外国の制度や文化に関しては、「それを理解しているか」という疑問に対しては確実に「イエス」と答えられるようにしたいところである。時間をかけてその違いを理解するまでは、安全地帯を超えて投資を行うことは非常に危険である。

大英帝国の一部であった先進国では、ほとんどのビジネスマンが英語を話す。企業の財務情報や調査リポートは十分に解釈可能な英語で記されており、微妙な翻訳の問題が起こることもない。多くの国々、特に北ヨーロッパでは、英語がビジネス言語となっている。巨大な多国籍企業のなかには、複数言語でプレスリリースを発表するところもある。プレスリリースをコンピューターで翻訳しても、ほぼ正確ではあるが、大きな誤りが生じることもある。さらに、同じ言葉も、言語が異なれば、まったく異なる意味を持つことも多い。メキシコやスペインで人気のパンメーカーにビンボ（Bimbo）というのがある。それはビーンボ、あなたもビンボというあれだ。わたしはサラ・リーが尻軽女だとは思ったこともないが、ビンボブランドの一つなのである。

　外国投資は、外国通貨建てで行われるが、これがリスクを増大させかねない。政策としてアメリカドルと連動させている通貨もあるが、それはアメリカと多額の貿易が行われていることが理由である場合が多い。バミューダ・ドルはアメリカドルと等価であり、バミューダでは二つの通貨に互換性がある。香港ドルもアメリカドルに緩やかにペッグしている。イギリス・ポンドは、ユーロやアメリカドルよりも変動幅が大きい傾向にある。為替の変動は、その国のインフレを反映してもいる。アメリカと適度な貿易が行われていても、インフレが極めて高かったため、一九八三年にはアメリカドルと等価であったジンバブエ・ドルは暴落し、二〇〇九年には一米ドルが三〇〇兆ジンバブエ・ドルとなって、最終的には廃止されてしまった。また、資金が国外に流出することを制限している国もある。

　民主主義や法の支配のない多くの国々でも経済が急速に発展しているので、投資家にとってそれが問題になることはないと考える者もいる。しかし、私は同意しない。もし遠い場所に資金を送ろうとしているとしたら、私は、前もって法律がどのようになっているか、またどのように施行されているかを知りたいと思う。外国人である私は、法律ができるかぎり一般的であり、平等であり、また確実であることを望む。法の支配が行き渡っている国でも、知り合いや地元の担当者がいたほうが安心である。

財産は時代や場所によって異なる意味を持つ。政府は財産権を守るべきという考えは、一三世紀のマグナ・カルタまでさかのぼる。イギリスにおけるエンクロージャー法によって、それまで共有となっていた農地の私的財産権が生まれた。南北戦争以前のアメリカでは、南部州の人口の五分の二が財産と考えられていた。反対に、知的財産は一八六〇年にはほとんど存在しなかったが、その後、アメリカで保護されるようになってきている。著作権は元々一四年間有効で、更新が可能とされていたが、現在では一二〇年まで延長することができる。主要国政府のほとんどが土地や事業を共同で所有しているが、共産国では経済のほとんどを政府が保有している。

二〇世紀のほとんどを通じて、イギリス政府は同国の経済でその役割を増大させていた。電話や電気、ガス、水道など多くの企業や産業が国有化された。鉄鋼などの基幹産業も買収され、バスや鉄道などの輸送業も同様である。政府はまた、ロールス・ロイス（航空機エンジンメーカー）、ブリティッシュ・レイランド（ジャガーなどを生産する自動車メーカー）、アマシャム（製薬）、BBC（英国放送協会）も所有していた。イギリスにおける最上位の税率区分は第二次大戦中が九九・二五％でピークとなり、ビートルズが『タックスマン』をリリースした一九六六年が九五％であった。

一九八〇年代、イギリスのマーガレット・サッチャー首相は、政府が保有していた産業の大規模な民営化に取り掛かったが、そこには前掲の企業のほとんどが含まれていた。フィデリティの天然ガスおよび公益事業のアナリストであった私は、一九八六年に民営化されたブリティッシュ・ガスをフォローしていた。同社の業績は良かったが、サッチャーによる規制の枠組みはアメリカの規制よりも魅力的なものと思われた。アメリカの公益事業と同様に、規制当局は収益率を念頭に置いているが、それがインフレ調整後の数値で示されていた。一九七〇年代、アメリカの公益事業は、料金がインフレに追いつかなかったために惨憺たる状況となっていたのだ。

水道事業が民営化されたとき、株式はパッケージ化され、価格付けされていた。上下水道の企業は一〇社あったが、当初は一括りにして売られていたのだ。価格はパッケージの一部を支払うだけでよく、残りは分割払いとされた。配当利回りは魅力的であり、私はインフレに合わせて増大するだろうと考えていた。イギリス政府は、「緑の持参金」と呼ばれた巨額の資金を投じたが、これは環境基準や水質基準を満たすために用いられることが義務づけられていた。とりわけ、株価はすべて一桁で、ＰＥＲ（株価収益率）も同様であった。この割安な株価は、水質に関する法律がさらに強化され、支出が増大することになると考えた投資家の懸念を反映したものである。水道の民営化は政治的には不人気であり、規制当局は批判側に有利な動きをするだろうと推測する者もいた。

水道管は何十年も持つので、維持管理費（特に下水道）や環境対策を節約すれば、最小限の費用で運営することが可能である。規制当局は、水道事業は毎年効率化することができ、それが水道料金の高騰を抑えるはずだと考えていた。サウス・ウエスト・ウォーターのように、郊外の海岸線の多い地域などでは、水質の管理や浄化により多くの支出が必要となる。株主からすると、許容されるROC（資本利益率）は、イギリス株のヒストリカルな実質リターンと近しいものになるだろうと思われた。水道は平均よりもリスクの低い事業であり、インフレに対する防御にもなる。当初、私は一〇社すべてにまとめて投資していたが、その後、PERがより低く、貸借対照表（BS）が最も健全ないくつかの銘柄に移行していった。

七年後の一九九七年までに、水道株のほとんどは、民営化時の価格の三倍近くまで上昇した。これは目を見張る結果であるが、アメリカ株からなるS&P五〇〇やイギリス株からなるFTSE一〇〇もおおよそ同じような上昇を示していた。水道会社は優れた銘柄であるが、強気相場向けの銘柄ではない。私がその期間に市場に勝っていたとしたら、それは水道株の配当利回りが、平均的な銘柄よりもはるかに大きなものであったことが主因である。また、株価を分割払いできるという利点もあった。私は比較的低いリスクで良好なパフォーマンスを得たのである。

イギリスは投資を行うには精彩を欠いた場所だと懸念していたが、今では英語圏の国々は外国投資を始めるには最も良い場所だと考えている。前世紀におけるイギリスの一人当たりGDP（国内総生産）の年平均成長率は他国よりも低いものであった。投資家はたいていの場合、最も大きな成長が期待される国々に押し寄せる。国際投資におけるサプライズの一つが、一人当

図８－１　株式の年平均リターンと１人当たりGDPの年平均成長率（1900～2015年）

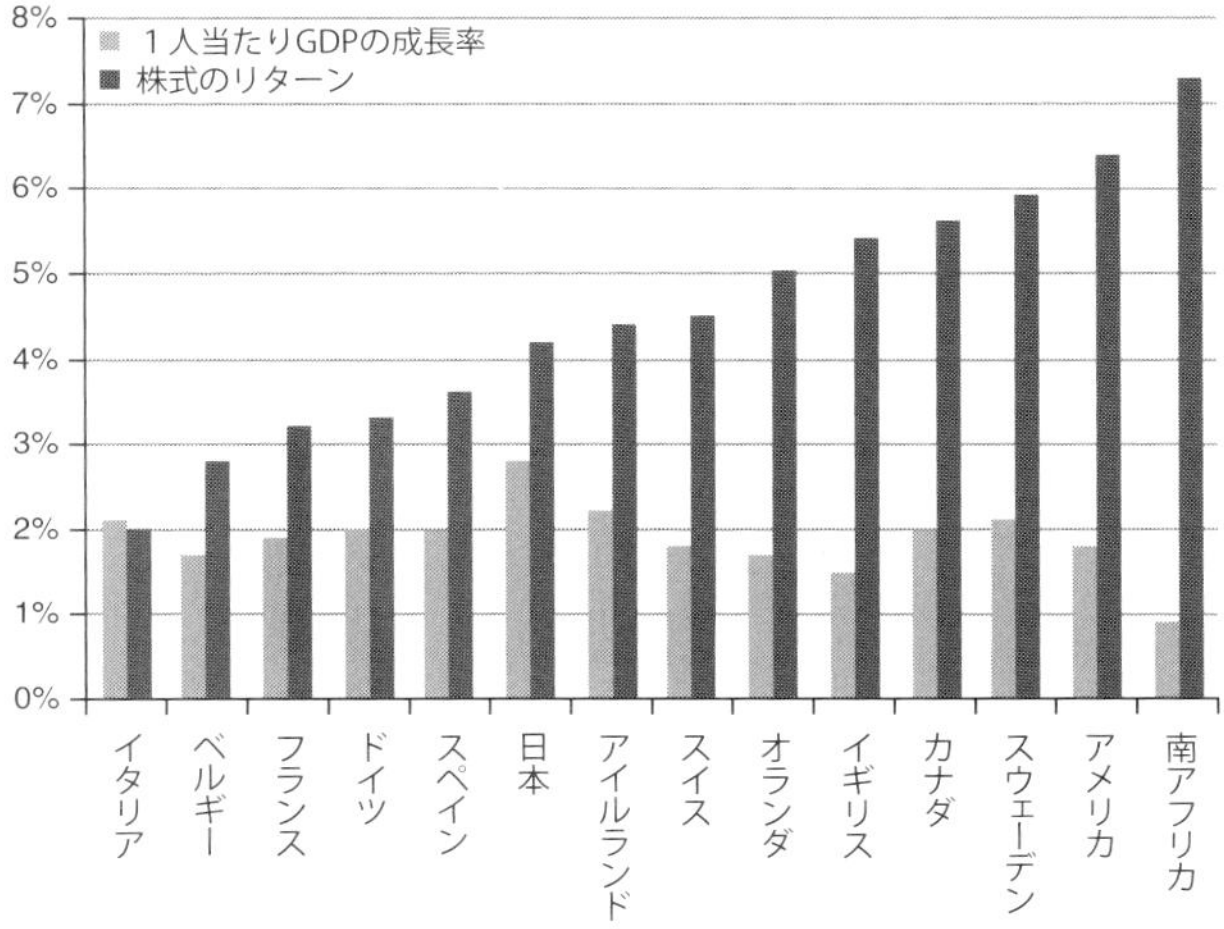

たりＧＤＰが急速に増大している国が株主に最も高い実質リターンをもたらす国ではないということだ。過去一〇〇年間で、日本とイタリアは一人当たりＧＤＰの年平均成長率が最も高かった国に数えられるが、日本の株式の年平均リターンは平均並みにすぎず、イタリアは比較的低いものであった。戦争が、両国とその株式市場に壊滅的な影響を与えたのである。

　一世紀を通じて、株式のリターンが最も高かったのは、スウェーデン、南アフリカ、アメリカ、カナダ、イギリスなどである（**図8－1**）。これらの国々では今でも一人当たりＧＤＰがかなり大きく増大しているが、人口が平均以上に増大している国もある。移民と資本は、法の支配が行き渡っている国に引きつけられる。法の支配があれば、ビジネス関係にもより大きな信頼がもたらされる。また、英語圏の国々では投資家により広範なディスクロージャーが求められる傾向があり、そのことが個別銘柄の選択をより容易にしている。言語と文化により馴染みが深いところでは、自分が分からないことにも対処しやすい。一〇年間で考えれば、法の支配が行われている国々のどこを選ぶかについては、直近の経済成長が大きな国を選ぶよりも、ＰＥＲがより低い国を選んだほうが優れた判断基準となるであろう。

曲がり角の日本株

日本は、法の支配が行き渡り、財産権が尊重されている、安全で、民主的な、資本主義国である。日本では社会主義が人気を博したことは一度もない。保守系の自由民主党が、一九五五年以降、短期間を除いて、一貫して権力の座にある。日本では、国有化された企業数はアメリカのそれよりも少ない。どこで聞いても、やくざがはびこる建設業界以外では、詐欺や不正はめったに起こらない。

二〇一一年、日本はバリューを求める投資家には素晴らしい場所であった。私は、優れた経営が行われ、財務状態も良い多くの企業の株式が簿価よりも低い価格や一桁のＰＥＲで売られているのを見つけて大喜びした。私は一週間でできるかぎり多くの企業を訪問できるよう調整した。選択候補となる安価な銘柄がたくさんあることを考えれば、ダウンサイドはわずかで、アップサイドは大きなものになると予想していた。私が滞在している間に、マグニチュード九・〇の東日本大震災が発生し、陰鬱なムードが広がっていた。

私は極めて生産的な一週間を過ごした。日本の中小企業カンファレンスから、フィデリティのオフィスでの企業との面会に至るまで、一二社ほどの投資候補先の幹部と面会した。私が面会した企業は概してダイナミックであり、起業家精神に富んでいた。自ら企業を立ち上げ、大きな持ち分を保有している経営者もいたが、これは日本では珍しいケースである。経営者が自らの事業に情熱を持っている場合、彼らと会うために通訳は必要ない。

アメリカでは、すべての企業幹部は、自分たちの最優先事項は株主価値を増大させることだと教えられる。日本でこのアイデアを持ち出すと、ほとんどの経営者（日本では男性である）は、私が話していることがまったく理解できない。おそらく、日本では人海戦術を駆使し、支配的な市場シェアを獲得することが、高い利益よりも立派なことであると考えられていることが理由であろう。日本の企業はアメリカ企業よりも長期的な視野を持っていると主張する者もいる。大きな市場シェアは最終的に利益につながるのだ、と。しかし、日本の企業は概して、世界中のほかの事業よりもＲＯＥ（自己資本利益率）が低い。社会的な絆と責任に対する考え方が日本では異なるのである。

「出る杭は打たれる」、まさに日本のことわざのとおりである。あまり多くのお金を稼ぐと、出る杭になってしまうので、彼らはそうしたがらないのだ。平均的な従業員の報酬と比較した日本のCEO（最高経営責任者）の報酬はアメリカのCEOに比べるとかなり少ないものである。従業員たちは、だれもが同じ船に乗っている場合のほうが会社に対する忠誠心が高まるのであろう。これが、日本では政策の対立が少ない理由であるかもしれない。しかし、今日、終身雇用を前提とした「サラリーマン」制度は、一部の大企業にのみ存在するのが実情である。多くの企業は巨額の現金を保有し、借り入れを回避することで、打たれないようにしているのだ。

一九八〇年代、東京は世界で最ももてはやされた市場であった。一九八九年一二月、日経平均は三万八九一六円の最高値を付け、PERは七〇倍近くになった。資産価値が企業利益よりも重要であり、それゆえ企業は多額の資産を保有しているのだと言う者もいた。しかし、不動産は、株式以上に大きなバブルとなっていた。東京の銀座地域のトロフィー物件は、一メートル四方当たり一〇〇万ドルもの価格を付けたのだ。アメリカの平均的な大きさの住宅ならば、二億ドルにもなる計算である。バブル期、これらの物件の資金調達に一〇〇年間のモーゲージが用いられた。皮肉屋たちは利益が財テクで膨らんでいるのだとしていたが、これは借り入れた資金を用いて投機的な取引を行っているという意味である。二〇年後、日経平均は最高値よりも四分の三ほど低い、一万円程度まで下落し、その後、今もって最高値は更新されていない。

東京を見渡すと、この国の株式市場が四半世紀もの間、停滞しているとは思えないであろう。生活水準が極めて高い国のように思える。日本の一人当たりGDPの成長率はアメリカと同程度で、失業率はより低い。東京の中心地にある皇居の周りは静かで、威厳に満ち、安全である。

投資家である私は、すぐに打たれない、出続ける杭のような利益を求めている。出る杭たらんとする日本らしくない姿は小売業界で見いだされることが一番多いが、これらの企業は私にとっては傑出した投資先となる。東京から遠く離れた日本の南西部の島である九州において、ディスカウントストアをチェーン展開するコスモス薬品という企業がある。同社は、営業費用を抑えることで、消費者に極めて安価な価格を提示してきた。同社の販売費および一般管理費は売上高のたった一四％であるが、これは突出した数字である。けちん坊のウォルマートですら、販売費および一般管理費は売上高の一九％である。

コスモス薬品は一九八三年に同社ＣＥＯである宇野正晃によって設立され、以来急激に成長してきた。おそらく、コスモス薬品は日本でも人口密度の低い地域に展開しているので、ロケーションの良い店舗がすぐに、より安く確保できるのであろう。ドラッグストアは、自社ブランドの製品を通じて、大手メーカーの製品よりも高い利益率を獲得することができるが、コスモス薬品は多くの自社ブランド製品を販売している。コスモス薬品は、ＣＶＳやウォルグリーンといったアメリカの大手ドラッグストアよりも在庫の回転率が高い。日本人の平均寿命はアメリカ人の寿命よりも四年長いので、高齢化が進行している。これが、ドラッグストアが堅調に成長する土台となっていると思われるが、二〇一一年当時、同社の株式は利益のたった一〇倍で取引されていた。その後の五年間、同社は成長を続け、ＰＥＲが増大したことで、株価は六倍にもなったのだ。

中国

富裕層にとって、香港はリバタリアン天国である。香港では容易にビジネスができ、貿易も自由で、規制も少なく、裁判所は財産権と契約の執行を保証する。国際的な投資を行うのであれば、投資リターンにとって、このような制度上の要因がＧＤＰの成長率よりも重要となる場合が多い。中国は、ヘリテージ財団の経済自由度指数では第一三九位となっているので、中国ではできない事業を行うために、人々は香港やマカオに移るのである。経済自由度の格差には歴史的なルーツがある。何世紀もの間、中国は外国貿易を特定の都市にのみ制限してきた。イギリスの東インド会社が不法にもアヘンを持ち込んだ結果、社会が不安定になり、一八三四～一八四二年まで続くアヘン戦争が引き起こされることになった。これによって、中国は自由貿易、さらには外国人一般に対する疑念を強めたのである。

私が初めて中国を訪問したのが一九九三年で、香港に上場している企業の工場と事務所を訪問することが目的であった。中国の株式市場が設立されたのはほんの数年前で、白い悪魔の外国人は二〇一四年まで取引への参加を認められなかった。国営企業の多くが明らかに外国人と対話したがらなかった。これが私の途上国初訪問であり、何を期待すればよいのか分からなかった。

社会の状況は、中国における収益性や成長のダイナミクスに直接影響を与える。アメリカとは異なり、労賃は安く、それゆえ近代的なエレクトロニクスの工場でさえも、文字どおり工員の一団が、プリント基板を精査して微細な欠陥を探していたのだ。多くの企業がスパルタ式の社員寮と食事を提供しており、それが費用構造に影響を与えていた。出稼ぎ労働者は、医療や教育や福祉といった社会サービスを享受するためには地元の「戸籍（居住許可）」を取得する必要があり、これが雇用者側にしてみれば、労働供給と労働者の確保に影響を与えることになる。環境保護や製品の安全性に関する規制はたまに施行されるだけであるので、コストを最小化できる。すべては政府の役人次第なのだ。アメリカでの汚職と言えば、金持ちが政治家を買収することだが、中国では共産党の役人がお金持ちなのである。

分からないことに対して人々はさまざまな態度を取る。私は積極的に手を付け、中国で多くのことを学んだ。しかし、中国の文化や制度について自分は何も知らないという意識を常に持つようにしていた。ウォーレン・バフェットがあれほどの成功を収めたのは、彼が自ら知っていること、理解していることに徹底的にこだわったことが要因である。私にとっては最も忘れがたい旅の一つではあったが、私が香港で買った銘柄はほんの少しで、ポジションも小さなものであった。そのなかの一つである裕元はナイキやアディダスなどの靴を製造しているが、成長も早く、配当利回りも大きなものであった。それでも私はさらに多くのこと、とりわけ、個別企業の詳細について学ぶ必要があった。

外国人は、中国の特定のテクノロジー企業や通信会社を保有することが禁じられている。アリババや百度やシートリップといった中国の優れたインターネット企業に投資することはできるが、所有しているのは変動持ち分事業体である。機密性の高い事業を行うライセンスや許可はすべて中国企業によって握られている。外国人が株式を買えるのは持ち株会社の株式であるが、持ち株会社は中国国外に拠点を持ち、中国企業から手数料やロイヤリティを受け取ることはできるが、所有することはできない。要するに、すべては共産党次第ということだ。

木を見て森を見ず

二〇〇〇年ごろ、証券会社のアナリストが、カナダの林産品にとって中国は最も成長が早い市場の一つであり、中国の植林会社がトロントに上場していると教えてくれた。シノ・フォレストという名の会社であるが、急成長をしていながらも、株価は一株当たり一ドルほどであり、簿価のおよそ半分、利益の三倍程度で取引されていた。シノは、転換社債とワラントを含む多少の負債を抱えていたが、それを反映させても、私の見方は変わらなかった。三年間低迷していた株価は、二〇〇三年も六カ月を経過すると、突然二倍に跳ね上がった。シノ・フォレストはその機会をとらえて、新株発行によって資金を調達した。

企業が利益や簿価に対して低いマルチプルで新株を発行するとき、私は常にその理由を疑問に思うのだ。それが既存の株主をどれほど希薄化させるかを企業幹部が理解していない場合もある。シノ・フォレストの経営陣と面会したとき、彼らが株主価値というものを知らないようには思えなかった。銀行は、苦境にある企業に自己資本を調達するよう強いることはできるが、今回はそうではないように思えた。経営陣は、自分たちが不利な価格で新株を発行しているのは、素晴らしい投資機会に資金を充当しているからだと主張していた。

シノがどのような事業を行っているのか、私にはまったく分からなかった。シノは政府から材木を伐採する権利を取得するが、その権利を売却しているようで、その相手がだれだか分からなかった。シノは名前を公表することのできない販売代理人を利用して、名も知らない顧客に販売していると主張していた。

さらに、実際のところシノは何を保有していたのだろうか。中国では、だれも土地を所有していない。すべては政府の持ち物なのだ。毛沢東は一九五六年にすべての財産を国有化した。これは、中国の歴史では繰り返されるパターンである。明朝時代、皇帝は不動産を没収し、そしてそれを貸し出した。香港でさえ、自由保有がなされている土地は、聖公会のセント・ジョンズ教会だけである。中国の不動産所有者が持っているのは、三〇～七〇年間有効の借地権や使用権、または開発権である。特に北京や上海以外では、統一された不動産の登記制度がないので、シノ・フォレストの財産を確認することができなかった。シノ・フォレストは、賃借契約と契約相手の名前は社外秘だと主張していた。

私の心配をよそに、シノ・フォレストの株価は一本調子に上昇した。二〇〇二～二〇〇七年の間、シノ・フォレストの一株当たり利益は株式数が劇的に増加しながらも、二倍以上に増大した。株価は一八ドルまで上昇し、PERは二〇倍となった。投資家は、中国が世界の天然資源のすべてを食い尽くすというストーリーに乗ったのである。

しかし、私は中国の財産権に対する疑念を払拭できずにいた。一人の中国人アナリストがこう尋ねた。「中国がそんなにチャンスのある国なら、どうしてみんな家族や資金を逃がそうとするんだい」。わたしはシノの事業が政治に頼りすぎないよう祈っていた。シノの共同創業者と上級幹部たちが自分たちの持ち分を売却したので、私も彼らの例に倣い、ポジションを手仕舞った。その後の四年間、シノ・フォレストは自社の管理下にある森林の面積は二倍以上になり、収益や利益も同様であると発表した。株価は世界的な金融危機で下落はしたが、その後、回復した。

二〇一一年、マディ・ウォーターズというカナダの調査会社が、シノ・フォレストが財務諸表を粉飾しているとするリポートを公表した。現実に尾ひれをつける程度のアメリカでの粉飾とは異なり、シノ・フォレストはそのほとんどを粉飾していたのだ。マディ・ウォーターズのリポートでは、シノ・フォレストは「認定仲介者」を通じて林産品を売買し、税金や費用を支払っていたので、監査証跡がほとんど存在しないのだと主張された。また、経営幹部による自己売買も取引に含まれていたが、これは途上国の粉飾でよく見かける特徴でもある。

マディ・ウォーターズの調査によって、私には分からなかった多くの詳細が明らかとなった。

シノ・フォレストは材木を購入し、ウッドチップを作る資金を拠出しても、ウッドチップの買い手から資金を受け取ることはなかった。すべては仲介者を通して行われていたのだ。二〇一〇年、シノ・フォレストは、雲南省の供出量の六倍に当たる伐採を行ったと主張していた。同省は、中国南西部にある辺鄙なところで、道路は整備されておらず、省の九二％は山地である。

私にしてみれば、中国企業は国家工商行政管理総局（ＳＡＩＣ）に財務諸表を提出しなければならず、マディ・ウォーターズが国家工商行政管理総局のリポートを入手できていたことが最大の発見である。国家工商行政管理総局の報告書に記載されていた数字は、投資家に公表されたそれとはまったく異なるものであった。私は、国家工商行政管理総局の報告書が一般でも入手でき、照合が可能であることを知らなかったのだ。さっそく私はすべての中国企業に関する国家工商行政管理総局の報告書を求め、粉飾の有無を追跡したが、その後、共産党が自らを守るために規制を強めたので、これらの報告書を入手できなくなってしまった。

二〇一二年、シノ・フォレストはカナダで破産申請を行った。

法の支配

国際的な投資を行う前に、自らの安全地帯と学習意欲について考えるべきである。ほとんどの投資家にとって、かつての大英帝国に属した先進国から始めるのが最良であろう。これらの国々では、法の支配が適用される。言語、法制度、ビジネス慣行、そして会計基準も似かよっており、それらの事実を踏まえれば、投資判断もアメリカにおけるそれと同じものとなる。外国の文化を学ぶ意欲のある投資家であっても、広範な調査をサポートしてもらえないのであれば、法の支配が行き渡った国に専念すべきである。また、世界の多くの地域で、社会的立場が企業の収益性と常に関係しているとは限らず、利益よりも社会的立場のほうが事業判断でものを言うことがあるということを理解する必要がある。

第3部

正直で有能な受託者

第9章 勇気を持て、突出したキャラクター

「ほかの者ができることはけっしてやるな、ほかの者ができないこと、しようとしないことがあるなら、それをすればよい」――アメリア・イアハート

事業の価値は経営の質に依存する。そして、優れた経営者とは有能で正直な者たちである。もし彼らが無能であれば、投資家の資金は浪費されるであろう。彼らが誠実さを欠いていれば、資金は盗まれるであろう。では、どのように能力を測るのか。私は、リーダーシップのような重要な能力を無視する危険を冒してでも、二つの指標に焦点を当てる。突出した能力と資本配分である。

本章において、企業は顧客に対して常に、よりユニークな、価値ある存在であり続けようとしなければ、安定した経営は行われないということを、私は主張したい。なくなってしまったら困ると顧客が思うような企業でなければ、やがては消えゆくのだ。企業には、高い利益率を

正当化するだけの独特の製品が必要である。さらに、そのような高い利益を守るための参入障壁（もしくは「堀」）を必要としてもいる。特徴がなければ、企業は資本を有効に用いる機会をほとんど得ることができない。バリュー投資家として、私は会計上の価値を超える本源的価値を増大させている企業を探している。この違いは経済的のれんと呼ばれている。

第10章で、私がどのようにして資本の優れた管理人たる企業を探しているかを示していくつもりである。彼らは、投じられた資本に比して高い利益を上げる。事業を買収する場合、彼らは同じ考えを持った人々を見いだし、けっして過大な価格を支払うことはしない。資本の優れた利用方法がなければ、彼らは配当や自社株買いによって、資本を還元することになる。

独自性

私がなぜ事業戦略やそのポジショニングではなく、特徴に焦点を当てるのか不思議に思うかもしれない。簡潔に言えば、特徴は変わらないが、ポジションは変わるのである。企業に現在の立場をもたらしたすべてが、その特徴を形作っている。企業は、新たな可能性に柔軟でなければならないし、何らかの機会に対して、他社よりもうまく適応しようとするであろう。そして企業がその歴史に反する戦略を講じようとするとき、概して過去がそれに追いつき、その戦略はうまくいかないものなのだ。それは、Ｊ・Ｃ・ペニーが高級市場への参入を目指して、割り引きやクーポンを廃したときのようにである。だが、自らの限界を受け入れる経営陣のほうが、不利にならない方法を見いだす可能性が高い。アナリストの立場からすれば、特徴に焦点を当てる方法は堅実であるばかりか、便利ですらある。企業の特徴は一度評価すれば済むが、企業の戦略や戦術については常にアップデートしなければならない。ほとんどの企業が強烈な個性を欠いている。これは、それらが投資対象として優れていないという意味ではない。ただ、彼らは特別たろうとしないというだけである。

企業の特徴を理解しようとするとき、私は自らが潜在的顧客になったつもりになる。マーケティング用のウェブサイトや広告を確認し、店舗を訪問する。企業がより良い製品、少なくともより安価なそれを提供し続けようとしているかぎりにおいて、あらゆる議論が可能となる。年次報告書や証券会社が送ってくる基本的な調査リポートが役に立つことも時折あるが、企業の特徴を検証している間は、四半期の業績に関するあらゆる情報を無視するのだ。私にしてみれば、アップルは優秀でエレガントであり、時に奇抜であるが、それでも理解するのは容易である。ＧＥＩＣＯは正直で、倹約的で、温厚である。ブランド特性を持つ企業も多い。一時間研究してそれらがはっきりしない場合でも、心配することはない。企業の戦略分析に取り掛かればよいのだ。

事業や投資で成功する秘訣は、だれもやっていない普通のことを行うことである。優秀な経営陣の仕事は、その特徴を守り、広げていくことである。だれかがそのまねをしたら、もはや花も盛りを過ぎたということだ。ユニークで、イノベーティブな製品を持つ事業もあれば、組織に特徴のある企業、顧客の心に響くブランド力のある企業などもある。競合他社はできることはまねしようとするので、かつては特別だったものが、やがては平凡なものとなる。顧客の好みは変化するので、企業が特別であり続けるには、常に進化しなければならないのだ。最も優れた製造方法や、競合他社の財務慣行を研究することは大いに価値あることだとは思うが、戦略の要諦は、競合他社がやっていないこと、またはうまくいっていないことをうまくやり遂げることである。特徴を知ることで、そのユニークさが何であるかを知る手がかりを得ることができるのだ。

戦略――競合他社ができないことをやれ

戦略論の哲人であるハーバード・ビジネス・スクールのマイケル・ポーターによれば、成功する事業戦略は、それぞれ対極にある二軸四象限の選択肢のうちにあるという。つまり、①産業全体を支配しようとするのか、優位性のある限られたセグメントだけをターゲットとするのか、②勝つために優れた製品を売り込むのか、もしくは安価に提供するのか。企業は、市場全体に向けて活動しているのか、それとも特定のニッチに焦点を当てているのかが明確でない場合に問題を抱えることになる。また、高品質の製品と低価格を同時に追い求めることはできず、企業は中途半端な状態にはまり込むことになる。市場の支配を目的にするか、集中特化するのか、優れた製品を提供するのか、安価な製品を提供するかを認識しなければ、戦略は機能しないだろうとポーターは言っているのだ。また戦略が曖昧な場合、企業がそのコンピタンス領域について十分考えていないとも言える。

戦略は、事業の特徴や限界に合ったものでなければならず、さもなければ結果はだらしないものになるであろう。安定している企業でさえ限界はある。業界のリーダーは業界全体よりも早く成長することはできないといった具合だ。私は、多くの場合、資源の限られた小さな企業に投資している。彼らは、一つのセグメントや地域においてさえ、すべて最良の製品を提供することなどできはしない。また、業界で提供されているすべての商品を最も安く製造することもできない。その代わり、彼らは自分たちの居場所を見つけなければならないのだ。彼らは地域の市場に焦点を当てたり、隙間を見いだしたりする。例えば、セメントは輸送コストがかかるので、問題となる競合他社はたいてい地元の業者である。ルルレモン・アスレティカはヨガをテーマにした衣料品だけを販売しているが、主要なアパレル企業がこれまで無視してきた中規模の市場で活動している。

コモディティ化した市場では、製品はほとんど同一であるので、戦う唯一の術は価格の低さだけとなる。規模の経済が働く産業もあるが、これは最も大きな企業のコストが最も低くなることを示唆している。供給業者の締め上げも含めたサプライチェーンの運営は、概して大企業のゲームである。しかし、顧客が重きを置いていない製品の要素を省くといった小規模の企業でもコストを下げ続ける術はある。概して、顧客は低価格の製品よりも、高品質のそれを提供する企業に対して忠誠心が強いので、企業にその選択肢があるのであれば、品質を追及したほうがよい。競合他社の一歩先を行くことは終わりなき競争ではあるが、それは進歩の早い業界で顕著である。

成功する戦略が、業界全体か特定のセグメントか、品質か価格か、をそれぞれ追い求めるものであるならば、戦略には四つの組み合わせが可能となるわけだ。それぞれを検証してみたいが、まずは業界全体に高品質の製品を提供する戦略から始めよう。事業を際立ったものとする最もエキサイティングな方法は、世界でまったく新しいイノベーションを起こすことである。二〇〇四年、私が読んだインターネット企業のＩＰＯ（新規株式公開）の目論見書にはこうあった。「われわれは世界に優れたサービスを提供できると考えております。あらゆるトピックに関する情報を瞬時にお届けするのです」。これほど大胆な発言ができる企業はほとんどないし、そうすべき企業はさらに少ない。この企業とは、もちろん、グーグルである。

グーグルは検索エンジンを開発したのではない。同社のイノベーションはアルゴリズムの力である。世界に対するサービスを語る企業であれば、ニッチに満足することはないであろう。彼らは世界的な独占を目指しているのだ。グーグルが最高の検索エンジンたるのは、同社がいくつかの検索カテゴリーを専門領域として扱っていることにある。例を挙げれば、スカラー、特許、マップ、イメージといった具合だ。私は、これら専門領域の背後にあるアルゴリズムは重複しているのではないかと考えている。テクノロジーに左右される事業のほとんどが、特許を通じて自らのポジションを守っているので、特許の数や内容がそれらの企業のポジションの強さを示し得る。グーグルは二〇〇六年末までに三八の特許しか有していなかったが、例えば二〇一六年には、さらに二八三五個の特許を申請している。グーグルのブランド力と絶えざるイノベーションを考えれば、特許はもはや必要ないかもしれない。グーグルという名前は、ゼロックスやクロロックスと同じように、その産業と同義である（二〇一五年、グーグルはグーグルや同社の月探査ロケット事業を傘下とする持ち株会社アルファベットを設立した）。

ウォルマートは、広範な市場に対して安価に販売するという戦略を見事に実践している企業の好例である。現在、同社は二四を超える国々で、一万一〇〇〇以上の店舗を展開している。ウォルマートは、住宅、自動車、ガソリン以外の中産階級が購入するあらゆる製品を販売している。しかし、一九八〇年代までは、ウォルマートはニッチプレーヤーであると考えていたかもしれない。食料品を初めて展開したのは一九八八年で、ほとんどすべての店舗がアメリカ南部に限られていた。PER（株価収益率）で見ると、一九八〇年代が利益のピークであるが、金額で見れば、二〇一三年まで利益は毎年のように増大していた。長期的に見て、ウォルマートの特徴は変わっていない。質素で、効率的で、信頼でき、家族的である。競合他社には理解できても、買い物客には理解できないことは、ウォルマートは常に新しいものを取り入れようとしているということだ。同社はあらゆる事柄のデータを集め、小売業におけるあらゆる名案を研究している。

ウォルマートは走り続けている。低価格は、費用がそれよりも低い場合にのみ有効な事業戦略である。初期の顧客たちと同じように、ウォルマートが質素なのはそうせざるを得ないからである。差別化されていないスーパーとしては、けっして裕福ではない人々を相手にお金を儲けるのは容易ではない。供給業者たちは、絞り上げられることを承知のうえで、アーカンソー州ベントンビルにあるウォルマートの本社を訪問するのだ。一方で、供給業者にとっては、膨大なものともなり得る取引量や、ウォルマートによる費用削減の提案など得るものもある。費用を最小限に抑えるために、製造業者は余分なものを省いて、商品を標準化する。バーコードによる管理や、ジャスト・イン・タイムの仕入れによって、ウォルマートは在庫を適正水準に維持するが、これは供給業者も同じである。ウォルマートが拡大するにつれ、管理費はより大きな売り上げに分散されることになる。ウォルマートが賃料の高い地域に店舗を出すことはめったにない。また、従業員のほとんどが組合に加盟していない。

ある種のサービスを必要としていない顧客というニッチに焦点を当て、価格で勝負している例がＧＥＩＣＯである。当初同社は、統計的には平均よりも安全な政府職員だけを対象に保証を行う政府職員保険会社として設立された。自動車保険のほとんどが販売代理人を通じて販売されている。販売代理人はコストがかかるが、彼らは保険会社が顧客のリスク分類を行うのを助け、また事故が発生したときなどにはアドバイスを提供してくれるのだ。質素倹約を旨とするＧＥＩＣＯは巨大な代理人網を持たず、またお金を出してまで販売員を採用しようとはしなかった。その代わり、ＧＥＩＣＯの経営陣は異なるオペレーションを行っていた。彼らは、保険を契約者に直接販売していたのである。

販売代理人を限定することで、ＧＥＩＣＯは、安全なドライバーにとってはもたらされる価値よりも割高なサービスを省いたのである。保険の適用範囲がどのようになるかが分からない場合や、事故に遭いそうだと思う場合は、代理人が役に立ってくれる。しかし、自分が何を欲しているかを理解し、苦情を訴えることがないのであれば、自動車保険の代理人と関係を持つ必要はないのだ。だれもが平均以上のドライバーであるわけではないので、このニッチにだれもが当てはまるわけではない。その点で言えば、低リスクの条件を満たさない人物に対してＧＥＩＣＯは保険を提供しようとしない。優れたドライバーでも事故は起こすので、ＧＥＩＣＯは保険金請求に対するサービスをないがしろにすることはない。安い商品を求めていながらも、みすぼらしく思われたい人などいない。そこで、ＧＥＩＣＯはユーモアあふれる広告を打ち、われわれに認めさせるのだ。そうだ、僕らはお金を節約したいのだ、と。

エナジードリンク

小規模な企業についていえば、ニッチ市場と優れた製品という組み合わせが私のお気に入りの戦略である。定義に従えば、ニッチ市場は主流ではないので、特定市場に常に目を光らせる必要がある。ハイテクバブルが崩壊した直後、私はハイテク株のカンファレンスに出席した。参加していたハイテク企業の株価はいまだ下落を続けていた。のども乾き、少しばかり疲れていた私は、ハンセン・ナチュラルズという企業のブースで無料のドリンクバーがあるのを見つけて喜んだ。彼らが提供していたフルーツドリンクは、すべて無添加で、人工甘味料も着色料もナトリウムも入っておらず、スナップルに似たものだった。

しかし、流通システム以外、ハンセンはスナップルのまねをするつもりはなかった。同社は、よりエッジの利いた大胆な商品を提供していたのだ。ハンセンは当初、ハリウッドの映画スタジオに無添加のフレッシュジュースを販売していた。その後、スパイスやほかの天然成分を加えた。ニューエイジのお茶やソーダはハンセンの伝統にも適合していたが、スナップルは強力なブランド力とより優れた流通網を持っていた。一方で、ハンセンは「機能性」ドリンクに特化した。味よりもエネルギーやビタミンや抗酸化といった効果を売りにしたのである。ハンセンは当初のフルーツドリンクでは味を犠牲にすることはできなかったのである。当時、この集中特化は独特のものであったので、非常に風変わりなものと思えた。

ハンセンのモンスターエナジーは、一九九七年にアメリカに投入された主要競合商品であるレッド・ブルよりも味が良かった。ほとんどの人々が、ニンジンやガラナやタウリンなどのクセのある飲み物を敬遠するが、学生時代であれば、私は喜んで飲んでいたであろう。私には、エンジニアやパーティー好き、トラックの運転手や深夜労働者、激しいスポーツの選手といった手つかずの市場があるように思われた。しかし、実際にその市場はどの程度の規模なのか。水やカフェインや砂糖といった一本当たりの基本原料に違いがないのであれば、成功の鍵はブランディングとマーケティングにある。しかし、ハンセンのブランドと言えば、ピュア、ナチュラル、リラックス、リフレッシュといったイメージで、エナジードリンクには合わなかった。ニンジンやガラナは植物であるから、モンスターはゲーターレイドよりもナチュラルだと言うこともできるが、有効成分を混ぜるという考えは、ハンセンが築き上げてきた「ナチュラル」という独自性とは相いれないように思えた。黒地に派手な緑色で描かれたギザギザのMのロゴは、店舗の棚では目立つ存在である。

ハンセンは小さな企業であるが、売上高は急激に増大しており、たいした負債もなく、株式は利益の一〇倍で取引されていた。私は四ドル程度で幾ばくかの株式を購入した。その後、何度も株式分割が行われ、一株が四八株にもなったので、現在の株式の取得原価は八セントである。予想に反して、売り上げと利益は急拡大した。あっという間の一六年間で、モンスターエナジーの売り上げは激増し、元来のフルーツドリンクは完全に見る影もなくなってしまったので、同社は社名をモンスターに改めた。コカ・コーラがモンスターに資本参加し、同社製品の流通を引き受けることとなった。株価は六〇〇倍以上上昇し、五四ドルを付けたのだ。

ファンドが保有するモンスター株の売却を検討するにあたって、私は銘柄を入れ替えるために、顧客が独特の価値を見いだしている何らかの商品の販売に成功している企業を探していた。何事にも代償は伴うものであるが、最も利益をもたらした銘柄のほとんどすべてが、ユニークな特徴やポジションを有していた。モンスターには熱狂的なファンも存在するが、これはコモディティ化した事業では目にすることのないことである。コカ・コーラの人気が衰えるなかでも、エナジードリンクの売り上げは急成長を続けている。小さな市場であっても、比類なき企業を見つけたときは、それを不用意にありふれた銘柄と取り換えるのは誤りである。

私が、経営陣が優秀かどうかを判断する方法の一つは、際立った特徴やユニークな能力を持つ事業を築き上げているかどうかである。最も優秀な経営者は、分別ある情熱家で、よそでは手に入れることができない製品を市場にもたらす。大企業はカテゴリーキラーともなり得るが、ほとんどの企業はニッチに集中し、そこを足場とすることで大きな成功を収めることができるのだ。一級品を提供したり、コストを最低限に抑え続けることはけっして容易ではないが、経営陣が技術畑の人物であるかぎり、私は高品質戦略に分があると思う。例外があるとすれば、顧客が価値を見いだしていない要素を省くことで、コストを削減できる場合である。

第10章　お金を払う価値がある

「俺が使った一〇〇〇万ドルのうち、ギャンブルと酒と女以外はバカげた出費だよ」――ジョージ・ラフト

資本配分

株主は有価証券の法律上の所有者ではあるかもしれないが、その価値を決する判断の多くは他者が下すのであるから、資産を預ける優れた受託者を選択することが重要である。エージェントや経営者たちは、どれほど有能であろうとも、人間であり、対立があれば自らの利害を優先する傾向があるのだから、受託者としての意識を持っている人物を選ぶことが重要である。極端なケースでは、普通の利己心が犯罪性を帯びることもあるのだ。受託者は、有能な受託者たることではなく、野心やほかの実績によってその立場を得た場合が多い。ＣＥＯ（最高経営責任者）たちは、意思の力や素晴らしい営業マンや工場長やエンジニア、または会計士たること

でトップまで上り詰めたのだ。

受託者としての能力を適切に評価する時間もなければ、インタビュアーや刑事を送り込むつもりもないので、私は資本配分に目を向けたいと考えている。実際に、私は安楽椅子の探偵のようなものである。私は容易に利用できる情報源から、数字以上の何かを得ようとする。資本配分とは味気ない言葉だが、有益なコンセプトであり、その意味するところはお金を追えということだ。投資をするにふさわしい対象であろうか。経営陣は、自ら差配できる資本を現在の環境下で最大限有効に利用しているだろうか。

利益率と現在価値という成功を測る互いに関連する二つの統計的数字があるが、どちらにも将来に対するあいまいな予測が含まれている。前者は、設備投資による予想利益率とハードルレートを比較するものである。たいていの場合、ハードルレートは「自己資本のコスト」、または長期的な株主が受け入れる最低限の利益率と関係している。投資家が八％以上のリターンを求めているならば、企業はそれよりもリターンの低い投資計画は棄却すべきである。自己資本コストが八％の企業が翌年一三％のリターンをもたらす何かに投資したとするならば、この企業は一ドルを投じて、およそ一・〇五ドル（一・一三÷一・〇八）の現在価値を生み出すことになる。最大限の価値を付加することが目的なのだ。

フィデリティで最初に割り当てられた石炭とタバコという二つの産業で資本配分を検討しようとしたとき、私は途方に暮れてしまった。私は、簿外債務と経済的のれんを見落としていた。

過去の会計上の数字では、これらの産業の資本と負債の価値をとらえることはできなかったのだ。例えば、どちらの業界の企業も、黒肺塵症と肺がんに関する裁判の被告となっていた。被害を認める判決が下されれば、企業は嫌でも賠償金を支払うことになり、まったくリターンを生まないことに資本が用いられることになる、ということが予想できたのである。タバコ会社は、その強力なブランド力をもって、予想される債務を少なくとも相殺することはできた。一つ微妙なことがあるとすれば、米公衆衛生局長官が一九六四年に発した警告がその後、法律上の盾となっていたことである。タバコ会社に対するイクスポージャーは、一九六四年の市場シェアに比例したものであった。これはその後、劇的に成長したフィリップ・モリスに有利に働いた。

もうひとつの問題は、ブランド力のような無形資産の価値をどう判断するかであった。マルボロやほかの有力ブランドは額面どおりに計上されていたが、カスタマー・ロイヤルティが大きいので、巨額の経済的のれんが生まれることになる。フィリップ・モリスとRJRナビスコは、マックスウェル・ハウスやオレオといった主要ブランドを持つ食品会社を買収していたが、買収費用のうち無形資産にかかる分は、商標かのれん代として計上されていたのだ。フィリップ・モリスとRJRが、食品ブランドには何十億ドルも支払い、タバコブランドにはそうしなかったことは歴史の偶然であった。取得原価は現在価値とはほとんど関係がない。これらのブランド価値を評価する一つの方法は、会計上の取得原価ではなく、市場価格を用いることである。企業の時価総額と利益の比率が利回りとなり、その反対がＰＥＲ（株価収益率）となる。たしかにこれは投資の指標としては有効ではあるが、経営判断の質にはまったく関係がない。

欠点はあるにせよ、私は会計上の数字を使うことにした。企業の利益と株主資本との比率はＲＯＥ（自己資本利益率）と呼ばれる。ＲＯＥが高いということは、その企業は株主が投じた資本一ドル当たりの利益を最大化しているということである。当時、一二％がＲＯＥの平均とされていた。タバコ業界全体は頭一つ抜け出ていたようで、嗅ぎタバコを製造しているＵＳタバコのＲＯＥは五〇％にも達し、フィリップ・モリスがおよそ三〇％といった具合であった。ＲＪＲナビスコやＢＡＴ（ブリティッシュ・アメリカン・タバコ）などすべてのアメリカのタバコ会社が二〇％を上回るＲＯＥを上げていたのだ。

今になって考えると、一九八〇年代後半、企業のＲＯＥの相対ランキングは将来のリターンを示す有力な指標であったのだ。私はまた、ＲＯＥが高い理由を知ろうとした。ＵＳタバコとフィリップ・モリスは最も利益が大きく、ブランド力も抜きん出ていた。ＵＳタバコのコペンハーゲンとフィリップ・モリスのマルボロは当時も今も、嗅ぎタバコとシガレットでは圧倒的なトップブランドである。さらに将来を見すえた資本配分の評価は、具体的な資金の利用方法を研究することで得られるのだ。

事業を拡張させるか、価値を積み上げるか

成長可能性を予想するにあたっては、すべては増分を基準に検証される。売り上げや利益の増大は、それに必要とされる追加資本と比較される。タバコ会社について言えば、既存の工場で生産された商品の売り上げの増大分から上がる利益は夢のようなものである。二〇一六年、アルトリア（フィリップ・モリスUSAやUSタバコの親会社）の売上原価は、売上高の三〇％であった。タバコの葉や紙やフィルターや包装にかかるコストは売上原価の半分以下であり、ほとんどが訴訟和解金によるものであった。マーケティングや調査や管理費や経費が売上高の一〇％である。売上高の二五％にあたる物品税を差し引いたあとでさえ、営業利益率は三四％もあったのである（二〇一六年、S&P五〇〇の営業利益率はおよそ一二％である）。企業に生産余力があり、さらに多くの製品を製造・販売できるとしたら、固定費を分散することができる。すでに平均よりも優れていた利益の増加率も、さらに大きなものとなるであろう。

タバコ事業においては固定資産から上がるリターンはこの世のものとは思えないほどになるが、新たに拡張する生産能力にその数値をそのまま適用することはない。タバコの生産工場は少ないのだ。一つの工場での生産を増やすということは、ほかの工場のそれを減らすことになる。仮に、新しい生産能力を既存の設備と同じようにフル回転させ得るとしたら、そこから上がる売り上げの利益率は全体の平均である三四％ほどになると思うかもしれない。利幅の大き

い事業などほとんどないのだ。さらに良いことに、タバコを製造するにあたって資本はほとんど必要ない。アルトリアは二〇一四年に二五七億ドルの売り上げを記録したが、利用した資産や工場や設備は減価償却費で見れば、二〇億ドルにも満たなかった。年間の営業利益は、同社が保有する施設の価値の四〇〇％以上にもなったのだ。このリターンが通常は一〇％程度とされるハードルレートを上回っていることは言うまでもない。突出した事業は、ある程度の割合で成長し、またその特徴や収益性を維持できるものである。

世界を見渡すと、より裕福な国においてタバコの消費量が減少している（**図10―1**）。対照的に、より貧しい地域では収入の増大が喫煙の増加につながる。それらの国では販売価格は低くとも、生産能力を増大させるための投資は大いに報いられる。歴史的な反トラストの理由から、アメリカでブランドを保有している企業が海外ではブランドの管理をしないことがしばしばあるが、マルボロは例外である。マルボロはまさに世界的なブランドである。タバコ事業は国営であることが多い。税金や規制の問題によって、たいていタバコは販売される国で生産されている。

一九八〇年代後半、外国市場が開放されるにつれ、ＲＪＲナビスコは、巨大かつ極めて効率的な新工場を立ち上げ、輸出販売を一気に拡大させた。製造業の多くで、外国投資は惨憺たる結果につながりかねないのだが、タバコビルの工場に投じられた資金はＲＪＲのキャッシュフローからすればたいした額ではない。

図10－1　アメリカのタバコ消費量（1900～2014年）

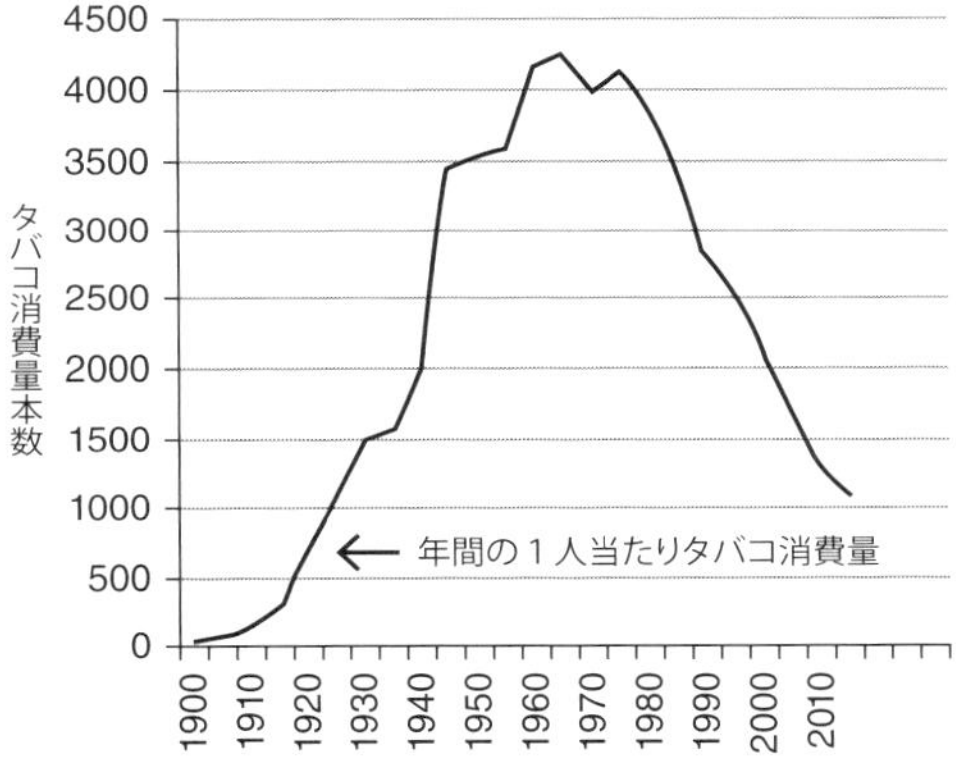

タバコ会社では、マーケティングの費用が資本支出よりも大きく、マーケティングに投じられた資金が実際に顧客をつなぎとめ、また新たな顧客を引きつけることにつながっているかどうかを知ることが重要となる。広告宣伝費は、ブランドおよび経済的のれんを構築する投資となるが、お金を捨てているだけともなる。経営陣自身には分からないことも多い。将来の売り上げが確約されていなければ、会計士はすべてのコストを費用計上してしまう。アップルやネスレ、ルイ・ヴィトン、ウォルト・ディズニーなどは毎年、マーケティング費用に何十億ドルも投じ、損失として計上しているのだ。それら企業のブランドは、概して時間の経過とともに価値を増大させ、経済的のれんを大きくする。ＲＪＲは数多くの小さなブランドを支援しなければならないので不利な立場にあるが、フィリップ・モリスはマルボロという大ヒット商

品を抱えている。

フィリップ・モリスにとっては、一つの強力なブランドにマーケティング資金を投じられるので、複数のブランドに資金を投じなければならないＲＪＲよりも、潜在的な効果は大きくなる。ＲＪＲはスポーツマーケティングに何百万ドルもつぎ込み、三〇人のスポーツ選手と契約している。スタジアムの広告版を買っているので、テレビ中継のある試合では常に映し出される。包装も刷新した。ジョー・キャメルという新しいブランドのマスコットが若い喫煙者と規制当局の注目を集めている。ＲＪＲは縮小する市場において、安定したシェアを維持しているのだ。

あらゆる事業において、今日の利益や損失はもはやその場にはいない人々によって、遠い昔に下された大小さまざまな判断の組み合わせから生まれるものである。運の良し悪しも優れた判断と同様に影響を与え得る。ＲＪＲのロス・ジョンソンＣＥＯ（最高経営責任者）はこう洒落こんだ。「とある天才が俺を発明した。われわれは彼の遺産で食っているだけだよ」

同様に、広告にいかついカウボーイを使うまでは、マルボロは「マイルド・アズ・メイ（mild as May）」という女性向けのタバコとして売られていたのだ。口紅による汚れを目立たなくするために赤くされていたフィルター部分は、後に男らしいコルク色に代えられた。ブランド再生から数十年、フィリップ・モリスはいまだ、象徴的なパッケージとマスコットから恩恵を受けている。四半世紀をかけて、同社は等外馬から市場のリーダーに上り詰めたのである。

価格を引き下げるということは、価格が高すぎたか、製品特性がそれほど重要ではないということである。一九八四年ごろ、ＲＪＲはドラルの位置づけを改め、ディスカウントブランドとした。価格を大幅に引き下げたことで、その利益率は小さくなったが、それでもまだ魅力的な水準であった。一九九二年までで、ＲＪＲで最も急速に成長したセグメントはドラルと無銘のタバコであった。市場シェアを獲得するために、ＲＪＲは割安タバコの卸価格を二〇％引き下げた。これが効果を発揮する。翌年、ＲＪＲの取引量の四二％が割り引きの対象とされたものだった。マルボロの売り上げが落ち込んだので、フィリップ・モリスも価格を引き下げた。私は、ブランド力が弱いので、ＲＪＲは同社の優れた生産能力をマーケティング戦略に優先させたのではないかと考えている。

一九九〇年代、Ｒ・Ｊ・レイノルズはプレミアと呼ばれる無煙タバコに投資を行い、議論を呼んだ。プレミアの研究開発費は少なくとも三億ドルに上り、全体のコストは八億ドルを超えていた。喫煙者はニコチンのせいでタバコに依存するようになるが、実際には、燃えたタールを吸い込むことが健康上のリスクとなるのだ。プレミアはタバコを熱し、喫煙者はニコチンの蒸気を吸うのである。私はタバコを吸わないので、ファンドマネジャーのベスに意見を求めた。彼女はタバコを吸うし、またタバコ株に投資してもいたのだ。彼女はライターを取り出し、火をつけようと何度か試みたあと、やっと数回吹かすことができた。

「何これ」と彼女は叫んだ。「火はつかないし、それにまずい」

ほかの多くの者たちも同意見であったことは言うまでもない。ＲＪＲは、プレミアに慣れるには少なくとも何箱か吸う必要があると顧客にアドバイスしていたが、ベスがそれに耳を貸すことはなかった。およそ一年後、ＲＪＲはプレミアの生産を取りやめたが、バイパーというアイデアは後にエクリプスで復活することになる。当時、私はこの大失敗は多大な労力の無駄遣いだと考えていた。後知恵になるが、ＲＪＲはプレミアをもっと強力に売り込むべきであったのだろう。新たなミレニアムに入ると、電子タバコやバイパー技術が市場に導入された。ＲＪＲはブーズという電子タバコを売り出したが、やっと好評を得るに至ったのだ。

ＲＪＲは投資した額よりもかなり大きな資金を生み出した。事業が急成長しないとしても、同社は財政的には自立しており、内部で生み出される（留保利益を含めた）資金で、その成長にかかるすべてのコストを十分に賄うだろうと考えている。それを確かめるため、私は、同社の財務報告書にあるキャッシュフロー計算書（ＣＳ）に着目した。営業活動によるキャッシュフローは、純利益と減価償却費と償却と運転資本の増減額などを合計したものである。それから、事業を維持・拡大していくために必要となるすべてのカテゴリーの資本支出を合計した。そこには、施設や工場・設備の取得やソフトウェアへの投資が含まれるが、株式の取得やほかの事業の買収などは除外されている。

私の「フリーキャッシュフロー」の定義は、「営業キャッシュフロー」から前述の投資活動に充当したすべての現金を差し引いたものである。今も昔も、タバコ会社は事業から上がるキャッシュフローのほんの一部しか再投資しない。二〇一四年、アルトリアは営業活動から四六億六三〇〇万ドルの現金を獲得したが、資本支出は一億六三〇〇万ドルと、減価償却費をわずかに下回る額であった。つまり、残りの四五億ドルはフリーキャッシュフローである。フリーキャッシュフローは、事業や株式を取得したり、債務を返済したり、配当や自社株買いを通じて株主に還元したりすることに利用できる。これらの選択肢については後述する。

フリーキャッシュフローがマイナスとなっている企業のほとんどが、自らのＲＯＥが許す以上の速さで成長しようとしているのだ。企業が株式を発行したり、自社株買いをしたり、または配当を支払ったりしなければ、自己資本はそのＲＯＥと同じ比率で増大することになる。直近のＲＯＥが一〇〇％を超えるものであるにもかかわらず、アルトリアは年に一〇〇％成長しようとはしていないわけだ。独立系の石油会社やガス会社や住宅建築や航空会社といった業界のように、習慣的にキャッシュフローを超える出費をする生来の楽観主義者もいる。

マイナスのフリーキャッシュフローが問題かどうかを判断するために、私はその企業の投下資本に対する利益の比率、つまりＲＯＣＥ（投下資本利益率）を確認する。これは、負債や自己資本を含めたすべての資本に対する営業利益の比率と定義される。多額の借り入れがあり、ＲＯＣＥが七％で、ＲＯＥが一三％であることよりも、負債がなく、ＲＯＣＥが一三％で、ＲＯＥも一三％であることのほうが私には喜ばしい。景気が低迷すると、借り入れのある企業の利益はたいていの場合、より大きく減少するのだ。ＲＯＣＥが低い、または低下しているということは、経営陣が何か平凡なプロジェクトに取り掛かっているシグナルかもしれない。低いリターンまたはリターンの低下が何年も続く場合、私はマイナスのフリーキャッシュフローと負債の増大に特に警戒するのである。

買収とスピンオフ――拡大するか、それとも改善するか

企業買収の三分の二ほどが、その買収価格を正当化するために用いられた業績目標を達成していないとする研究がほとんどである。企業買収では、たいていの場合、買い手側がプレミアムを支払うことになる。このプレミアム分を回収するためには、買い手はその企業がこれまで取り組んでこなかった何かをしなければならない。どうにかして利益を改善する必要があるわけだ。そのためには、売り上げを増大させるか、費用を削減するか、もしくは少なくとも節税するかである。

金融工学を駆使したものや、安価な借り入れ、またはより低い利益率を進んで受け入れる買い手に依存した取引もある。取引が公表されると、買い手企業の株価が下落する場合が多い。一般的に、最も成功する可能性が高い合併買収はバリュエーションのマルチプルやプレミアムが低く、似たような事業を組み合わせる場合である。

反トラスト法の悪影響によって、一九九〇年代半ばまでタバコ業界では買収が行われなかっ

たが、その後、一気に買収が進むことになる。一九九四年、アメリカン・ブランズはアメリカン・タバコ・カンパニーをBATのブラウン・アンド・ウィリアムソン部門に売却し、名前をフォーチュン・ブランズと改めた。二〇〇三年、BATのブラウン・アンド・ウィリアムソンはレイノルズ・アメリカンに併合され、BATが合併会社の四二％を保有することになった。RJRは、外国部門を日本たばこ産業（JT）に売却し、嗅ぎタバコメーカーのコンウッドを買収した。USタバコは二〇〇九年にアルトリアに買収されている。二〇一四年、レイノルズはロリラードの買収に合意した。私の知るかぎり、残念な結果となった取引はない。合理的な価格で取引が行われ、またどうすれば費用を削減することができるかを経営陣が十分に理解していたのだ。

RJRナビスコは、KKR（コールバーグ・クラビス・ロバーツ）によるLBO（レバレッジド・バイアウト）が行われた二年後の一九九一年に再上場を果たした。RJRは事業部門の売却に着手し、ナビスコを食品会社として分割した。一九九五年、ナビスコの一九％に当たる株式が公開される。買収以前、RJRの有力ブランドが巨額の経済的のれんとなっていたが、買収後は、その価値が貸借対照表（BS）に完全に（おそらくは過大に）反映され、二〇〇億ドル以上の無形資産とされた。RJRナビスコとナビスコの両社は、一九九〇年代のほとんどを一桁のROEで甘んじることになる。

買収側は、買収の際にプレミアムを支払ったことを正当化するために、何か異なることをしなければならないので、何らかの関係がある事業を買収した場合の結果が概して最も良くなるのは当然である。加工食品とタバコは、農産物を原料とするマス市場向けの保存のきかない消費財である。ＲＪＲのタバコ部門の幹部たちはおそらく海運や石油業界に関するよりも、ナビスコのマーケティングや流通戦略をはるかによく理解していたことであろう。同様に、フィリップ・モリスは、ゼネラル・フーズやクラフトと一緒になったほうが、住宅メーカーであるミッション・ビエホと一緒になるよりもはるかに幸せなのである。

買収が公表されると、過去の営業利益と株価も公表される場合が多いが、それによってアナリストたちはＲＯＣＥを予想することができる。もちろん、将来、利益の改善が見込めなければ、予想は低いものとなる。ＲＪＲナビスコのＬＢＯでは、三一〇億ドルのエンタープライズバリュー（買収金額に引き継がれる債務を足したもの）が付けられたが、営業利益は二八億ドルで、その結果、ＲＯＣＥは九％となった。何も変わらないかぎり、素晴らしいとは言えずとも、適正な取引であったと思われる。

タバコ会社は分散戦略のほとんどを覆したが、これは時代が変わったか、完全に誤りであった可能性を示すものであった。二〇〇〇年、ＲＪＲはナビスコをフィリップ・モリスに売却し、タバコ事業だけを手元に残した（後に、レイノルズ・アメリカンと社名を変えている）。二〇〇七年、フィリップ・モリスはクラフトをスピンオフさせたが、そこにはナビスコも含まれていた。翌年、フィリップ・モリスはアルトリアとフィリップ・モリス・インターナショナルとに分割された。レイノルズが本業に特化し、フィリップ・モリスがクラフト・フーズを保有している間、レイノルズの株式は四倍になり、フィリップ・モリスのそれは三倍以上になった。どちらも株式市場を大幅に上回るパフォーマンスであるが、純粋なタバコ会社のほうが結果は良かったのだ。ＲＪＲは自社株買いを再開し、フィリップ・モリスを凌駕したが、フィリップ・モリスはナビスコを買収するためにＲＪＲに九八億ドルを支払ったせいで、自社株買いをすることができなかったのであるから、これはナビスコの取引の副作用でもあった。

二〇〇七年、フィリップ・モリスはクラフトをスピンオフさせる（そして、クラフトはモンデリーズをスピンオフさせる）。スピンオフした食品会社の株式は市場を上回るパフォーマンスを示したが、タバコ会社の株式も同様であった。二つの事業を組み合わせることに効果があるならば、だれもそれを見逃しはしなかったであろう。そして、これらは最大にして、最高の取引であったのだ。種苗店やボールペンメーカー、住宅ローン専門の金融機関、または船会社で大きなことが起こると期待する者はいなかっただろうと思う。ほとんどの企業幹部にとって、事業をスピンオフさせたり、売却したりして、自らの立場や縄張りを小さくするのは、異常な行動である。しかし、そうすることが最良の手段であることが明らかになると、株主たちから何年にもわたって突き上げられることになるのだ。

配当

企業は利益を生み出すことで富を創造する。配当は通常それらの利益を反映したものであるが、配当を支払うこと自体が富を創造することはなく、ただ創造した富を分配しているだけである。二〇世紀、ほとんどの企業が利益の半分以上を配当として払い出してきた。現在、配当額が利益の半分に満たない企業がほとんどである。これは、税制や投資家の機関化やストックオプションの人気の増大などいくつかの理由がある。配当は支払われると同時に課税されるが、自社株買いの結果生まれるキャピタルゲインに対する課税は、投資家が売却するまで繰り延べられるのだ。従業員向けのストックオプションプランのほとんどが配当による調整を行っていないので、企業幹部たちは、トータルリターンを最大化することよりも、株価をできるかぎり高くすることが目標であるかのように行動するのだ。

利益の大部分を配当として払い出す企業は、時に相矛盾する二つのシグナルを送っている。第一に、配当性向が高いということは、その企業の事業拡張によるリターンに対する要求水準が高いということを示唆する。企業は収益性の高い成長計画を見いだすことができないので、資金をより有効に活用できる投資家に現金を還元するわけだ。株主に現金を還元しないＲＯＥの低い企業は資金を平凡なリターンしか生まないプロジェクトに投じている可能性がある。資産が大幅に増加しながらも、利益が増大しない場合は特に心配である。

第二に、企業がたくさんの収益性のある拡張機会を見いだしているかどうかを配当性向で測ることができる。たいていの場合、大きな成長をもくろむ小規模な企業は配当を支払うことはしない。自らの見通しにより楽観的で、より自信のある企業も存在する。バークシャー・ハサウェイはバフェットが登場して以来、配当を支払っていない。自社株買いもめったに行われない。これは、バークシャーが資本を配分する能力は自分たちのほうが株主たちよりもはるかに優れていると自信を持っていることを宣言しているようなものである。バフェット以外のほとんどのCEOについては、自信過剰か、リターンの基準が低いかではないかと推測している。タバコ会社は正反対の方法を採る。彼らは利益の四分の三ほどを配当として払い出し、さらには自社株買いを行うのだ。

統計学者たちは、安定的に配当を支払っている銘柄は、リスク調整済みベースで見ると、市場平均をわずかながらアウトパフォームしているとしている。平均的に、高配当銘柄のPERは低く、比較的安定した業界に偏っている。これらの要素を差し引くと、配当が多いというだけでパフォーマンスが向上するようには思えない。それゆえ、インカムを必要としている、またはは好むのであれば、インカムを追い求めればよい。大きな配当を支払う企業に投資すればよいのだ。ただ、安定した業界のPERの低い銘柄を選んでいることを確認しなければならない。さらに付け加えれば、利益が配当額を上回り、フリーキャッシュフローが豊富で、負債と自己資本との割合が安定している銘柄を探さなければならない。また、発行済み株式総数が急激に増大していない企業を探すべきである。

除外すべき収益株を見いだすためには、これらの要件を反転させればよい。私は、支払配当額が利益とフリーキャッシュフローで十分に賄われていない銘柄を買うことはしない。REIT（不動産投資信託）やマスター・リミテッド・パートナーシップやロイヤリティ・トラストがその資産価値ではなく、利回りに基づいて取引されていることをしばしば目にする。そのような場合、アナリストたちが減価償却や減耗の経済的意味合い、とりわけ、それらの科目は利益と同義なのかどうかということについて、意見が一致していない場合がある。具体的な状況を見なければ、一株当たりのアセットベースが時間とともに縮小しているのか、一般に公正妥当と認められた会計原則が保守的にすぎるのかを判断することはできない。株式総数と借り入れ水準が急激に増大している高利回り銘柄を目にしたら、私は最悪のシナリオを想定する。

自社株買い

自社株買いによって勝者となるか敗者となるかは、企業が支払う価格に依存する。配当と同様に、自社株買いは富の分配であり、創造ではない。しかし、配当とは異なり、自社株買いは富を株主に再分配することができる。株式を本源的価値で買い戻せば、その取引は全員にとって公平なものとなる。しかし、本源的価値にプレミアムを乗せた価格で買い戻すと、忠誠心のある株主から、離れていこうとする株主に価値が移ってしまうのだ。株式を本源的価値よりも安い価格で買い戻すと、売却した株主が負け、保有を続けた株主が勝つことになる。人々が推測している本源的価値はそれぞれ異なるので、自社株買いが好ましい価格で行われたかどうかが常に明白となるわけではない。だが、推測をしなければ、経営陣が自社株買いによって一株当たりの価値を付加しているのかどうかを判断することはできない。

富の移転を理解するために、株式数が一〇〇株で、資産は一万ドルの現金だけであり、事業を行っていない企業を想定してみよう。一株当たりの本源的価値は、一株当たりの現金と同じ、つまり一〇〇ドルである。ここで、四〇株が一株当たり一六〇ドルで自社株買いされたと想定してみよう。つまり、総額六四〇〇ドルである。同社は三六〇〇ドルの現金を保有し、発行済み株式総数は六〇株となる。一株当たり六〇ドルという計算だ。自社株買いに応じた株主は一株当たり六〇ドルの得をし、忠誠心のある株主は一株当たり四〇ドルの本源的価値を失うことになるわけだ。反対に、企業が本源的価値よりも低い価格で自社株買いを行うと、忠誠心ある株主はその割引分だけ得をすることになる。

自社株買いは企業が好調なときに行われることが最も多いが、それはたいていの場合、自社株買いが最も不利な瞬間でもある。二〇〇七年第3四半期に市場が高値を付けたとき、S&P五〇〇の企業は総額一七一〇億ドルの自社株買いをした。一年半後、S&P五〇〇は当初の価値の半分まで暴落し、二〇〇九年第1四半期に行われた自社株買いはたった三一〇億ドルとなった。これが不本意であるのは、自社株買いのタイミングが不適切であったばかりでなく、自社株買いが企業の価値と見通しに自信を示すシグナルを送ってしまったことである。声援は、失望が蔓延しているときが最も有益である。自社株買いが悪い結果となったケースを検証してみると、株式が本源的価値よりも低くなったことで行動を起こした企業はほとんどないことが分かった。

ハイテク企業は、とりわけ高額に上る従業員のストックオプションによる希薄化を相殺しようとする。株価が上昇し、オプションのイン・ザ・マネーの度合いが高まると、会計士はオプションで付与された株式のうち発行済みとして扱う数量を増加させようとする。株式数を安定させるために、大急ぎで高値で自社株買いをすることになるわけだ。多くの企業が低い価格でオプションを発行し、あとでより高い価格で自社株買いをしている。ここで、現金を一万ドル、発行済み株式総数を一〇〇株とした先の例に戻ってみよう。行使価格を一〇〇ドルとするオプションを従業員に五〇株付与したとする。オプション価格の公式に基づけば、当該オプションの価値は一株当たり一〇ドル、全体で五〇〇ドルとなったとする。株主はこれを非現金費用として無視するよう促されるが、この額は損益に反映されることになる。ここで、株価が一六〇ドルまで上昇し、すべてのオプションが行使され、新たに発行された五〇株を自社株買いする。企業はオプション行使からの五〇〇〇ドルを回収し、自社株買いをするために八〇〇〇ドルを支払うことになる。その結果、現金残高は七〇〇〇ドルとなる。総株式数は変わらないが、株主は三〇〇〇ドル、つまり一株当たり三〇ドル失うことになるわけだ。

株式市場が高値を付けるときに自社株買いが行われるもう一つの理由としては、そのとき企業の利益も大きなものとなることがある。おそらく、現金は株主に還元されるべきなのだ。しかし、即座にそれを行うことを求める法律など存在しない。好況期は、本源的価値に対する推測もより大きなものとなる。また、負債と自己資本の最良のバランスをどう考えるかも、保守的ではなくなるのだ。これによって、企業は誤ったタイミングで判断を下し、より「効率的な」貸借対照表（ＢＳ）を構築しようとする。つまり、借り入れをして自社株買いをしようとなる。これが好況期の後半で、利益成長が停滞しているならば、一株当たり利益の成長は借り入れによって自社株買いをすることで維持されることになる。

すべてのタバコ会社は一貫して自社株買いを行い、そうすることで付加価値をもたらしてきた。例外は、一九九〇年代のＲＪＲである。巨額の借り入れが重しとなって、自社株買いができないばかりか、株式を発行しなければならなかったのである。当時、私はもはやタバコ会社のアナリストでないことを喜んだものである。ＲＪＲの株価は発行価格を下回り、何年間も停滞し、上下しながらも、九〇年代末にはより安値となっていた。一九九〇年から一九九八年の高値まで、フィリップ・モリスの株価は四倍にもなり、巨額の自社株買いも手伝って、市場やＲＪＲに大きく水をあけていた。ＲＪＲは財務体質が強化し、ナビスコを売却したあと、自社株買いを増やし、前述のとおり、二一世紀にはフィリップ・モリスをアウトパフォームすることになる。

安定した高いリターン

フィリップ・モリスとレイノルズは、ともに突出した事業と資本配分で平均を上回る存在ではあったが、どちらかと言えば、フィリップ・モリスのほうが優れていた。一九七〇年代、R・J・レイノルズのトータルリターンは市場全体を上回るものであったが、フィリップ・モリスのほうがさらに上を行っていた。一九八八年のRJRの買収を除けば、一九八〇年代も同様であった。KKRの投資家は、RJRの取引でお金を稼ぐことができなかったので、ここでもやはりフィリップ・モリスが優勢であった。このパターンは一九九〇年代を通して続いたが、二一世紀になって反転することになる。

資本配分が優れていることを示す指標の一つとして、ROCEが高く、安定していることがある。フィリップ・モリスのリターンは、数十年にわたり高く、より安定していた。外部の者が成長計画や広告による成長の増分を経験則に基づいて予想できる業界もあるが、タバコ業界には当てはまらない。フィリップ・モリスはより効率的な経営をしていたのだと私は考えている。合併買収は素晴らしいものとも、そうではないものともなり得るが、平均すれば期待を裏切るものである。互いに関係する事業を合理的な価格で合併買収することが最も良いのだ。フイリップ・モリスはレイノルズよりも買収で成功してきたが、それこそがレイノルズが原点回帰をしているなかでも、分散を続けている理由かもしれない。スピンオフは通常、帝国を築こうとする傾向とは反するものであるが、その結果は投資家にとって素晴らしい機会となることも多いのだ。

投資家が株式市場で見いだすことができるよりも高いリターンをもたらす投資機会を企業が手にしていないのであれば、自社株買いや配当を通じて資本を株主に還元すべきである。一九九〇年代を通じて、レイノルズのしみったれた資本還元政策は、同社のアンダーパフォーマンスの主たる要因であった。販売量の減少や訴訟、そして課税によって、タバコ銘柄のＰＥＲはＳ＆Ｐ五〇〇銘柄のそれよりも概して低いものとなっている。それらすべての要素をタバコ銘柄のバリュエーションに織り込まなければならないが、彼らが行う自社株買いのほとんどは保有を続ける株主たちにとっては少なくとも中立であり、かなりポジティブであることが多いと言えよう。

第11章 悪い奴らは黒い帽子をかぶるのか

マーク・バウム「それは愚考じゃない、詐欺だ」
ジャレド・ベネット「愚考と法律違反の違いを教えてくれ、そうすりゃ義兄を逮捕させられる」
映画『マネー・ショート　華麗なる大逆転』より

西洋の古典的な映画では、だれが悪い奴かは必ず分かる。なぜなら彼らは黒い帽子をかぶっているからだ。ダース・ベイダーの黒いヘルメットは、彼が邪悪な存在であることを警告しているのだ。しかし、ハリー・ポッターの物語では、良い魔法使いも悪い魔法使いも黒い帽子をかぶっている。マジシャンや金融のイカサマ師は、自分たちの不思議な能力に対する不信を一時停止させ、人々に幻想を作り出す。よくよく見てみれば、マジックや詐欺は不思議な出来事ではなく、ある行動から別のそれへと視点をそらせていることが分かる。つまり、詐欺は証拠を注意深く検証しても、無実の傍観者が容疑者となる推理小説なのである。

悪い奴らにはそれと分かる共通点があるが、困ったことに罪なき人々にもそれが見られるのだ。統計的には、検証の誤り率が母数における頻度よりも大きいと、ノイズがシグナルを圧倒してしまう。不正を検証しようとすることは極めて雑音の多いものなのだ。例えば、五〇〇件のうち不正が一件あり、検証の誤り率が二％だとすると、一人の悪者に対して九・九八（四九九×〇・〇二）の誤検知が現れることになる。この場合、検証は信頼に足るものではないので、私は別の理由から期待外れの投資になると考えるものだけを除外することにしている。例えば、常に外部からの資金調達を必要としている企業では不正のリスクが大きくなるが、私がそれらを避けるのは資金調達による希薄化のためである。

善意や罪悪感から小さなウソをついたのではないとしたら、そこには不正の影がちらつくことが分かるであろう。長年にわたり投資に携わってきた私はいくつもの問題を目にしてきたが、そのことで人間の性格についてさらに深く考えさせられた。手段や動機、そして機会が犯罪を見破る伝統的な手がかりであるが、金融の場合、不正の三角形はプレッシャーと機会と正当化になる。

すぎる過信

フィデリティで共に働いてきた何百人ものアナリストやファンドマネジャーのうち、退社後に新聞沙汰になった悪党はたった一人、フロリアン・ホムだけである。ホムがフィデリティ・ボストンを去ったのは四半世紀以上前のことになるが、彼が不正を働いたとされるのはそれから二〇年以上あとになってからである。ホムのオフィスは私の隣にあったので、お互いよく知っていた。当時、私は彼を優秀で、ちょっと変わったヨーロッパのプレイボーイだとは思っていたが、詐欺師だとは思わなかった。その後の出来事はすべて公衆の知るところであり、ホムの自伝『ロウグ・ファイナンシャー（Rogue Financier）』に詳しい。ホムは人間離れしており、ほとんどスーパーマンであった。身長は二メートルを超え、がっしりしており、ハーバード大学とハーバード・ビジネス・スクールを卒業、ドイツのナショナル・バスケットボール・リーグでプレーをし、不作法で、それでいて愛想が良い。彼は着任と同時にファンドの運用を任された（私は資金を預かるまでに三年かかった）。これらの性格がトラブルの元となったとは思わない。

　だが、ホムが後に悪さをしたとしても私はまったく驚かなかった。彼のように自信過剰で、才能あふれる性格の持ち主はおかしな振る舞いをすることが多かったのだ。ホムは超が付くほどアクティブで、スリルを求めていたので、イチかバチかの賭けに出ようとする可能性が高かった。さらに、カリスマ性のある詐欺師には常に規則が適用されるとは限らない。概して、カリスマ性のあるリーダーの魅力と危うさは、人々に自分たちだけでは行わないような行動を取らせることになる。

　ホムの容疑は、欲が動機となったものであることは明らかだが、それ以上に重大な問題がある。成功に対する過大なインセンティブを含め、誤ったインセンティブがプレッシャーを生み出し、間違った行動を引き起こすのである。フィデリティで働いていたとき、彼は小さめのファンドを運用しており、手数料も資産に対して〇・五五％ほどであった。彼の報酬はその手数料から支払われていたのであろうが、手数料を直接手にするわけではない。不正を行う経済的動機が生まれたのは数年後、二〇〇四年に彼がアブソルート・キャピタル・マネジメントというヘッジファンドの運用会社を共同で創業したときで、同社はピーク時に三〇億ドルの資産を運用していた。ヘッジファンドは通常、資産の二％の手数料を徴収するので、年に六〇〇〇万ドルとなる計算である。さらに、ヘッジファンドは利益の二〇％を徴収するので、好調な年にはさらに大きな金額となるわけだ。アブソルート・キャピタルが運用するファンドのパフォーマンスは、ヨーロッパの金融新聞でも最上位に挙げられていた。この運用会社はまずロンドンで上場したが、ホムは大株主のままであった。二〇〇七年までにホムは、ドイツの長者番付上位三〇〇人に数えられ、その資産は四億ユーロと言われた。

たいていの場合、創業者と経営幹部がその企業の大株主であれば、利害は一致する。私には、経営幹部が大量のオプションを持ちながらも、それほど株式を保有していない場合のほうが心配である。エンロンでは、ケン・レイCEO（最高経営責任者）やほかの幹部たちは、直接保有している株式を上回るオプションを手にしていた。株式は上げ下げをするが、オプションには上げしかない。幹部がダウンサイドで損をしないのであれば、彼らは株価が大きく変動することに賭け、またそれを望むのだ。しかし、ホムの利害はファンドの受益者ではなく、運用会社のそれと一致していたのだ。受益者としては、ホムの利害はファンドに関係づけられるべきであるし、ファンドの受益者を第一とすべきである。

並外れたトラックレコードに対するプライドというと、欲に比べると動機としてはあいまいなように聞こえるが、ホムの場合は、それを維持するプレッシャーが大きかったように思う。ホムは逸材であり、単なる一流のヘッジファンドマネジャーではないのだ。彼は「金融界の反逆者」と呼ばれていたが、それはブレーマー・フルカンの売り崩しが、この造船会社の崩壊の引き金となったからである。彼は、ドイツ最大の「売春宿」であるアルテミスを共同所有していた。彼は、破産寸前だった人気のサッカーチームであるボルシア・ドルトムントを救った地元の英雄だったのだ。

不正な金儲けは、そう認識されるまでは何年でも、何十年でさえも続き得る。しかし、その後は二〇〇七年のホムがそうであったように、あっという間に、劇的に崩壊することがしばしばである。ＳＥＣ（米証券取引委員会）は、アブソルート・キャピタルでホムが運用していたファンドが相場操縦を行っていたと告発した。彼のファンドは、出来高の薄いペニー株を、時には第三者割り当てを通じて大量に取得していたのだが、これはホムが半分を所有していた証券会社であるハンター・ワールド・マーケッツを通じて行われることが多かった。その後、ホムはほぼ架空の取引によって価格をつり上げたり、単純に価格をマークアップしたりしていた。二〇〇六年や二〇〇七年の熱狂的な強気相場では、価格のつり上げは容易である。ファンドに資金が流入しているかぎり、急いで価格を引き下げることもないように思われる。ファンドマネジャーは新たな資金を使って株価をさらにつり上げることができる。もしくは、資金流入によって、暴騰した銘柄がファンドに占める割合を下げることにもなる。

二〇〇七年九月、株式市場は突如ぐらつき、ホムのファンドは厳しい数週間を過ごすことになる。ホムは、自身が保有するアブソルート・キャピタル・マネジメントの三三〇〇万ユーロの株式をファンドに寄贈し、ファンドの価値を下支えした。その後、ホムは突如姿を消すが、ファンドは五億三〇〇〇万ドル相当のペニー株を保有しており、それらの銘柄の取引のほとんどはアブソルートによるものであったことが明らかとなる。アブソルート・キャピタルは即座にホムのファンドの解約を停止する。ボゴタに逃亡し、ベネズエラで目撃され、その後数年間逃げ回った揚げ句、ホムはイタリアのフィレンツェにあるウフィツィ美術館で逮捕された。業とでもいうべきか、ホムの不正利得の一部はマドフのファンドに投じられていた。

金持ちマドフ

二〇〇〇年ごろ、私はボストンのファンドマネジャーであるハリー・マルコポロスに会った。彼は、盛んに喧伝されていたバーナード・マドフのリターンを再現しようとしていた。市場が振るわないなかでさえ、マドフのファンドは継続的に利益を上げていると噂されており、私は自らのファンドのパフォーマンスを向上させるべく、彼の投資戦略（私は合法的なものだと思い込んでいた）の再現に興味を抱いていた。しかし、マルコポロスは、マドフが悪質ないたずらをしていることを私に示したかったのだ。マドフの表面上の戦略はまったく無意味なものであったので、私は何も得るものがなかったわけで、マルコポロスが正しかったのである。彼は、あらゆる戦略と個別銘柄を用いてマドフのリターンを再現しようとしたが、それができなかったのだ。

マドフのファンドに関するあらゆる事柄が、正確な数字も含めて秘密のベールに包まれていた。投資家は、マドフクラブに入会するためには紹介が必要とされ、その後も、「フィーダーファンド」やファンド・オブ・ファンズを通じて間接的に投資するだけであった。顧客からこれだけ離れていると、彼らは自分たちが保有しているものが分からない。つまり、マドフは顧客から心理的距離を保つことができるともいえる。ほとんどの顧客は自分たちの口座に関するリポートを入手することができなかった。マドフは自身の取引を自分で決済しており、事実上、外部のカストディアンを利用していなかったのだ。

最終的に、マドフの事業は世界最大の詐欺であることが証明され、投資家たちは何十億ドルも失うことになる。マドフは業界の有名人であり、その後にＦＩＮＲＡ（金融取引業規制機構）となる自主規制機関であるＮＡＳＤ（全米証券業者協会）の会長でもあった。彼は、「ピンクシート」のマーケットメーカーをナスダックという電子取引市場へと転換させるのに一役買ってもいた。今や終身刑となったマドフは自分が法を超える存在だと考えていたのかもしれないと言ったら皮肉にすぎるだろうか。スキャンダルが表沙汰となる一年前の二〇〇七年一一月、マドフは「今日の環境下、規則を破るのはほとんど不可能だ」と言っていた。

マドフの詐欺が一九九〇年ごろに始まったのか、それ以前からなのかは不明である。マドフの証言からすると、達成不可能な期待に応えなければならないプレッシャーが原因となり、失敗を否定する手段として不正が始まったようである。彼は複雑なロング・ショートのポジションを構築したあとで、巨額の資金流出に直面したという話がある。マドフはロング側の銘柄を売却したが、投資銀行は彼がショート側のポジションを清算することを拒んだのだ。おそらく、ショート側で大きな損失を出していたのであろう。顧客たちは安定した大きな利益に慣れていたので、彼は損失を取り戻さなければならないと考えた。この場合、マドフが顧客を喜ばせ続けようとしたことがすべての発端だということになる。信じられないことに、実際はマドフを疑っていた投資家もいたが、彼らはやがて逃げ出せると考えていたという。

エンロンのパイプラインの夢

私は一度痛い目に遭っているので、エンロン株に乗り気になることはなかった。天然ガスの分野における新人としてエンロンに向き合った一九八七年を思い起こすことがよくある。ヒューストンのホテルで、私はフィデリティ・グロース・アンド・インカム・ファンドのファンドマネジャーであるベス・テラナの電話を受けた。彼女はエンロンがトレードで一億四〇〇〇万ドルの損失を出したと発表したことに怒り狂っていたが、私には状況が把握できなかった。当時、アナリストたちにはインターネットもなければ、携帯電話すらなかったのである。私はエンロンに電話をかけたが、折り返されることはなかった。

会議の場で、トレードによる損失の詳細に驚いたことを覚えている。エンロンのCFO（最高財務責任者）は、同社のトレーダーが原油取引で壊滅的な損失を出したばかりか、資金を流用していたことも認めたのだ。損失が発生したのは九カ月前であり、一〇億ドルにもなったが、すぐに抑えられたと彼は言う。もしエンロンがこの不適切な行動をもっと早く公表していたら、取引の解消にさらに大きな費用がかかり、借入契約条項に抵触していたかもしれない。エンロンが損失を出したトレードを解消し、原油のトレードデスクを閉鎖する一方で、その損失は市場を反映したものなのか、最終的な金額（損失）が判明するまで先送りしていたのかが議論の的になった。おそらく、一〇億ドルもの損失を取り返すことはできないので、より大きな不正が行われた可能性がある。それ以上にあり得ることとして、経営陣は会計処理の可能性に目を向けたはずである。

私はその日、何人かの幹部と面会した。ケネス・レイCEOは博士号を持っており、エネルギー業界では珍しい存在であった。リッチ・キンダーCOO（最高執行責任者）は「ドクター・

ディシプリン」とも呼ばれ、極めて優秀そうであった。天然ガスのトレードデスクで、私は管理手法と取引限度額について質問したが、彼らはリスクの均衡はとれていると主張する。天然ガスの価格規制が解消されたことで、トレードと裁定取引の機会が生まれたのだ。私は、これによってエンロンが規制の対象となる活動と対象外の活動とのコストをごちゃ混ぜにするチャンスも生まれたのではないかと思った。だが、天然ガスのトレードデスクはほかのデスクと同じで、電話とコンピューター画面があり、自信満々の積極的な男たちによって占められていた。それでも私は多額の負債を抱え、特別勘定も多く、ＲＯＥ（自己資本利益率）も冴えない同社がいまやトレードによる多額の損失を出したことを理解した。エンロン株は一九八七年一〇月に三〇％下落したが、その月に株式市場が暴落したため、スキャンダルは二〇〇一年まで忘れ去られることになる。

エンロンを破綻に追い込んだ不正の発端ははっきりしないままであるが、二〇〇一年に会計基準を変更し、エネルギーのトレーダーが取得価格ではなく、時価でポジションを評価することを可能にしたことが原因かもしれない。エンロンとアーサー・アンダーセンはこの処理に関してロビー活動をしていたので、すでに不正のスキームは進行していたとも思われる。少なくとも、新たな会計処理によって、その後のごまかしが可能となったのだ。別の話として、一九九六年にリッチ・キンダーがエンロンを去り、ハーバード・ビジネス・スクールの卒業生で、エンロン・ファイナンスの元会長であり、当時はエンロン・ガス・サービシーズの会長を務めていたジェフ・スキリングがその後を継いだことで、エンロンの金融やトレード事業が膨れ上がったのだと言われている。エンロンの営業キャッシュフローはマイナスとなったが、それまで以上に会社の売り込みに躍起となった。アナリストやリポーターたちは、エンロンを称賛するストーリーを作り始めた。フォーチュン誌はエンロンを「全米で最もイノベーティブな企業」と呼び、経営の質について同社を一位にランクしたのである。

企業が売り込みに躍起になるのは悪い報せであるが、それは不正が行われている可能性が高いからということではない。売り込みが激しいということは、たいていの場合、資金繰りが切迫していることを示唆するのだ。バリュー投資家として私が忌避しているのは、投資家が上昇を確信すると、株価が割高になることである。大きな会計問題で名前が挙がるほとんどの企業の株式は、過大なマルチプルで取引されている。エンロンのＰＥＲ（株価収益率）は一九九〇年代のほとんどが二〇倍を上回る程度であったが、ピーク時には七〇倍にもなっていた。トレード事業がなければ、一五％とするエンロンの利益成長目標などお笑い草であったろう。エンロンの株価は停滞していた。一九九〇年代、アメリカの天然ガス生産は増大したが、二〇年前に達成したピーク時の水準に戻ることはなかった。エンロンのトレード事業の利益率はごくわずかであり、一九九六年から二〇〇〇年までに売上高は一三〇億ドルから一〇一〇億ドルと八倍になったにもかかわらず、公表された一株当たり利益はたった四％増大したにすぎなかった。

今になって思えば、エンロンで反対意見が抑えられていたことが、危機が進行している明白な兆しであったのだ。一九九八年初頭、私はライバル企業のアナリストである「スカーレット」から涙ながらの電話をもらった。エンロンは、彼女の上司である調査部長に電話をかけ、彼女がエンロンをカバーすることを外し、解雇するよう迫ったのだ。彼女は別の職を得たが、電話は盗聴され、尾行もされていると訴えていた。同様に、メリルリンチの思慮深き天然ガスアナリストであったジョン・オルソンは、エンロンの熱狂的応援団ではなかった。一九九八年、エンロンはメリルリンチを投資銀行業務の取引から追いだすことで仕返しをする。オルソンはメリルリンチを「早期退職」することに合意した。カンファレンスコールから追いだされたり、質問することを禁止されたアナリストもいた。有名な話だが、ジェフ・スキリングはとあるカンファレンスコールでアナリストのリチャード・グルブマンを「くそ野郎」と呼んだのである。

これらの出来事は、従業員を強制的にランク付けし、毎年下位一五％を解雇するエンロンのやり方に異なる光を投じるものである。それほど多くの人々がクビにならなければならないのであれば、エンロンは適切な人物を採用することがまるでできていないことになる。チームは協力して働かなければならず、また人事上の判断が主観的・政治的なものとなるのは避けられないが、強制的にランク付けすることで、それが恐怖を与えるまでになるのだ。勝者に対してエンロンは特別目的会社の株式やストックオプションなど、これまでの公益事業では想像もできないような報酬を与えた。

エンロンが破綻すると、多くの下品な振る舞いが明るみに出た。クリフ・バクスター副会長を含むエンロンの上級幹部たちが、大量の株式を投げ売りする一方で、下級職員たちの年金基金は売却を制限され、また、含み益も霧散してしまった。議会証言の直前、バクスターは自殺している。

アーサー・アンダーセンはエンロンの粉飾決算ではわき役を演じたが、同社自体にも誤った行動を起こすインセンティブと機会とがあった。私がビジネススクールに通っていたころ、アーサー・アンダーセン、とりわけ同社のコンサルティング部門は給料も良く、先進的で、規律ある会社だと考えられていた。一九五〇年代始め、同社はゼネラル・エレクトリック向けにユニバックコンピューターを利用した給与管理システムを開発した。これが、コンピューターによるシステムインテグレーションという産業を生み出すことになる。六〇年代、アーサー・アンダーセンでは、金融系のシステムインテグレーション事業が会計監査業務を大きく上回る成功を収めることになる。

コンサルティング部門の成功は、アーサー・アンダーセンに動機と機会とを与えた。エンロンの監査人およびコンサルタントであるアンダーセンは、一つの部門が別の部門の仕事の価値を確認するというあいまいな立場に立たされることになる。そのうえ、エンロンは内部監査機能をアンダーセンにアウトソースしていたのだ。通常は企業が財務諸表を作成し、内部でその監査を行い、その後、外部の監査人が見直すのである。テストで自己採点をすれば、満点が多くなるのも当然である。

コンサルティングは、時間当たりの費用が高額で、監査業務よりもその市場は大きなものであった。例えば、一九九一年から一九九七年、ウェイスト・マネジメントがアンダーセンのコンサルティング業務に支払った金額は監査に対するそれの二倍以上に上った。ある役員は三〇〇万ドルのコンサルティングプロジェクトを「無駄」と呼んだが、その言葉は二度と使われなかった。アンダーセンはウェイスト・マネジメントの偽装を発見したとき、同社の公認会計士はそのことをウェイスト・マネジメントの役員会には報告せず、代わりに監査人たちが不正行為を隠す手伝いをしたのである。

二〇〇一年、エンロンはアンダーセンに対し、コンサルティング料として二七〇〇万ドル、監査費用として二五〇〇万ドルを支払っていたので、ウェイスト・マネジメントの場合ほど偏ったものではなかった。しかし、アンダーセンはエンロンが一億ドルの顧客になり得ると考えていたのだ。監査費用も極めて高額で、おそらくはあらゆる点で何倍もの規模になるエクソンモービルのケースを上回っていたであろう。私は、エンロンの複雑な組織構造と特別目的会社の利用によって、監査業務には多大な時間が要されたと推測しているが、さもなければ、口止め料であろうか。

監査人とシステムインテグレーターは異なる倫理規範のもとで働いている。私は、アンダーセンのコンサルティング事業がプロフィットセンターとして成長するにつれて、コンサルティングにおける行動規範が監査におけるそれを凌駕していったのではないかと思っている。監査人やファンドマネジャーは大衆の信頼を得る立場にあるが、彼らも商売である。だが、責務を利益に優先させ、社会に対する責任を顧客に対するそれに優先させなければならない。ほかの企業と同様に、売り込みは必要ではあるが、顧客がプロフェッショナルはけっして口約束はしないことを期待しているということもあるので、控え目であることを求められるのだ。しかし、アンダーセンのＣＥＯは同社のパートナーたちに積極的に売り込み、クロスセールスを増やすよう駆り立てていたのだ。これは、コンサルティング部門にとっては正しいアプローチである。やがて、コンサルティング事業は監査業務から隔離されるようになり、アクセンチュアと改名されることになる。

私が神経質になる六つのこと

1．事業を継続するためにウソをつかなければならない企業

苦境にある企業や多額の負債を抱えた企業は、真実を明らかにしたくないものである。問題の度合いが明らかとなってしまえば、銀行の管理下に置かれてしまうかもしれないからだ。資金調達をしても、十分な資金が集まらないであろう。また、そのような企業は買収されやすくなる。社員たちのモラルも下がり、彼らは履歴書の配布を始めるだろう。納入業者が製品の供給を取りやめるかもしれないが、そのことが窮状をさらに悪化させかねない。

企業がつくウソはいくつかの面から正当化できる。企業を売却しなければならないとして、困ったうえでのオークションということが明らかとなれば、銀行や株主が回収できる資金も減ってしまう。そこで、買い手には何も語らないほうがよいということになる。また、企業の問題を解決する能力のある経営幹部を引きつけることも難しくなるであろう。罪なきウソをついたほうがすべての者にとって良いということもあるのだ。

2. 小さな監査法人

金融犯罪では、通常の規制やクロスチェック、監査と職掌の分離といったことが働かなくなることでその機会が生まれる。外部監査人は外部の投資家や債権者たちを守るために存在するが、不正を絶対確実に見つけることができるわけではない。監査人は、自分たちが評価している企業から報酬を受け取っている。財務諸表は企業が作成しているのであり、監査人たちは彼らの協力や内部管理に頼ることになる。有名な会計事務所を利用しているからといって、企業に不正がないことが保証されるわけではない。アーンスト・アンド・ヤングはアブソルート・キャピタル・マネジメントの監査を行っていたが、限定意見を発することは一度もなかった。エンロンはアーサー・アンダーセンを利用していたが、同社は解散するまで五大監査法人の一つであった。アーサー・アンダーセンにとってエンロンの問題は致命的な打撃となり、ウェイスト・マネジメントやワールドコムに対する監査も厳しい批判にさらされることになる。しかし、マドフがフライリング・アンド・ホロウィッツを雇ったことはレッドカードである。この会計事務所はたった一人の会計士によって運営され、一五年にわたり監査を行っていなかったことを証言している。

3．社内取締役会

監督不行き届きの責任は企業の取締役会に帰するものである。原理上、優れた取締役会は、聡明で、自律的な思考を持ち、彼ら自身が多額の株式を保有しているのであるから、株主の利害に従って行動するものである。取締役の保有株数は企業の委任状に記載されているが、彼らの専門性や独立性は履歴書を見なければ分からない。取締役のほとんどが企業の幹部であったり、その仲間であるとしたら、それは「社内取締役会」だということだ。つまり、監視の目が経営陣から分離されていないということである。

株主にとっては、社内取締役会がほとんど株式を保有していない場合が最悪の組み合わせとなる。独立性を測る一つの方法として、ＣＥＯの報酬を、似たような企業のＣＥＯのそれと比較してみればよい。そのＣＥＯが比較対象としたＣＥＯよりも多額の報酬をもらっているとしたら、その取締役会はおそらく社内取締役会である。幹部の報酬を監督していない取締役会が財務を管理できるわけがないのである。

4．華やかなロールアップ

人気のある成長の早い業界は資本をがぶ飲みするが、そのことが不正の可能性を開くことになる。事業が急速に変化すると、拡大計画がけっして利益をもたらさないことを証明することができなくなる。合併買収によって、企業は急激に大きくなるだけでなく、数字を管理することができなくなる。エンロン、ヘルスサウス、クエスト、ウェイスト・マネジメント、タイコー、サンビーム、ワールドコムといった非金融系企業による最大規模の不正会計を見てみればよい。これらすべての企業が業績を水増ししていたのだ。次の第12章で見るとおり、それらのなかには、容易に発見できるものもある。そのような場合、企業の10－K年次報告書に掲載されている財務諸表を見れば、実態をより良く見せようと「調整した」数字よりも正確な情報が得られる。そのような変化の速いロールアップ企業に関しては、進行しているすべてのことを把握し続けることが難しいのである。

5．金融機関

金融機関は、他人のお金に手を付けたいと思っている詐欺師どもにとっては格好の場所である。顧客たちは日常的に銀行やブローカーたちに資金を預ける。一〇億ドルの自己資本に対して、たいていの銀行は一〇〇億ドルを超える預金を持ち、貸し付けを行っている。貸し付けや投資に関する電子記録は実物資産ではなく、ほかの電子記録または書面に対応している。たとえ会計士が貸し付けに対する実物担保を確認するにしても、彼らには抵当権や契約書の内容を知る必要があるのだ。たいていの場合、これらの資料は社外秘である。このようなあいまいさと、他人のお金という組み合わせが、最大規模の不正の多くが金融機関を巻き込んだものとなる理由である。

6．陽光降り注ぐ天国

フロリダのような暖かく、日当たりの良い地域は、やたらと怪しげな営業スキームを引きつけるものである。裕福な引退層は多額の投資資金を持っており、現役を退いてからしばらく経つので、デューデリジェンスもおろそかになりがちである。彼らこそ格好のターゲットであり、とりわけ金融詐欺では、犠牲者はこのような社会的階層や人口層に絞られるのだ。マドフは同じユダヤ系のグループを対象とすることで、目立つことを避け、情報開示の必要性も下げ、自らの神秘的雰囲気を高めていたのである。

美しい海岸と低い税率に加え、フロリダには何千万ドルもの価値を持つマンションでさえ、債権者から守ることが可能となるホームステッド法がある。ホームステッド法には、財政状態の安定しない人々の資産を隠してきた長い歴史がある。フロリダの住宅保有者は、フロリダで別の住宅を買う意向を示しているかぎり、不動産を売却し、現金を保全することができるのである。

ケイマン諸島やバハマ、バミューダ、キプロスなどの場所は後ろ暗い人々の楽園である。フロリダ同様に、これらの法域にも美しい海岸があるが、租税や法令を回避しようとする者たちにとってはより魅力的な場所である。これらの場所は、私がホームレス企業とか放浪者と呼ぶ者たちを引きつける。例えば、放浪者は資産のほとんどが中国にあり、オフィスのほとんどは香港に、また英領バージン諸島に登記上の住所があり、オランダ領アンティル諸島に財団を持ち、株式はアメリカでだけ公開されているといった具合である。

多くの企業がタックスヘイブンに設立されているが、さもなければ違法の存在となる。例えば、システムインテグレーターのアクセンチュアはアイルランドで設立されているが、事業はスイスで差配され、ほとんどの収益はアメリカで上げているといった具合である。ホームレス企業は「法廷地あさり」をするもので、証券関連法や会計法規が最も緩い場所を探しているのだ。詐欺の場合、とりわけ運用者があらかじめ自らの法的住所を犯罪者引き渡し条約を締結していないタックスヘイブンに移していたりすると、法的対抗手段はなくなってしまうのだ。

手段と動機と機会とが示されたとしても、検察はその証券詐欺が故意に行われたものであることを証明しなければならない。読心術者でもなければ、心の状態をはっきりと証明することなどできない。「合理的疑いの余地なく」ということですら難しいのだ。ビジネスにおける災難は詐欺と密接に関係していることが多いが、愚考や無知や不運が弁護となることも頻繁に見かける。エンロンの経営幹部たちは、「法廷で最も優秀な人物」と目されていたので、陪審員団は愚かさという理由は取り合わないであろう。ＣＥＯのレイは自らは何も知らないと主張し、すべての悪事は部下たちがやったことだと示唆した。不運であることが誠実な弁護ともなり得る。同時期にいくつかのエネルギー商社が破綻したが、それらすべての問題の原因に詐欺があるとはされなかった。ダイナジー、ミラント、アクイラなどいくつかの企業がエネルギーのトレードで壊滅的な損失を出し、事業を撤退していた。エンロンは、危険をはらんだ事業であり、破産は起こるべくして起こったと真摯に主張することもできたのだ。

積極的な取引を行うことは必ずしも違法ではない。それでも私は、ロン・ペレルマンのような人物との投資には用心している。二〇一一年、ペレルマンは、自身はまったく保有していなかったＭ＆Ｆワールドワイドの株式を一株当たり二五ドルで買収すると申し出た。この価格は、甘草エキスと銀行小切手の印刷機を製造していた同社のＰＥＲに換算すると四倍に等しい金額である。同社は株式を四五ドルで自社株買いをしたが、株価はやがて六七ドルの高値を付けることになる。社外取締役や少数株主の大半が二五ドルを公平な価格だとした理由は私には分からない。億万長者のカール・アイカーンはペレルマンを評して次のように述べている。「彼は、あなたから資金を借りて事業を始めた配管工だと思えばよい。その後、彼がやって来て、あなたの家を破壊し、そしてこう言うのだ。この家をただでくれ、と」（ニューヨーク・タイムズ一九九八年）

災難は避けられる

だまされることを避けようとすれば、本当に優れた機会を見逃すことにもなる。エンロンの株価は破綻前には急騰していたのだ。何を選択するかは、突き詰めれば気質の問題となる。どれほど怪しげなものでも、急騰する銘柄を見逃すことに我慢がならない人々もいる。私は、焦って取り返しのつかないような損失を出す可能性を避けたいと思っている。経営者に前科があったり、投資家をだました過去があったり、さらには彼らが自らは法の埒外にあると考えているとしたら、私はその場で立ち止まる。詐欺師が急に受託者の義務に目覚めることなどないのだ。ある証拠が悪人の存在を指し示すものであるかどうか分からないときには、私はその証拠を投資におけるほかの欠陥をほのめかすものとしてとらえる。人気があり、急騰している銘柄では不正が行われている可能性が高いが、私がそれらの銘柄を避けるのは、ほとんどの場合は割高であり、また継続して資金調達が行われる傾向にあるからである。たとえ不正が行われていなくても、企業構造が複雑だと分析が難しくなる。

悪い奴らを見いだすためには、プレッシャーと機会と正当化という詐欺の三角形を探せばよい。哲学者のハンナ・アーレントは正しくも「ほとんどの悪事は、善良であるとか邪悪であるといった自覚のない人々によってなされている」と指摘している。多額のオプションや手数料によって人々が一生懸命になる姿を観察すればよい。聴衆がだれかの魔法のような力を信じているときは、プライドが主たる動機になるのだ。カリスマ性のある人物は、彼がしたいと思っていることを妨げる取締役会や監査人や批判者を抑えつけようとすることが多い。そのような人物は、資金が豊富で、調査や説明責任がほとんどない業界や地域に群れ集まるのである。緩い会計基準もまた麻薬となる。だれかが懸命に推奨しているものを買ってはならない。悪い奴らの株式とその一覧を避けることで、私は壊滅的な結果となる可能性を小さくしているが、そうすることで投資機会が減るということはほとんどない。

第12章 送りつけられたレンガと会計の謎

「他者が自分の成果を判断するために必要となる情報をすべて提供するということであり、特定の方向に判断を導こうとする情報だけではないということである」――リチャード・ファインマン

事業の失敗や破綻が日常茶飯事である一方、詐欺はまれにしか発生しないが、それらの動機と会計上の危険信号は同じものである。マイナスのフリーキャッシュフローと売掛金と在庫と無形資産の急増は、利益の改竄に共通して見られる兆候である。詐欺が行われていない場合でも、売掛金や在庫が増大しているということは、企業の売り上げが目標に達していないことを示唆している。脚注を読まなければ虚偽を発見できない場合もあるが、何も自ら大変な思いをすることはない。危険を避けるために、会計の謎を解明する必要などない。ただ、警告を見いだしさえすればよいのである。最も恐ろしい危険信号はディスクロージャーが膨大なものであっても、まったく理解不能なものであることである。

いかなる数字も、ひとたび会計数値となるや、粉飾が始まる。会計数字は注目の的であり、け

っして期待を裏切ることがあってはならない。ほとんどの公開企業にとって、非ＧＡＡＰ（一般に公正妥当と認められた会計原則）、つまり一般に公正妥当と認められていない一株当たり利益が操作される。多額の負債を抱える企業の場合、調整済みのＥＢＩＴＤＡ（利払い前・税引き前・減価償却前利益）が対象となることが一般的である。しかし、インターネット企業のページビューですら、操作の対象となり得るのだ。

データポイントはスナップショットにすぎない。投資家はその動きに気を払うべきである。とある数値が単なる合計値であっても、ほとんどの場合、そこから差し引かれた数字もあり、それこそがトレーダーたちが気にしているものである。純利益は一連のプラスとマイナスの結果であるが、時にはかけたり、割ったりされていることもある。その過程で、多くの推定値や概算が計算に組み込まれることになるが、それには正しいものも、間違えたものもある。マジシャンたちは「調整済みＥＢＩＴＤＡ」のような呪文を繰り返すことで、自らの都合の良い点に注意をそらすことができることを知っているのだ。

優れた探偵は、会計数値とは異なる点に注意を向け、他者がほとんど気づくことのない手がかりに注目する。会計は複式簿記によって行われるので、疑わしい入力値はそれを相殺する数字でつり合いを取らなければならない。架空の利益は、過大評価された資産と対になる。さらに、三つの財務諸表（損益計算書［ＰＬ］、キャッシュフロー計算書［ＣＳ］、貸借対照表［ＢＳ］）のうちの一つが改竄されると、その痕跡が残りの二つに現れるのだ。仮に企業が主要な数字を不正に操作しているとしても、すべては算術的につじつまが合うはずなのである。「非GAAP」や「調整済みデータ」に関して議論するにしても、GAAPに基づいたリポートを見ればよい。純利益に焦点を当てるのであれば、貸借対照表に計上された在庫や売掛金といった科目を検証すればよい。また、脚注に紛れ込んでいるので見逃してしまう手がかりもある。

財務諸表に目を通す者たちは主に三つに分類される。納入業者、資金の貸し手、そして株主である。それぞれのグループが見ている安全性のサインは異なるものである。顧客や納入業者はその企業と事業を行うことは安全なのかどうかを知りたがる。自分たちが注文した商品は速やかに提供されるのか、または代金は速やかに支払われるのかということである。資金の貸し手にとっては支払い能力と流動性のほうが重要である。企業が将来の支払義務のすべてを満たすだけの十分な資産やキャッシュフローを持っているかどうかということである。株主は所有者として手にする価値はどれほどか、自分たちの投資の安全性を担保する資産があるかどうかを知りたがる。投資家が流動性や支払い能力を気にかけるのは、それらの指標が株主の取り分があまり残されていないことを示唆しているときだけとなる傾向がある。三つの異なる層が同じ事柄を同じように解釈することはまれである（競合他社も必ず財務諸表に目を通している）。

不正はこれら三つのグループのすべて、またはどれかを狙って行われる。問題を抱える小売業者は納入業者に最新の商品を提供させ続けるために、現金資産を水増しするかもしれない。資金の貸し手は、EBITDAが増大している企業に貸し付けをしたがるものである。EBIT

ＤＡ有利子負債倍率がある水準を超えたり、純資産がある一定額を下回ると、借入契約条項に抵触する場合が多い。ほとんどの経営幹部にとっては、株価に関連づけられることが最も強力なインセンティブとなる。四半期の業績が期待外れなものとなると、株価は下落し、資本調達計画と経営陣の資産とを台無しにしてしまう。一つのウソがさらなるウソを生み出し、不正の網がやがてはすべての層に向けて張り巡らされることが多いのだ。

ＦＡＳＢ（米財務会計基準審議会）は、企業が会計原則を選択することを認めているが、そのことで異なる結果が生み出される。例えば、石油業界では成功原価法のほうが、全部原価法よりも保守的であると考えられている。石油会社が無出油井を掘っている場合、全部原価法ではその費用が貸借対照表上で資産として計上されるので、利益に影響を及ぼさない。成功原価法では、石油会社は無出油井にかかるコストは費用として処理し、原油が発見された場合に限って資産計上するのだ。

会計原則の選択に関するもうひとつの例として、投資有価証券を二つの科目のうちどちらに分類するかという問題がある。つまり、満期まで保有する（簿価で計上される）のか、売買目的（時価評価される）かということである。どちらの方法がより保守的かということはない。市場が上昇していれば、時価は簿価を上回ることになるので、満期保有の有価証券は過少に計上されることになるが、市場が下落していれば、時価評価をすることがより保守的となる。投資を都合良く再分類することはけっして保守的ではないのだ。

倫理観のないイノベーターたちは常に新たな会計操作の手法を生み出そうとしているが、私は四つの標準的なカテゴリーに焦点を当てている。つまり、①売り上げの計上が早すぎる、②収益を捏造している、③費用を将来（または過去に）に繰り延べている、④負債を公表しない――という具合である。最初の二つに関しては、売掛金の回転日数が長いか、長くなっていることが警鐘となる。販売すると、通常は現金が回収されるまで売掛金として計上される。顧客が購入を完全に約する前に売り上げが計上されたり、不確実性が高かったり、将来にサービスを提供する義務がある場合にも売り上げとして計上されてしまう場合がある。売り上げがまったくのウソでないならば、企業は為替差益やリベートや資産売却といった本来売り上げとはならない取引を、不正に売り上げとすることで収益を改竄するのだ。

企業はいくつかのトリックを用いて費用を将来に繰り延べることができる。彼らは、当期の費用を無視することができるが、請求書をクローゼットに隠しておく効果は短期的なものである。たとえ外部監査人がそれを見つけることがなくても、債権者が見つけるだろう。ワールドコムやアメリカン・イタリアン・パスタは当期の営業費用を資産計上し、長期にわたって償却しようとした。ウェイスト・マネジメントは大型ごみ容器やごみ収集車の耐用年数を長くすることで、減価償却費を低減させたのだ。タイコーは買収を行うと、将来に特定の費用を無視することが可能となる剰余金を創出した。費用を損益計算書に反映させるのではなく、剰余金と相殺するので、買収された事業では利益が急に増大するのである。

不正のうち最も不誠実なのが、負債を公表しないことである。隠された負債のヒントが財務諸表にあるとすれば、それは脚注に紛れ込んでいるであろう。エンロンは何十億ドルもの負債を特定目的会社に隠したが、脚注を読んでもその全容を明らかにすることはできなかった。脚注に不正が隠されている場合、リース契約やフォワードコミットメントや退職給付制度といった項目が最も一般的なものとなる。しかし、脚注に多くのページが割かれており、私自身、株式を保有していないのであれば、私はその企業は何かを隠そうとしていると結論づけ、その場を離れるのだ。

けっして返済されないイージークレジット

多額の在庫と売掛金を見れば、たとえそれが犯罪捜査にとって不正の手がかりとはならなくとも、フリードマンズ・ジュエラーズが売り上げを伸ばそうとしていることは明らかであった。フリードマンズは、主にアメリカ南東部の小さな町で、ウォルマートのそばにある小規模なショッピングセンターに店舗を構えることで、低所得者層を相手としていた。クレジットカードを保有できない顧客たちに対して、信用を提供することで売り上げを爆発的に増大させていたのである。ピーク時、フリードマンズは六八六の店舗を構え、二〇〇四年には全米で第三位の宝石店となった。店舗のマネジャーたちは、店舗の売り上げの増大や売掛金のポートフォリオの拡大やその回収度合いに応じて、ボーナスを手にしていたのだ。フリードマンズの利益のすべては在庫と売掛金に姿を変えていたので、同社の手元に現金はほとんど残らず、負債が増大していた。

フリードマンズの株価は五ドルから一〇ドルのレンジにあった。営業資本の純額は一〇ドルほどで、簿価は一四ドルであり、ＰＥＲ（株価収益率）は一桁であったので、統計的には割安株である。ほとんどの貴金属は回収され、金属価格かそれ以上で売却されるので、私は資産が同社の価値の下限となると考えた。フリードマンズは収益性があるので、同社の価値は時間とともに増大するはずである。しかし、フリードマンズの利益と営業資本、そして簿価はすべて虚偽であったのだが、フリーキャッシュフローが毎年のようにマイナスで、負債と発行済み株式総数が増大していたことがその手がかりとなった。

全米最大の宝石チェーンであるザーレスは顧客への信用供与に関する判断を本部が下している。フリードマンズはそれを店舗のマネジャーや営業マンたちに委ねていたが、だれも信用評価やその回収に関する正式な訓練を受けていなかった。つまり、彼らの仕事は売り上げ目標を達成することだけである。信用買いをする顧客たちは残金を店舗で支払うようけしかけられ、その場でまた別の商品を購入することになる。奇妙なことに、滞納している顧客がさらに信用買いができる場合もあった。顧客からの債権回収が滞るにつれ、フリードマンズは流動債権の定義を三〇日から九〇日に変更した。そして、滞納があっても、フリードマンズは債券の評価を下げようとしなかったのである。

最終的に、二〇〇三年にフリードマンズは九〇〇〇万ドル相当の不良債権を一五〇万ドルで売却したが、これは一ドルで例えれば二セントである。このわずかばかりの回収額は不当にも貸倒損失の相殺に充てられた。売掛金の経過期間を不正に算出するソフトウェアのバグなど、ほかの虚偽記載も明らかとなった。二〇〇四年、フリードマンズは破産申請を行う。株主はすべてを失い、一ドルに対して五〇セント未満しか回収できなかった債権者もいた。同社再建の試みも、二〇〇八年に二度目の破産を迎えることになった。

アロウの悪臭

困難な現状を粉飾していたフリードマンズと違い、私はアロウ・ヘルスケアが本物だったのかどうか、今でも分からない。アロウは医療品と香水の卸売業者であった。同社は「Ｎｅｔ－Ｎｅｔ」、つまり、流動資産（現金、在庫および売掛金）の純額が、すべての債務と時価総額よりも大きかったのである。投資家はフレグランス・カウンターというインターネットのスタートアップ企業を含めたアロウが持つその他の資産をただで手に入れているようなものである。二〇〇二年、アロウ株は七ドル程度で取引されていたが、これは一株当たり九ドルであった同社の簿価を下回るものである。また、ＰＥＲが八というのも魅力的であった。

二〇〇二年度、アロウは売り上げが五億六四〇〇万ドル、総利益が六三〇〇万ドル、純利益が六六〇万ドルと発表した。これは総利益率がたった一一％、純利益率が一・二％ということになる。卸売業では、売り上げを上げるために多額の資産を必要としないので、利益率が薄いことがよくある。在庫の回転率が高く、数日保有するだけであれば、利幅が薄くても投下資本に対しては大きなリターンをもたらすことになる。例えば、医薬品の流通大手であるカージナル・ヘルスの二〇一五年の総利益率は五・六％、純利益率は一・二％であり、在庫回転率は三三日、売掛金回転率は二一日であった。カージナルでは、利益率が低くとも、在庫回転率が高いので一九％という魅力的なＲＯＥ（自己資本利益率）を生み出していた。

一億八五〇〇万ドルというアロウの在庫は、回転率が一三五日ということになる。アロウは、医療品の在庫は香水よりも回転率は高いが、利益率が低いのだと述べていた。私はアロウのＣＦＯ（最高財務責任者）に香水の流行について尋ねたところ、有名ブランドやデザイナーの商品は自社の市場ではないとの回答を得た。私がさらに懸念したのは、回転率が低いということは古い香水は熱や光にさらされて劣化するということだ。香水の回転率が低いのは、それが極めて季節性のあるものであり、季節外れには大幅に割り引かれて販売されるからである。在庫が多い理由をよりよく理解するために、私は上場している香水メーカーにアロウのことを尋ねた。狭い世界であろうと思ったのである。しかし、さっぱり分からなかった。

企業が利益を上げているとしながらも、現金が流出しているとしたら、現金のほうを信じるべきである。アロウは純利益を上げていると発表していたにもかかわらず、二〇〇二年の同社の営業キャッシュフローは一七四〇万ドルのマイナスであった。その前の二年間でも、アロウは二五〇万ドルと七〇〇万ドルの純利益を上げていたが、それぞれ三四〇〇万ドルと二七〇〇万ドルの現金を費消していた。この三年間で、同社は三つの監査法人を利用している。マイヤー・リスプラー、アーサー・アンダーセン、そしてKPMGだ。より大きな監査法人に移行することはたいてい良いニュースではあるが、交代があまりに頻繁なのは悪いニュースである。経営陣は借入契約条項を懸念しているようであった。アロウはコングレス・ファイナンシャルとシティバンクの二社から二億ドルの与信枠を受けていた。フレグランス・カウンターの創業に投資家が沸き立っていたときでさえ、同社の時価総額はたった一億ドルであった。コングレス・ファイナンシャルとシティバンクはそれぞれアロウの時価総額と同額のイクスポージャーを持っていたことになる。

二〇〇二年九月二五日の夜半、ブルックリン近郊のウィリアムズバーグにあるアロウの倉庫で三つの警報器が鳴った。二四五人のニューヨーク市の消防士たちが対応したにもかかわらず、完全に鎮火したのはその日の午後であった。消防保安官は倉庫の四カ所で放火があったと結論した。保険会社は、アロウによる一億ドルの損害請求を棄却する。アロウの経営幹部たちは、調査報告を変更するように消防保安官を買収しようとしたが、消防士たちは警察に通報した。アロウは破産宣告をすることになる。株主たちは一掃され、債権者は一億七七〇〇万ドルを失ったのである。

送りつけられたレンガ

たいていの場合、企業は怪しげな在庫や売掛金から現金を絞り出すことはできないが、ミニスクライブは短期間ながらも現金を生み出す二つの巧妙なスキームを編み出した。このディスクドライブメーカーはＩＢＭという最大顧客を失って苦しんでいたのである。一九八七年に棚卸しをした際、ミニスクライブは公表されていた八五〇〇万ドルの在庫のうち、一五〇〇万ドルが不足していることを発見した。この差を埋めるために、ミニスクライブはコロラドの倉庫とシンガポールと香港の工場で、古くなった在庫のラベルを張り替えたり、再包装をし始める。三つの仮設の倉庫を流通業者の隣に開設した。製品にはバーコードがふられ、流通業者は受け取り次第、それを読みとり、すぐに支払いを行う。ミニスクライブはこの自動化された取引を悪用し、流通経路で不正を行ったのだ。つまり、発注されていない商品を流通業者に送りつけたのである。

一九八八年の終わりごろ、ミニスクライブはレンガをまるでディスクドライブかのように包装し、バーコードを付け、数週間後に査察を受けることになる倉庫へと送りつけた。ミニスクライブはこれに対する支払いを受けたあと、レンガをリコールし、ディスクドライブと置き換えたのである。ミニスクライブは一九八九年の後半にも再びレンガを送り、支払いを受けるやいなやリコールするつもりでいたようであるが、クリスマス前の大規模なレイオフによって、このレンガスキームに携わっていた多くの社員が会社を追われることになる。怒った従業員たちはこの話を地元紙に暴露し、レンガを送りつけられていた顧客は当局に報告した。一九九〇年、第一営業日の早朝、ミニスクライブは破産宣告を行った。

費用計上のタイミングをずらす

強欲なコングロマリットであるタイコー・インターナショナルはデニス・コズロフスキーCEOの下、GAAPの制限を拡大解釈し、当該期間を超えて費用を計上していた。タイコーは防火装置、セキュリティ監視サービス、電子機器、フロー制御装置、ヘルスケア製品などの事業に投資していた。タイコーは企業を買収すると、取得した有形資産を保守的に評価・計上し、在庫の陳腐化や製品保障費用、また不良債権への引き当てを増大させることで、できるかぎり低い水準まで評価替えを行っていたという。買収価格の大部分がのれん代またはほかの無形資産として計上された。投資家はこのリストラ費用やのれん代の償却を無視するのではなく、イエローカードとしてとらえるべきであったのだ。

この会計操作の影響として、タイコーは費用を当該期間から繰り延べることで、公表利益を増大させた。減価償却費は、資産や設備の簿価を低くすることで低減させていた。減価償却費を過少計上していることは、企業が使い古した設備を置き換えるために必要となる以上の減価償却を行っていることで明らかとなる場合が多いが、タイコーは取得するのではなく、リースすることで資本支出を隠したのである。とある部門の四半期業績が振るわないと、在庫を売却したり、売掛金を回収したり、またそれらに対する引当金を大きく戻し入れることで利益を計上したのだ。幸いにも、タイコーは悲惨な状況を隠そうとしたのではなく、型破りな方法で優れた事業をより優れたものに見せようとしていたのである。勇敢な投資家にとっては、経営陣に対する起訴状も、優れた投資機会を生み出すことになる。コズロフスキーは最終的に刑務所行きとなってしまった。これこそ「信念をもった投資」である。

偽りのＥＢＩＴＤＡ

ＥＢＩＴＤＡは操作できないと言う者もいるが、インチキ会社のワールドコムはＥＢＩＴＤＡと利益の双方を水増ししていた。ワールドコムは、不正にも回線費用の一部を資本設備の取得として処理していたのだ。回線費用とは、一つの電話会社が相手方の電話回線を保有していない場合に、電話をつなぐために相手側に支払う費用のことである。二〇〇〇年、ワールドコムは収益の四二％を回線費用として計上したが、一方ではるかに大きなネットワークを有する

AT&Tのその年の収益の半分を利用していたのだ。ワールドコムの実際の回線費用は同様の比率ではあったが、不当にもその費用を資産計上していたのである。二〇〇一年、長距離電話のサービスは厳しい競争にさらされており、ワールドコムは価格を切り下げ、その年の売り上げはおよそ一〇％減少した。同時に、二〇〇一年のワールドコムの実際の回線費用は一〇億ドル以上も増大したので、利益率が縮小してしまったのだ。

SEC（米証券取引委員会）に提出された調査リポートによると、二〇〇一年におけるワールドコムの実際の回線費用は公表されたものよりも三〇億ドルも多かった。このうち、二七億ドルが当期の回線費用として計上されるのではなく、建設仮勘定として資産化されていたのである。この金額は後に運転資産へと転換され、減価償却されることになる。実際に、費用は二〇〇一年には計上されず、減価償却費として長年にわたって発生することになるわけだ。回線費用は言うまでもなくサービスを提供するための費用であり、保有するいかなる設備とも対応しないので、資産計上されるべきではない。収益が減少していても、通信機器の総額は二〇〇一年に一八％も増大していたのだ。EBITDAは操作され得るが、ワールドコムの策略は増大する資産勘定と負債とに隠されていたのである。ワールドコムの長期負債は二〇〇〇年末の一七七億ドルから、二〇〇二年七月に破産申請するまでには四一〇億ドルまで拡大していたのである。

特定の費用を認識することができなかったことを公に認め、それは何が費用を構成するかということに関する見解の相違であると説明する企業もある。ほとんどの会計士が特定の原則や解釈を支持しているが、だからと言って少数派の意見が間違っているということではない。石油やガス（または科学的な）開発では、一連の失敗のうえに成功があることも真実なのである。そのことが、失敗した試みにかけた費用を当期の費用とせず資産として計上することを正当化するとは思わないが、そうしている企業もあり、またＦＡＳＢ（米財務会計基準審議会）もそれを認めているのである。石油やガス会社が異なる会計基準を用いているとしたら、それらを一緒くたに比較することはできず、同様の基準に従うサブグループとするしかない。

ＦＡＳＢは基準の採用にあたり、ある程度の裁量を認めているが、だれにとっても十分に緩いというわけではなく、そのことが非ＧＡＡＰ会計というサブカルチャーの繁栄に拍車をかけているのだ。名前には力があり、「実質利益」や「現金収入」という言葉には、ＧＡＡＰによる利益よりも洗練された趣がある。企業は自ら望む調整を提案し、ウォール街のアナリストたちはそれに従うのだ。ハイテク企業は従業員に対する報酬を株式やストックオプションとして支払った場合、その費用を負担するのかどうかと声高に議論している（優秀な従業員がただで仕事をするということだろうか）。無形資産の残存期間は明確ではなく、また変わるので、減損や評価損は本当の費用ではないと主張する者も多い。

インターネットのプロフェッショナルサービスを提供するマーチファーストのようなケースでは疑い深くなる。マーチファーストは、二〇〇〇年の最初の九カ月に、調整後ベースでは収益を上げていたが、その年は一株当たり六セントの損失を出したのだ。二〇〇〇年のGAAPに基づく損失は、一株当たり五三・二七ドルであった。GAAPに基づくこの巨額の損失を発表してから二カ月もたたずして、マーチファーストは破産申請を行ったのである。

実際に一度限りの損失であり、将来の便益と相殺される損失もある。借り手は利子率の高い借り入れを早期償還するためにはプレミアムを支払わなければならないが、その後は金利がより低いものとなる。従業員の解雇や工場の閉鎖では一時に現金を費消することになるが、その後は資金を節約できることになる。しかし、毎年巨額のリストラ費用を計上しながらも、約束の地に到達しそうにない企業についてはどのような結論を下すのだろうか。常に何かを買収し、リストラを行っているロールアップについてはどうだろうか。非GAAPの数値が、FASBが認めた数値よりも真実を示しているかどうかを判断するのは難しい問題となるのだ。

細かな文字に隠された負債

不正会計の最も邪悪な種が簿外債務であり、これは財務諸表にほとんどその痕跡を残さないのだ。それがあるとすれば、威圧的な脚注のなかにだけ発見することができる。確認すべき脚注としては、年金制度、キャピタルまたはオペレーティングリース、フォワードコミットメント、デリバティブ、そしてジョイントベンチャーなどがある。企業が有する簿外資産や債務は主に三つのタイプに分かれる。①連結対象でない法人、②未履行契約、③偶発債務──である。証券化された事業やジョイントベンチャーやレバレッジをかけたプロジェクトは、その債務が親会社に遡及されないかぎりは連結対象とならないのである。リースや先渡し購入契約は、双方がまだ自らの義務を果たしていない未履行契約となる。偶発事項には、訴訟、環境復旧、保証など現時点ではその責任が不確定であること、またはその額が確定し得ないことなどがある。

現金が負債を上回っている場合に企業が破産することはめったにないが、全米二位の家電量販店であるサーキット・シティは二〇〇八年にそのような事態となった。脚注を読み飛ばしていたとしたら、サーキット・シティの貸借対照表はまさに誤解を呼ぶものであった。二〇〇八年二月を末とする会計年度におけるサーキット・シティの監査済み財務諸表では、現金が二億九六〇〇万ドル、長期負債が五七〇〇万ドル、資本金は一五億三〇〇万ドルとなっていた。サーキット・シティは脚注で、四〇億ドルのオペレーティングリースの支払いを含めた五六億ドルに上る将来の支払い義務を公表していた。これら巨額の簿外債務のうち、六億三七〇〇万ドルは二〇〇九年度中に支払わなければならなかったのである。マイナスの営業キャッシュフローも考慮に入れれば、サーキット・シティが破綻した理由は明らかである。サーキット・シティのようなケースが原因となって、ＦＡＳＢはリースにかかる会計基準を改正したのだ。

二〇〇八年に倒産する直前、リーマン・ブラザーズは「レポ１０５」と呼ばれる会計処理を採用し、債権者や規制当局に貸借対照表（ＢＳ）をより健全に見せようとした。レポとは有価証券を売却し、後により高い価格で買い戻し、期中の配当や金利を支払うことを約した契約である。実際には、これは有価証券を担保とした短期の借り入れである。貸し手は法律上、担保である有価証券の所有者となり、有価証券の価値に対し、「ヘアカット」と呼ばれる最もクオリティの高い債券で通常一～二％の割り引きを行った価額を貸し付けるのである。この割り引きが、借り手がデフォルトを起こした場合の貸し手に対する保護となるわけだ。リーマンは二ドルを追加して、二％ヘアカットされた一〇〇ドルの有価証券を買い戻すことになる。その後、貸借対照表には債券として一〇〇ドル、買い戻し債務として九八ドルが計上される。世界的な金融危機の最中、金融機関はより多くの現金を保有し、また貸借対照表をより小さく見せたいと考えていたのだ。

五％超とヘアカットの大きい、より格付けの低い債券で、リーマンはレポ105の手法を用いたのである。リーマンはまたヘアカットが八％を超える株式でもこれを用いた。五％のヘアカットが行われた一億ドル相当の債券を買い戻すために、リーマンは五〇〇〇万ドルを追加支出しなければならない計算となる。同社はこれを五〇〇〇万ドル相当の先渡し契約として計上しようとした。買い戻し債務はリーマンの貸借対照表にはまったく計上されないことになる。リーマンは、このようにして何千億ドルもの債務を隠すことができたのだ。脚注を読んでも、これらの契約はまったく記載されていなかった。ほとんどの虚偽記載とは異なり、レポ105では公表される利益額は変わらなかったのである。

キティちゃんは何をしたの

エンロンの二〇〇〇年の10－K年次報告書を読んだとき、私は答えよりも多くの疑問を見いだすことになった。卸売りによる利益貢献は、一方で資産と投資に、もう一方でコモディティの販売とサービスとに分けられていた。私には「資産と投資」が経常的な事業だとは思えない。二〇〇〇年、資産と投資は金利税引き前で八億八九〇〇万ドルの収入をもたらしていたが、これはエンロン全体の利益の三分の一を上回るものである。また、コモディティの販売とサービスを含めた三億八一〇〇万ドルに上る証券化による利益が計上されていたが、そこにはホワイトウイングという同社が五〇％を保有する関係会社への売却が含まれていた。ＪＥＤＩとＪＥＤＩⅡという二つの関係会社から二億五五〇〇万ドルの利益がもたらされていた。利益が経常的な事業によるものか、コモディティのトレードによるものか、証券化か、または資産の売却によるものかを判別することは不可能であったのだ。

エンロンの貸借対照表は膨張し、投資とその他資産の合計は二三四億ドルにもなっていた。これは、同社の有形固定資産の二倍にもなる。連結対象外の関係会社に対する投資や前渡し金は合計五三億ドルである。一年後、価格リスク管理のための資産は二九億ドルから九〇億ドルに跳ね上がった。これらの投資を理解しようと、私は何百もの子会社やパートナーシップの一覧が掲載されている10－KのExhibit21を検証した。個々の活動に関する説明がなされていないので、私にはボディフラッシュ・ドットコムやマーリン・アクイジションが何をしているのか、またそれらの資産がどれほどなのかを知ることはできなかった。どの法人についても保有割合は掲載されていなかったが、ミス・キティ・LLCの名が繰り返し登場していた。

　エンロンの子会社の多くがミス・キティに少額の出資をしているので、同社の名前が何度も登場するのだろうと推測していた。エンロンは、自分たちがどの法人にどれだけ出資しているかを正確に公表することを避けたかったのだ。同様に、アトランティック・ウォーター・トラストという五〇％を出資する関係会社が、アズリックスの六八％を保有していたが、これはエンロンが三四％を保有していたことになる。二〇〇〇年、アズリックスはアルゼンチンに持つ水資源の価値を四億七〇〇〇万ドル引き下げ、これによりエンロンは三億二六〇〇万ドルの損失を被ることになるが、これは減損額の六九％に相当する。エンロンは寛大な投資家たちに損失は無視するようにけしかけ、年間の一株当たり利益を四〇セント増大させた。私には、エンロンが自分を証拠のなかに沈めようとしているように感じられたものである。私はエンロンがどのようにしてお金を稼ぎ、またどのような資産を保有しているかを知ろうとしていたのであるから、これら無関係な情報のすべてが無意味であった。

　人生はあまりに短く、苦悩にかまけている暇はない。選択対象となる銘柄は何千もあるのだ。脚注のささいな点を深掘りすることでキャリアを構築する投資家もいる。しかし、エンロン株を保有していないファンドマネジャーとして、私にはそれをする必要はなかったのだ。情報開示は素晴らしいことであるが、大量の情報を必要とする複雑な構造を持つ企業で幸運に恵まれたことはない。複雑な構造を持つ企業やあいまいな情報開示を行う企業が何かを隠そうとしていることは珍しくないのである。

脚注を巧妙に利用することはさておくとしても、在庫や売掛金が急激に増大している企業は問題を抱えている場合が多い。巨額の在庫や売掛金がごまかしを示すものでないとしても、それらは企業が売り上げを上げることに躍起となっていることを示しているのだ。投資や無形資産などの資産が増大していることも警鐘となることがあり、とりわけ企業が繰り返し買収を行っている場合はそれが顕著である。ワールドコムは、ＥＢＩＴＤＡが操作され得ることを示したが、同社の不正はマイナスとなったフリーキャッシュフローや負債の増大に現れてしまったのである。小売業に投資する者たちはリースに関する注記を検証すべきである。労働組合が組織されていない業界では、退職給付に関する注記が重要となる。脚注があまりに多すぎる場合、投資家はその企業からは離れるべきである。

第 4 部

長生きして豊かになろう

第13章　終焉は近いのか

「作品を通して不死身になりたいなどとは思わない。死なずにすむ不死身が欲しいんだよ」——ウッディ・アレン

人生ははかなく、また予想できないものであるが、事業となればそれもなおさらのことである。しかし、株式の価値を評価するときに、これを忘れてしまう者が多い。投資家はしばしば企業のライフスパン（または破綻までの期間）と確実性が持つ重要性を無視してしまう。利益や成長は心躍る話題であり、容易に定量化されるが、企業の失敗率や確実性は定量化されにくく、また気の滅入る問題である。しかし、これらすべてが株式の価値にとっては重要なのである。DCF（割引キャッシュフロー）法の公式に従えば、有価証券の価値は現在から終わりまでのフリーキャッシュフローの合計額を、公正なリターン率で割り引いたものとなる。もちろん、実際に分配されるフリーキャッシュフローである配当額を企業がもたらすキャッシュフローとして用いる者もいる。価値は、①収益性または収入、②ライフスパン、③成長、④確実性——の

四つの要素からなるわけだ。

ほかよりも優れた産業もある。それらは、収益がより大きく、ライフスパンがより長く、成長がより早く、また確実性がより高いものである。価値の要素はすべての産業において同じであるが、その水準はさまざまで、また組み合わせも異なる。次の四章では、確実性やライフスパンに関係するファクターに焦点を当てながら、その組み合わせのいくつかを検証していく。前もって記せば、確実性がより高く、景気変動の乏しい業界で活動する収益性の高い企業が、より長く存続する傾向にある。安価な非耐久消費財を扱う業界を除けば、確実性と急成長とが相伴うことはめったにない。

ＤＣＦ法は不用意に用いられ、確実なイベントとあり得ないイベントとを等しく取り扱ってしまうことが多い。信頼できる予想もあれば、バカげたものもある。投資家は、信頼に足る情報を見いだし、単なる推測や戯言と区別する必要がある。すでに発生しているイベントの説明は、概して遠い将来に対する推測よりも信頼性が高いが、将来を見通そうとすればするほど、その予想が誤りとなる可能性も高くなる。通常、だれも知り得ないほど遠い将来の時点まで来ると、残りの期間に対する予想はターミナルバリューと呼ばれる数字にまとめられる。

私は、ウォーレン・バフェットは「危険域」を最小化することで不確実性に対応しているのではないかと考えているが、彼がそのような言葉で説明することはない。これは、株式の市場価格のうち、極めて保守的な現在価値を上回っている部分となるであろう。つまり、真のワーストケースのシナリオということだ。確実性は高くとも、非現実的な要素があることも否めず、予想に基づくキャッシュフローを割り引くのではなく、最も確実なキャッシュフローだけを勘案するのである。ターミナルバリューを仮定することはしない。たいていの場合、キャッシュフロー予想のもっともらしい部分、あり得る部分、そして非現実的な部分が浮かび上がることになるので、これはかなり悲観的なシナリオである。このことを認識していれば、株式に特定の価値よりも割り引かれた価格が付くことはほとんどない。しかし、投資における第一のルールが「損をしないこと」なのであれば、この危険域を最小化することが一つの方策となる。

企業のライフスパンや確実性が容易に測定できるとしたら、私はそれぞれが、さまざまな産業の株式のリターンにどれほど大きな影響を与えるかを知りたいと思うであろう。しかし、容易に測定することはできないので、われわれはもっと主観的な指標に頼らざるを得なくなる。産業は時間の経過とともに変化し、昨日時点における産業の将来は、明日には時代遅れのものとなっているので、われわれは特定の産業それ自体よりも、その業界の特性や環境に興味を抱く。そのような特性や環境の変化が極めて乏しい場合を除いて、それらは将来成功する産業を見いだすうえで、過去のパフォーマンスよりも有益なものとなるであろう。

ライフスパンと産業構造――鉄道は時代遅れなのか

ロンドン・ビジネス・スクールのエルロイ・ディムソン、ポール・マーシュ、マイク・スタントンはアメリカとイギリスの株式市場の統計の歴史を概観し、一九〇〇年から二〇一六年における一五の業界の株式のパフォーマンスを調査した。その間、経済は劇的に変化している。一九〇〇年において株式市場の価値の五分の四ほどを占めた産業は、今日もはや見る影もない。一九〇〇年にはマッチとろうそくが主要産業であったが、一一六年にわたって連続性をもたせるために、ディムソンの研究ではそれらの産業はその他製造業に分類されたのである。

ディムソンの研究において、アメリカ市場で最も良いパフォーマンスを示したのは、上位からタバコ、電化製品、化学、食品、そして鉄道であった。最も悪かったのは、下位から海運、紡績、鉄鋼、製紙、公益事業、そして石炭である。イギリスでは酒類製造が最もパフォーマンスの高い産業であった。これは、禁酒法（一九二〇～一九三三年）がなければアメリカでも同じであったろう。

一九〇〇年、鉄道こそが株式市場だったのだ。鉄道は上場しているアメリカ株の六三％を占め、イギリス市場ではおよそ半分を占めていた。今日、鉄道は両国における市場全体の価値の一％未満を占めるにすぎない。乗客はいまや空を飛び、車を運転しているのだ。かつては船舶や鉄道で運ばれていた積荷はいまではトラックや飛行機で運ばれている。この期間を通じて、鉄道はトラックや飛行機に置き換えられてきたにもかかわらず、鉄道株は陸運や航空株をアウトパフォームしていたのである。

アメリカの陸運と航空銘柄のデータはそれぞれ一九二六年と一九三四年から始まるが、以来、どちらの業界も株式市場全体をアンダーパフォームしている。株式市場の独占的な地位から陥落しながらも、鉄道株は運輸銘柄のカテゴリーでは最高のパフォーマンスを上げてきた。累積で見ると、一直線ではないながらも、鉄道は市場全体におおよそ拮抗していた。一九七〇年代初頭、業界の巨人ペン・セントラルが破綻するなど鉄道業界は混乱した。鉄道株がもたらしたトータルリターンのうち、配当が重要な役割を果たしていた。

直感的に言えば、鉄道の利益は輸送の新たな方法の登場によって完全に打ちのめされるはずであった。海運や鉄鋼や製紙や石炭などの産業で見られたように、顧客をほかの業界に奪われてしまうと、その業界の相対的な重要性は損なわれ、利益率はしぼんでしまう。一九七〇年代までに旅客列車事業は財政的困難に陥り、一九七一年のメーデーに政府は都市間の旅客サービスのほとんどを国有化してしまった。その後、鉄道貨物事業も崩壊しかねなかった。最も破壊力のある代替物はそのコストも低く、より優れた特徴が少なくとも一つある。二人以上が移動する場合、車を動かすためのガソリン代のほうが、電車の切符を買うよりも、その費用の増分は少なくて済む。また、旅行者はいつでも、どこでも好きなように移動できるのだ。

貨物を動かすにはトラックや飛行機のほうが速いが、鉄道は価格面で優位である。鉄道は、大幅な経費削減と生産性の向上を通じて優位性を高めてきた。一級鉄道（メジャー）の従業員数は一九四七年の一三五万人から二〇一六年には一五万二〇〇〇人まで減少した。ディーゼル機関車と二階建てのコンテナのおかげで、鉄道はトラックよりも少ない従業員と、より速い速度で、三倍もの貨物を輸送することができる。また舞台裏では、経路設定、スケジューリング、安全性、線路の管理などが自動化され、コンピューターによって管理されているのだ。

鉄道は地域独占である。これによって、乗客や貨物が減少しても利益率は確保することができる。二地点をつなぐ線路がひとたび敷設されてしまえば、競合する路線を敷設しても、まず儲かることはない。顧客は別の輸送手段を選択することはできるが、特定のルートを走る別の鉄道を選択することはほとんどない。同じルートで競合するのは、飛行機、トラック、そして船便となるわけだ。トラックや飛行機による輸送量が大幅に増大したにもかかわらず、競争環境が鉄道のそれよりも厳しいため、投資家が陸送や航空銘柄から手にするリターンはより低いものとなっていた。毎年飛行機の乗客数は増大しているが、絶え間ない競争により航空会社の利益は減少を続けている。陸運は航空業界ほど厳しい競争にはさらされていないが、彼らの収益性は鉄道のそれよりも劣っている。国際的な海運は厳しい競争と悪化する収益性という最悪の組み合わせとなっている。この業界は多くの手ごわい競合他社の存在によって、ますますその存在意義を下げているのだ。

投資家は、顧客が乗り換えることができない、またその意思もない生活必需品を取り扱う業界に投資するのが最も良い。かつては独占状態にあったタバコ産業は今でも寡占状態である。タバコや酒類ではブランドこそが重要であり、アメリカとイギリスでは最も高いパフォーマンスを上げてきた。ジャックダニエルのウィスキーを愛好する者のほとんどが、パブストブルーリボンのビールを代替品として受け入れるようなことはしないし、マルボロ愛好家が代わりにボーナスバリューを買うことはないであろう。

その他では、電化製品は極めて分散されたカテゴリーであり、製品単位での競争が行われている。内燃機関や電球が肉体労働やろうそくに取って代わった前世紀において、電化製品はまさに成長産業であったのだ。化学関連銘柄が優れたパフォーマンスを上げていたのは、おそらく一九〇〇年に、製薬業界が化学産業に含められたことが理由であろう。

沈みゆく船と石炭

代替品との競争によって衰退した産業への投資成果は、一九〇〇年から二〇一六年の期間においてもひどいものであった。競争が激しかったのは、海運や紡績や鉄鋼や製紙業界などである。燃料炭の購入者は、熱含量や不純物のなさ、そして引き渡し価格で比較を行う。そのような産業で働いているとしたら、あれこれと優れた点を主張することになるのだろうし、優れた点がある場合もあろう。だが、広い目で見れば、コモディティに違いはないのだ。顧客たちが製品をコモディティとみなしていないことを示せないかぎり、その製品はコモディティなのだと私は考えている。コモディティ化した業界の利益は概して平凡なものである。そのような業界は資本集約度が高く、大きな失敗とにわか景気とを行ったり来たりする傾向にある。北米の鉄鋼業界の半分が二〇〇〇年に破産したが、六年後には大きな利益を上げていたのだ。

代替品のない業界や競争のない企業は最も高いリターンを享受し、最も長く存続し、また最も大きな価値をもたらす傾向にある。電力会社はこの条件を完璧に満たしているように思われるが、実際にはこの理屈には合わないのだ。電力はその利用方法が拡張している消費財で、魅力ある代替品は存在しない。多くの電力会社が地域独占を敷いてもいる。問題は、多くの電力会社が経営コストの見積もり額に公正なリターンを加味することで決定される規制価格で電力を販売していることにある。州の規制当局は、電力会社による資金調達の大半はコストの低い債券を通じて行われ、公正なＲＯＥ（自己資本利益率）も低いと仮定しているのだ。

業界の黎明期、電力会社は極めて競争の厳しい市場であり、合併を進め、州によって規制されるよう働きかけられていた。一九〇〇年初頭まで、いくつかの自治体では複数の電力会社に営業権を認めていたが、これによってつかない競争が招来されることになる。電力会社は破滅的な競争に音を上げ、電力業界は自然独占であるべきだと主張した。電力会社が合併され、地域独占の状態となり、価格をつり上げた都市もあった。ロチェスター大学のグレッグ・Ａ・ジャレルによれば、初めて電力規制を敷いた州では、当時電気料金が平均よりも四五％も低く、一人当たりの電力消費量は二五％も多く、また電力会社の利益は平均よりも低いという厳しい競争状態にあったという。これら電力会社が規制下に置かれると、電気料金は上昇した。これらの電力会社にとっては企業としての生き残りと確実性とが、可能性の乏しい大きな利益よりも重要だったのである。

収益性——過去五〇年間における金の卵を産むガチョウ

本当に価値ある企業を見いだすための第一歩は、収益性の優れた企業を見つけることである。とりわけ収益性の高い事業の一群を選びだしたら、どれだけの期間、ガチョウが金の卵を産み続けるか、その答えは産業によって変わるかが問題となる。ディムソンの研究では、これまでこれらの疑問には触れてこなかった。最も広く用いられている有料のデータベースでも、二五年を超えるとデータがまばらになるのが実情である。私は、一〇〇〇社すべてのリポートを収監した一九六五年のムーディーズ・ハンドブックを用いたが、銀行と保険会社は除外した。そして、営業利益率が二〇％を超えるか、一九六四年よりも改善している企業九〇社を選びだした。これらの企業は産業間に民主的に分散してはいなかった。鉄道会社が一四社、製薬会社が一二社、その他多くの消費財メーカーや鉱山会社といった具合である。私は最大の売上高、最大の時価総額、そして最大の利益率の非科学的な組み合わせを用いて、三二の産業のそれぞれから代表企業を選びだした。小売り、陸運、鉄鋼、自動車、半導体、無銘の食品業界には、二〇％の利益率を達成した企業は存在しなかった。

半世紀後の二〇一四年になると、これらの企業の優位性は低下したが、それでもその収益性は一〇・五％と言われるＳ＆Ｐ五〇〇の平均値よりも高いものであった。**表13－1**には、代表的企業とその継承企業を二〇一四年の利益率の高い順から並べている。それら企業のうち七社は破産し、買収されたものも多々あるが、多くはその発展に多大な時間をかけてきたものである。三二社の一覧表はさまざまな業界のショーケースにすぎないが、九〇社すべてを見てみると、利益率は一覧表ほどには平均に回帰してはいなかった。製薬、鉄道、非耐久消費財といった利益率の高い企業が多い産業では、収益性の弾力性がより高いことが証明されたが、これはおそらく業界全体に参入障壁か何かがあるためであろう。例外は基礎原料を採掘する鉱業で、それはコモディティ価格の循環に大きく依存している。

平均すると、ブランド力のある非耐久消費財を生産する企業は、半世紀にわたりほかの産業よりも高い利益率を維持してきた。写真を除けば、破産した企業は一つもない。それらの企業の利益は平均よりも景気循環の影響が乏しく、ボラティリティも低かった。真に価値ある事業を示す四つの指標のうち、非耐久消費財は、収益性、ライフスパン、確実性の要件を満たしている。唯一満たしていないのは、売り上げの急速な増大である。酒造業界はイギリス市場において一一五年にわたりトップのパフォーマンスを上げてきたが、一人当たりのアルコール消費

表13－1　32業界の代表的な企業の利益率

企業	継承企業	ティッカー	産業	1964年利益率	2014年利益率
ブラウン・フォーマン		BF.B	酒類	27	33
ペン・セントラルRR	1970年破産/ノーフォーク・サザン・レイルウェイ	NSC	鉄道	27	31
R・J・レイノルズ	レイノルズ・アメリカン	RAI	タバコ	27	30
コースタル・ステーツ・ガス	キンダー・モルガン	KMI	ガス	29	27
スミスクライン	グラクソスミス	GSK	製薬	34	26
キャップ・シティーズ	ディズニー	DIS	テレビ・ラジオ	34	23
スリーエム		MMM	その他製造業	22	22
インターナショナル・フレイバーズ・アンド・フレグランセズ		IFF	香料	24	19
IBM		IBM	コンピューター	27	19
ハーシー		HSY	キャンディ	23	19
ジレット	プロクター・アンド・ギャンブル	PG	カミソリ	24	18
タンパックス	プロクター・アンド・ギャンブル	PG	生理用品	43	18
レイオニア		RYN	林業	22	16
AMP	TEコネクト	TEL	電子機器	21	15
ハービソン・ウォーカー	2002年破産/ハリバートン	HAL	耐熱製品	21	15
ドーム・マイン	ゴールドコープ	G.TO	金	30	13

企業	継承企業	ティッカー	産業	1964年利益率	2014年利益率
アボット・ラボラトリー		ABT	医療用品	21	13
デュポンEI		DD	化学	25	12
キャタピラー		CAT	建設機械	21	10
ストーン・アンド・ウェブスター	2000年破産/シカゴB&I	CBI	エンジニアリング	35	8
ゼロックス		XRX	印刷機器	30	7
ローンスター・セメント	ブッチ・ウニセム	BZU.IM	セメント	20	7
アメリカン・コマーシャル・ライン	2009年上場廃止	ACLI	商船	24	6
ダウ・ジョーンズ	ニューズコープ	NWS	新聞	22	6
メイタグ	ワールプール	WHR	家電	25	6
ノースウェスト航空	2005年破産/デルタ	DAL	航空	25	6
ブリティッシュ・ペトロリアム		BP	石油	22	6
エイボン		AVP	化粧品	27	5
USジプサム	2001年破産/USG	USG	石膏ボード	25	4
ノランダ	グレンコア	GLEN LN	鉱業	22	2
チャンピョン・スパーク	フェデラル・モーグル/2001年破産	FDML	自動車部品	27	0
イーストマン・コダック	2012年破産	EK	写真	27	−1

量は実際のところ減少していた。タバコの消費量は毎年のように減少している。肥満や食品廃棄物の問題があるにしても、食糧消費量は人口の増大を大きく上回る速度で増加することはなさそうである。食品や酒類のような非耐久消費財の利益率が弾力的なのは、おそらく安定した需要と絶え間ない製品改良によって、新たな競合他社の参入を防いでいることが理由であろう。

私の研究では、二つの消費財メーカーが半世紀にわたり、すでに優れていた利益率をさらに改善させていることが判明した。タバコメーカーのレイノルズとジャックダニエルのウイスキーを製造しているブラウン・フォーマンである。その他の安価な消費財を製造している企業も、優れた収益性を維持し、単位当たりの売り上げの増大を享受していた。ハーシーはアメリカ人お気に入りのチョコレートであり続けた。プロクター・アンド・ギャンブル（P&G）はジレットとタンパックスを買収し、利益率は一八%であった。ジレットとタンパックスの名前はその業界とほとんど同義である。P&Gは二〇一四年におけるカミソリ製造事業の利益率が二四・四%であったと発表したが、これはジレットの五〇年前の数字とほぼ同じである。P&Gは生理用品の利益率を公表していないが、企業全体の平均値よりも高いものであることを示唆している。

生活必需品でもエイボンやイーストマン・コダックのように良い結果を出せない銘柄もある。消費財銘柄で等外馬となるのは、ブランド力が弱かったり、ブランドそのものが存在しないものである。興味深いことに、最も知名度の高い化粧品ブランドの一つであるエイボンや、世界で最も価値ある商標の一つであるイーストマン・コダックにとってはこれが問題とはならなかった。エイボンが停滞したのは、同社の流通システムが完全に時代遅れとなったことが原因である。かつてのショッピングモールや現在のインターネットの拡大によって、化粧品はどこにいても手に入れることができるのである。また、エイボンは働く女性が増えたことで問題に直面した。働く女性がより多くの化粧品を利用することはたしかだが、彼女たちは自宅で訪問販売員から化粧品を買うようなことはしないのである。女性のキャリアが開けるにつれて、賃金の低い、エイボンの契約営業員たちの職は減っていくのだ。

成長――写真は終わった

イーストマン・コダックは、安価な消費財を製造するブランド企業であり、またハイテク企業であったが、同社を打ちのめしたのは技術の変化であった。一九六〇年代と七〇年代、イーストマン・コダックは市場で最も人気のある銘柄であり、コダクロームのカラーフィルムの利益率は驚くべきものであった。ポラロイドがインスタントカメラを投入しても、コダックの成長は揺るぎないものであったのだ。ポラロイドのＰＥＲ（株価収益率）は月に届くほどに高く、これはトーマス・エジソンに次ぐ五三三の特許を持つ天才発明家でもあった創業者のエドウィン・ランドに恩恵をもたらしていた。コダックの利益率は、日本の競合他社が市場シェアを奪うにつれて損なわれていった。最終的に、銀塩写真の業界はデジタル映像によって抹殺されてしまう。初期のイノベーションで輝きを放ったポラロイドは、イーストマン・コダック倒産の四年前の二〇〇八年に破産してしまったのだ。

爆発的な成長と大きな収益性ゆえに、トレーダーたちはロックスターのような人気のハイテク銘柄に殺到する。悲しいかな、ロックスターの寿命は短く、また先のことは知れないのである。**表13－1**にある三二の企業のうち、一九六四年のゼロックスのPERは非常に高く、IBMを上回っていた。イーストマン・コダックも高い価値が付けられていた。一九七〇年代、これら三つの銘柄はすべて「ニフティ・フィフティ」銘柄に数えられ、人気の「ワンデシジョン」グロース銘柄であった。変化の速い業界では、変化し続けることができる企業だけが生き残る。IBMが五〇年にわたり繁栄できたのは、同社がコンピューターのハードウェアから、ソフトウェアとサービスへとその事業を完全に転換したことが要因である。ゼロックスは外注サービスへと手を広げたが、もはや利益率の薄くなったコピー機の販売やレンタルや保守も引き続き行っている。コダックは二〇一二年に破産したが、いまだフィルムとカメラに特化している。

テクノロジーを拒んだことで犠牲となったもう一社が、原子力発電所の設計や開発を行っていたストーン・アンド・ウエブスターである。ストーン・アンド・ウエブスターは、アメリカのすべての原子力発電所を管理していた。原子力は極めて安価に発電できるとされているが、大衆の抗議行動によって建設費用は過大なものとなってしまう。一九七九年のスリーマイル島原子力発電所の事故後、電力会社は新たに原子力発電所を建設せず、また稼働を取りやめてしまった。計画段階にあった原子力発電所の半数が完成を見ることはなかったのである。ストーン・アンド・ウエブスターはより収益性の低い事業に乗り出すことで対応したが、単なる建設会社となって、社員の仕事を得るために入札を繰り返している。

通常、エンジニアたちはテクノロジーが意図した目的に役立つかどうかに夢中となり、その副次的な影響には意識が向かないものである。意図しない結果が企業を破壊することもある。アスベスト訴訟は、ハービソン・ウォーカー、フェデラル・モーグル、USGを破産へと追いやった。大衆がテクノロジーを拒絶するのは、それが有効でないからではなく、それがもたらす間接的な影響ゆえである。アスベストはその耐火性と耐熱性によって、今でも「奇跡の鉱物」と呼ばれている。言うまでもなく、アスベストはほとんどのケースでほかの原料と置き換えられているが、かつてはケントのタバコのマイクロナイトフィルターにも用いられ、「タバコ史上最高の健康保護」とうたわれたのだ。より安全な耐火材が利用できないところでは、アスベストはアメリカでも合法であり、いまだガスケットや屋根ふき材や床タイルに用いられている。

現代になって、アスベストや原子力の危険性を警告するリポートが発表されているが、それはタバコや飲酒についても同じである。そのことが、将来世代が製品から離れてしまうことを示唆しているのだろうか。時代が変われば、市民が製品の効用を社会的な損害よりも重視したり、後に損害がより大きくなり、急にもともとの意見に立ち返ったりすることは禁酒法とその廃止とが示している。政府や広告会社が人々を四六時中監視することを可能にするとしてインターネット（仮想通貨がさらなる監視を可能にする）に警鐘を鳴らす者もいる。だが、人々は自分自身に関するデータを持ち合わせているわけではない。それゆえ、今のところインターネットは素晴らしいものであるというのが共通意見となっている。遺伝子工学は農業の生産性を大幅に向上させたが、それに疑念を持つ者たちは恐ろしい突然変異を注意深く監視している。だが、実際のところ将来のことはわれわれには分からないのだ。

確実性と不可知の将来

私は、景気循環の影響を受けない需要、政府の規制、独占力、ブランドのロイヤリティ、比較的変化の少ない製品を探すことで、将来に対する確実性の度合いを測っている。景気循環の激しい事業では、需要の平均的な水準を測ることはできるが、ある特定の年に売り上げや利益がトレンドから大きく外れる可能性があり、そうなれば予想は無駄となる。規制や独占力によって事業が競争から守られている場合、市場シェアを巡る争いや価格競争のリスクは小さくなる。強力なブランドは忠誠心ある顧客や一定の価格決定力の存在を示唆するものである。変化の乏しい（しかし、コモディティではない）製品は代替品や市場シェアの変化の影響を受けにくいのだ。

売買のみならず、債務やリースに関する契約は、確実性を高めもすれば、低下させもする。長期的な契約のもと行われる売買もあるが、これによって将来における企業の収益または費用や価格付けに関する情報を得ることができる。定期購読や電話やソフトウェアのメンテナンスなど「自動更新」は契約というよりも、惰性で行われるものである。コストプラス方式の契約によって契約業者はある一定の利益を確保することができるし、それをあらかじめ知ることもできる。一方で、あいまいな契約では不確実性が増大しかねない。不況期、企業は自らの費用のすべてが固定費ではなく、変動費であることを望むものである。ほとんどの企業が債務やリース契約を負っており、将来の不確実な収入のなかから決められた金額を支払うことを約している。

ペン・セントラルやノースウエスト・オリエント航空が破産したのは、多額の負債を抱えていたばかりでなく、コストの高い労働契約を変更せざるを得なかったことに原因がある。ペンシルベニア鉄道とニューヨーク・セントラルの一九六八年の合併によって、ペン・セントラルは多くの路線を独占することになったが、わがままな労働組合によって費用の効率化を阻まれていたのだ。ペン・セントラルの旅客事業は、一九六〇年代を通じた利用客の減少によって、過剰人員を抱えることになり、大幅な赤字に苦しんでいた。一九六六年、ペンシルベニア鉄道はロングアイランド鉄道（通勤鉄道）をニューヨーク州に売却したが、ほかの赤字の通勤鉄道や都市間旅客線は保有を続けた。貨物はシクリカルであるのが常であるが、ペン・セントラルの費用構造と三三億ドルという負債は、好況が永遠に続くことを期待しているかのようであった。ペン・セントラルは、合併のほんの二年後である一九七〇年に破産をしたが、配当は支払い続けていた。

一九六四年、ノースウエスト・オリエントは大きな成長への道筋を切り開いた。ほとんどの人々が飛行機を利用し、また航空会社は規制下に置かれていたため、国内線は安定して利益を上げることができた。ノースウエストの貸借対照表（ＢＳ）は堅調で、負債は自己資金の半分にも満たず、保有する航空機も新しいものであった。さらには、アジア航路も手にしていたのである。歴史的に、極東地域の発着枠は限られている。今日でさえ、アジアは航空会社にとっては成長市場なのである。アジアでの航空運賃は高い傾向にあるため、航空会社は顧客を満足させるべく競争を繰り広げる。世界における航空会社のランキングの上位はアジア（アメリカではない）の航空会社が多くを占めているのだ。

一九七八年、航空業界の規制緩和が行われ、国内線の競争が激しくなった。ノースウエストは、セントポールとデトロイトのハブ空港における支配的地位を強化するため、リパブリックと合併した。運航停止も続発した。一九八九年のＬＢＯ（レバレッジド・バイアウト）のあと、ノースウエストは保有する航空機の多くを売却・リースバックしたが、外国に保有していた不動産についても同様である。ノースウエストは、二面性を強化し、東京便では洗練されたサービスを提供する一方で、従業員の給与を繰り返し絞り上げて減らしていた。あるとき、ノースウエストはコストを削減するために、ピーナッツや枕といったアメニティを取りやめたが、鋭敏にもアジア便ではそれをしなかった。二〇〇五年までに、ＬＢＯと何年にもわたる赤字によって、ノースウエストは何十億ドルもの負債とリース債務を抱え、債務超過となり、航空機も老朽化し、売却できる余剰資産も底をついていた。政府による規制、独占市場、少ない債務とリース費用といった、ノースウエストの将来を約束していたもののすべてが失われてしまったのである。同社を「ノースワースト」と揶揄する利用客もいたのだ。

自動車配車サービス企業であるウーバーが規制を回避する道を見つけたことで、タクシー業界が享受していた長きにわたる収益性が終わりを迎えることになった。ニューヨーク市は七五年以上にわたり、タクシーの全車が免許を取得することを求め、その免許の数量を固定することで競争を制限してきた。大恐慌期、タクシーの利用は落ち込み、料金も下落した。ニューヨークでタクシーの独占企業を創設する提案がなされたが、ジミー・ウォーカー市長が最大のタクシー会社であったパームリーから賄賂を受け取っていたことが報道されると、それも沙汰やみとなる。一九三七年、ニューヨークではおよそ一万三〇〇〇の免許が一つ当たり一〇ドルで発行された。二〇一三年までに、免許は一一〇万ドルで取引されるまでになったが、年複利に直せば一五％の利益という計算になる。すべての最新装備を備えたタクシー車両の値段がその一〇分の一以下であることを考えれば、バカげた話である。

免許を持っていないタクシー運転手にしてみれば、概してこの制度は合法的な強請に思えるだろうが、投資家にとっては極めて確実性の高い、一方的な賭けとなる。ほとんどの免許保有者はそれを運転手に貸し出しているが、それによって年に七万ドル、最高値でも六％の安定した収入を得ることができる。顧客の少ない日や燃料の高騰といったリスクをとるのは運転手なので、賃貸料が減ることはめったにない。一九八〇年代、チェッカー・モーターズが上場していた。個人的には、チェッカーがかつて製造していた大型の燃費の悪いタクシーが好きであったが、同社は何千ものタクシー免許を保有し、その一部はパームリーへの投資を通じて手にしたものであった。私は幾ばくかの株式を買ったが、その後すぐにチェッカーは上場廃止となった。当時、私は価格が低すぎると考えていた。後知恵ではあるが、買い手グループは同社をまさにかっさらっていったのである。今日、ウーバーとリフトは免許を持たずに操業しているが、利用料はより安く、また運転手が手にする報酬も、免許を持つタクシーの運転手のそれと変わらないものである。一方で、免許の価格は下落を続けている。

定期購読モデルと習慣の力によって、ダウ・ジョーンズなどの新聞社は何十年もの間、何もせずに高い収益を誇ってきた。政府は報道機関の競争を制限しているが、たとえ規制がなくても、ほとんどの都市で新聞は一種類しか発行されていない。電子媒体が拡大するにつれて、購読者層も順調に広がった。住宅や求人を除けば、ほとんどの種類の広告はそれほど景気循環の影響を受けない。新聞広告が廃れるまでには、インターネットも古い話になっているであろう。法律や独占力、契約や慣習に基づいて将来を見通すとするにしても、それはあらゆる欠点を持つ、人間の行動に基づいたものとなる。

実際に、収益性、ライフスパン、成長性、そして確実性という価値の四要素のすべてが、社会的行動の規則的なパターンを反映しているのだ。それゆえ、価値の四要素に数字を当てはめようとしても、物理の法則のようにはいかないのである。理由はともあれ、ほかでは手に入れることができない製品を買い手が欲しがっていることを反映して、収益性が増大する。企業の製品に対する目の前の需要が減少することで、ライフスパンは短くなる。競合他社や代替品に売り上げが奪われようが、景気循環によって先送りされようが、結果は同じである。競合する代替品がなかったり、利用者がそれまでにできなかった何かを自社製品が可能にすることができるといった理由で成長は達成される。確実性は、契約や制度や人間の行動に見られる一般的な慣性によって得られるものである。投資では、非現実的な期待に夢中にならないようにすることが大切である。ターミナルバリューがやがてゼロになる企業がたくさんあることを歴史が教えているのだ。

第14章 噴出油井と油膜

「資本主義というグランドホテルの最上級の部屋はいつも満室だが、利用者がいつも同じとはかぎらない」――ヨーゼフ・シュンペーター

一次産品の生産企業は投機家の遊び場であるが、投資家にとっては地雷源である。生産物はすべて均一で、需要と供給を反映した市場価格で取引される。上昇相場では需要に関するストーリーばかりが語られるが、投資家は供給側に注目する。生産コストが最も低い業者の利益率が最も高くなるであろうし、それによって最も早く成長することが可能となる。価格が安定しているならば、私は資産に対して割安で、生産コストがより低い銘柄を探し求める（常にそうしているのだが）。

やっかいなのは、競争の基礎となるのは価格だけであり、コモディティ価格は往々にして激しく変動することである。競合他社が価格の変化にどのように反応するか、または反応しないかによって、生産者のコストの相対的な位置が変わるのである。上昇相場では、コストの低い

業者はコストがより高くとも収益性のある生産余力に手を広げなければ、機会を逃してしまう。下落時、コストの低い業者は最後まで生き残るが、競合他社のコストもさまざまに変化する。コストを低く維持するのは難しいのだ。資産価値がはかないものともなりかねないのである。

例えば、一バレルの原油を見つけたとしても、生産するコストを事前に把握することはできない。会計士たちはエネルギー企業のコストを次の三つに分類する。①資源を見つける、②資源を開発する、③原油またはガスを生産する。原油の探索は運と能力の双方が問われるものである。あらゆるケースにおいて、たとえ最高の開発業者がドライホールを掘ったとしても、その結果は予測できないのである。発見コストを推し量るのは難しいので、当該地域におけるすべての開発コストの歴史的な平均値として考えなければならない。ある企業のコストが低いことを説明するために、私は地質や技術や社会制度に目を向ける。

開発費は当該区域やプロジェクトに縛られるので、開発業者の予算は資源の見積もり価値に比例したものとなる。コストをかけずに発見できても、開発に多額の資金がかかる資源もあれば、その反対もある。収益性を維持するための経験則の一つが、開発コストを販売価格の三分の一以下に抑えることである。例えば、原油が一バレル四五ドルで取引されているならば、コストは一バレル当たり一五ドルまでという具合である。

価格は将来の需給関係の予想に基づき絶えず変動する。価格の上昇はより多くのコモディティが求められていることを示しているが、鉱物資源を新たに供給するためには開発に数年を要する。この時間のズレが非常に大きくなることがあるため、価格と供給反応との間には何の関係もないと考える者もいる。原油価格は二〇〇八年七月に一バレル一四五ドルという史上最高値を付けたが、アメリカの原油生産は二〇一五年になっても増大を続けている。ほかの鉱物とは異なり、原油は回収も再利用もできない。農産物とは異なり、原油の絶対量が増大することはない。均衡価格というのは有効な考えではあるが、それを真剣に受け止めている人々は、現実の原油市場は不安定なものに思えるであろう。

原油トレーダーたちは、お金を儲けるためにはすぐに受け渡されるスポット価格の方向性ではなく、市場が前提としている先物価格の変化を予測しなければならないことを理解している。先物市場で行われる取引のほとんどが一年以内に受け渡されるものであるので、株式投資家にとっては最も重要な何年も先の予想値を認識するのは難しい。また、特定の石油やガス銘柄はさまざまなプライスデックの予想に基づいて価格付けがなされるのだ（プライスデックとは、四半期や年間など、長期にわたる一連の予想価格のことである）。

私は基本的にコモディティ事業を避けているが、もしその一つに投資しなければならないとしたら、原油を選ぶ。なぜなら供給は限られており、需要は非弾力的であるからである。資源を更新することができるならば、それを見つけ、生産し、また置き換えるためのコストがかかることになる。個別の石油会社は資源を置き換えることはできるかもしれないが、世界的に見れば、天然資源はかけがえのないものであり、減耗していくのだ。ピークを付けるのは世界の石油資源の半分が産出されたあとで起こるものであり、すでにそれが起きている可能性はある。技術の進歩によって、より多くの原油が発見され、採掘されるだろうが、いずれにせよ、地球上の資源は有限なのである。

現在、需要は安定的に増大している。二〇一五年までの一〇年間で、世界の原油生産は最も少ない年で一・六％減少し、最も多い年で二・七％増大した。この間、自動車や代替エネルギーの技術は大きな進歩を遂げたが、さらなる改善が見られるまでは、石油に取って代わる輸送燃料はないのである。気候変動が本当だとしても、世界がすぐに石油の利用をやめることなど不可能なのである。だが、石油業界が今日なお健在だからといって、個別企業が現在または将来も健在であるとは限らないのだ。

更新され得ない天然資源を正しくも保有しているのはだれであろうか。その答えにもよるが、石油の生産コストはさまざまに見積もられる。炭化水素は自然に発生し、消滅しているので、ほとんどの政府はそれらは国家社会のものであると主張している。多くの国において、国有の石油会社が所有権を独占している。外国では、石油やガスの販売には多くの税金やロイヤリティが課せられているのだ。

同時に、中東地域の戦争や環境破壊や道路建設といったエネルギー生産と消費にかかるコストを社会が負担している。中東における終わりなき戦争で犠牲になった何十万人もの人々のことを考えてみればよい。中東で戦火が上がると、原油価格は急騰する傾向にある。原油価格が上昇すれば、産油国の政府は戦費を賄うことができるが、直接的には戦争が石油の供給網を破壊してしまう。スンニ派とシーア派、油田やパイプラインや港の場所について何年にもわたり断続的に研究した結果、私は投資を行うに有益な何かがあるとの結論には至らなかった。人生をかけてアラブの文化や歴史を検証することはできるだろうが、勝てる銘柄を見いだすことはないであろう。「紛争地域には投資しない」――これが私の結論である。

税金やロイヤリティ、また経済学者がレントと呼ぶところの利益は石油による収益の大部分を占めるが、それは物理的なインプットではなく、社会制度によって決定されるものである。これは、原油価格は一つではなく、均衡価格などは存在しないことを示唆している。政府や土地の所有者や石油会社は、それぞれ収益からできるかぎり多くの分け前に与りたいと考えているが、自分たちの要求がすぎれば、石油は生産されなくなり、何も手にできないことを認識しているのだ。しかし、彼らが現実を受け入れるスピードはさまざまではある。

一九八〇年から二〇〇三年まで、一般的な物価水準が二倍になる一方で、石油価格は低迷していたので、石油会社やガス会社はコストを削減しなければならなかった。二〇〇八年以降、エネルギー会社は再び費用の削減を強いられている。すべてのコストをまとめて考える必要がある。石油の発見コストが低い鉱区では、開発や生産のコストが高くなるかもしれない。既存の油田の隣にある油井の「ステップアウト」や「エクステンション」ではヒット率も高いが、高リスクの試堀井はドライホールとなることが多い。より可能性の高い方法を選んで、伝統的な探鉱を取りやめている企業も多い。

新たな技術によって、採油率は改善し、石油の発見コストも低下してきた。一九八〇年代初頭、ドリラーは概して地中の原油の二〇％を採収できればよいと考えており、採油率が五〇％などということはまれであった。現在は、二次採収法によって原油の六〇％が採収されることもしばしばである。また、ＭＷＤ（Measurement While Drilling）を用いながら水平にドリルすることでより多くの原油（副産物としての地下水やガスを減らす）を抽出することができる。水圧破砕法を用いれば、頁岩に亀裂を入れ、その下に閉じ込められた炭化水素を取り出すこともできる。

シェールオイル油井や増進回収法はたいてい開発・生産コストが高くなる。一般にインフィルドリリングはより小さな対象をとらえることができるので、一バレル当たりのコストは高くなるのだ。油田が古くなるにつれて、水やガス、二酸化炭素を注入し、その後精製し、排水を処理するコストが高くなる。シェール油井は比較的寿命が短いものが多いので、大半の石油やガスの生産は二～三年で終了する。シェールオイルの生産業者は製品の販売によって資金を獲得するが、油井の寿命が短いので、常に更新を迫られ、新たな資源を確保しなければならない。この終わりなき責務から抜け出そうとするシェールオイル業者では、生産量が徐々に減少していくことになるのだ。

石油の開発業者は、地質が有望で、税金やロイヤリティ（「財務上の」）の条件が魅力的な地域に引きつけられる。彼らは、腐敗していたり、戦乱のある地域を避けようとする。最も活発に採収が行われる鉱脈は、たとえ新たなドリリング技術が登場しても、時間の経過とともに廃れていく。最大かつ最も収益性の高い油井が最初に手を付けられる傾向にある。地質学者たちは、このリターンが減少していくパターンを「クリーミングカーブ」と呼んでいる。開発業者が巨大な油田を発見できる場所は、深海か危険性の高い地域に限られてしまうのだ。

ロシアより愛をこめて

新世紀初頭、民営化されたロシアの石油会社は外国投資家の注意を引きつけ始めた。そこには私も含まれている。ロシアは世界最大の石油や天然ガスの生産国である。資源量で見ると、ロシアは天然ガスで第一位、石油で第八位にランクされている。ロシアは時代遅れの技術を利用しているが、その地質ゆえに世界の費用曲線を引き下げているのだ。二〇〇〇年、そして現在も世界を見渡すと、最も安いエネルギー銘柄はロシアにあり、それはＰＥＲ（株価収益率）、資源の一バレル当たりの価格、資産の予想現在価値のどれをとっても同じである。

ロシアでは、だれが法律上の所有者なのか、少なくとも石油業界ではそれが明確ではない。ロシアが事業を民間の手に委ねたとき、権力のある政府の役人たちが所有者として登場することがしばしばであった。実際に、ユコスは、それよりも高い入札があったにもかかわらず、三億九〇〇万ドルの担保入札でバンク・メナテップとミハイル・ホドルコフスキーに売却された。ユコスの実際の収益性と価値とを算出することは不可能であるが、ヒントはある。収益は八〇億ドルであったのだ。一九九〇年代後半、ユコス株はＰＥＲが〇・五、つまり六カ月分の利益に等しいというバカげた価格で取引されていたのである。

二〇〇一年、ユコス株四株からなるＡＤＲ（米国預託証券）はおよそ一〇ドル、ＰＥＲにすると一・五でナスダックでの取引を開始した。ユコスの時価総額と同社が持つ資源量とを比較しても、株式は割安であった。二〇〇二年末、ユコスはおよそ四〇億ドルの現金と市場性証券を持ち、三億七八〇〇万ドルの負債を抱えていたが、これは一ＡＤＲに対し七ドルの現金という計算になる。

ユコスは、そのライセンスが期限を迎えるまでに採収できる確認鉱量を五九億バレル保有していたが、これは一ＡＤＲ当たり一〇バレルとなる。確認鉱量のおよそ三分の二は開発が済んでいた。そして、ユコスがそのライセンスを更新し得るとしたら、さらに四六億バレルの鉱量が採収され得ることになる。また同社は四兆六〇〇〇億立方フィートの天然ガス資源を保有していたのだ。二〇〇三年一〇月までにユコスのＡＤＲが六八ドルと七倍になったあとでさえ、株価から同社の確認鉱量の価値を換算すると、一バレル当たり六ドルであったのだ。比較として、エクソンモービルの株式は四〇ドルほどで取引されていたが、一株当たりの資源量は石油が一・七バレル、天然ガスが八五〇〇立方フィートであった。一対六のエネルギー換算率で天然ガスを石油量に換算すると、一株当たりの資源量はおよそ三バレルとなり、エクソンの資源は一株当たり一三ドルという計算になる。

ユコスの資産にはどれだけの価値があったのだろうか。ＳＥＣ（米証券取引委員会）に提出される10－Ｋまたは20Ｋ年次報告書において、石油やガスを生産する企業は、「標準化された測定方法による将来の純キャッシュフローの割り引き現在価値」と呼ばれる自社の資源量の見積もり額を公表している。これは石油会社の年次報告書で最も重要な表であり、将来の開発分も含めた自社の確認鉱量に関する分析をまとめたものである。これはＳＥＣがその基準を定めた保守的な指標であり、地質上の裏づけや市場や認可などがない投機的なプロジェクトは除外されている。資源量の見積もりが前年よりも低下しているとしたら、原油価格が下落していないかぎり、リポートの正当性を欠いていたということになるわけだ。

ＳＥＣの基準に従い、ユコスは二〇〇二年末時点での製品価格と費用と税制は永久に変わらないと仮定していた。原油価格は二〇〇二年一二月には一バレル二八ドルで取引されていた。また、ユコスは炭化水素の経済的回収可能性には一定のトレンドがあると仮定してもいた。これらに基づき、ユコスは自社の資源を生産することで得られる税引き後の現金を算出していたのだ。その金額は一〇％の利率で割り戻される。これによって、ユコスのライセンスが期限を迎えるまでの同社のＡＤＲは五四ドル、ライセンスが延長されれば六二ドルという結果となった。議論の余地はあるにせよ、この見積もり額は保守的なもので、ユコスが保有する現金、精製施設、ガソリンスタンド、または推定・予想埋蔵量は含まれていないのだ。

ロシアでは、シロヴィキやKGBや軍隊出身の政治家を支持しない者たちには良からぬことが起こる。二〇〇三年二月、当時ロシアで最も裕福な人物であったホドルコフスキーは、テレビ放映されたクレムリンでの面会の場で、ロシア大統領であるウラジミール・プーチンに対し、政府の役人が何百万ドルもの賄賂を受け取っていると非難した。その後すぐに政府はユコスに対して計二七〇億ドルに上る追徴課税を課した。二〇〇一年と二〇〇二年の税額はユコスの収益を超えるものであり、二〇〇三年の収益の八三％にも上るものであった。政府はユコスの資産を凍結し、同社最大の子会社を九四億ドルで競売にかけた。ドレスナー・クラインウォートが一五〇〜一七〇億ドルと評価していたにもかかわらず、である。後にユコスの資産のほとんどはプーチンにより近しい企業であるロスネフチの手に渡ったことが明らかとなった。

石油が主たる輸出品であるロシアのような国では、実際に「石油の呪い」がある。石油収入によって賄われている政府は一般の支持は必要としておらず、往々にして抑圧的で非民主的である。経済的自由や法の支配は必要ないのである。実際に、資源がもたらす富にだれも権利を主張しないのであれば、権力者がそれを私物化するに都合が良い。私は、産油国ほど戦争や紛争を起こしやすいと考えている。サウジアラビア、ロシア、イラン、イラク、ナイジェリア、アンゴラ、ベネズエラがこの例に属する。しかし、ノルウェー、カナダ、アラブ首長国連邦などは産油国であるが、市民的自由や経済的自由は平均を上回るものである。二〇一三年まで、イギリスも石油の純輸出国であったのだ。

リオのカーニバル

二〇〇三年ごろ、ブラジルは地質的に大きな可能性を持つ一方で、人権や財産権の問題がない数少ない国の一つであった。ブラジルの軍事独裁は一九八五年には終わりを告げ、新たに共和制国家となった。ヘリテージ財団による経済的自由度のランキングは以来低下していたが、二〇〇三年には平均よりも少し上位にランク付けされた。ワールド・ジャスティス・プロジェクトは、ルール・オブ・ロー・インデックスにおいてブラジルをチリ、コスタリカ、ウルグアイよりも下位にランク付けしたが、ほかのラテンアメリカ諸国は上回る結果となった。二〇〇三年、ルラ・ダ・シルバがブラジル大統領に選出されたが、これはかつての大統領フェルナンド・コロール・デ・メロの辞任と弾劾へとつながった汚職の撲滅を約してのことであった。

私は、オフショアで活動する石油サービス会社に、同社の顧客で最も積極的に開発を行っているのはどこかと尋ねた。彼らの答えは、ペトロブラスである。ブラジル石油公社（ペトロブラス）は一九五三年に国営の石油会社として設立され、一九九〇年代後半に改革が行われるまで、ブラジルで独占的な地位にあった。その当時までブラジルでの開発のすべてはペトロブラスが行ったもので、それ以降もそのほとんどが同社によるものである。ほかの主要な石油会社も、ブラジルでは小さな存在にすぎなかった。石油サービス企業からすると、ペトロブラスは自分たちのサポートを必要とするような、巨大ながらも技術的に複雑な油田を持ったオフショアの生産業者であった。

ペトロブラスの発見コストは平均を下回るものであり、資源量もどんどん増加していたので、ブラジルはいまだ未開発だという考えを裏づけているように思えた。一九九〇年代を通じて、ペトロブラスはその石油生産量を倍増させ、新たなミレニアムに突入しても、成長を続けていた。二〇〇〇年初頭から二〇〇四年末までに、ペトロブラスはその間の生産量の二倍に当たる資源を発見したのである。主要な石油会社も新たな資源を発見したが、そのほとんどはわずかな量であった。その間、ペトロブラスが全世界に保有する確定鉱量は八三億バレルから九九億バレルまで増大した。これは主要な石油会社のなかでもトップクラスの成長株である。

理論上は、ブラジルの税金とロイヤリティの仕組みは北米のそれと同等のものであった。私は、ペトロブラスの発見コストと開発費用は一バレル当たり四ドルほどと考えていた（このコストが跳ね回ることを覚えておいてほしい）。二〇〇三年、政府の取り分を除いたペトロブラスの操業費はバレル当たり三・四八ドルであった。翌年以降、ペトロブラスは操業費をバレル当たり三・〇〇ドルまで低減させる目標を立てる。政府の取り分は一バレル当たり五・一四ドルで、販売価格のおよそ五分の一であった。世界の石油価格が一バレル当たり二五ドルほどであったので、ペトロブラスは開発・生産活動から五〇％を上回る営業利益を獲得していたことになる。政府が議決権の大半を保有しているのであるから、ペトロブラスは節税を一切行わず、二〇〇三年には三一％の実効税率に基づく税額を支払っていたであろう。ペトロブラスのように、地質に恵まれ、近代的な技術を持ち、社会制度の支援を得られる石油生産者が勝者となるのも当然である。

悪い話としては、ルラ大統領が心底からの社会主義者だということである。ルラは四年生まてしか公式の教育を受けておらず、労働者党の政治家になる前は労働組合で働いていた。これは怖いことではあるが、ジルマ・ルセフ鉱山エネルギー大臣は極めて市場寄りの考え方をしていた。彼女は後にルラの首席補佐官となる。二〇〇二年に価格統制が大幅に解除されたにもかかわらず、ペトロブラスは同社の製品を統制価格で販売していた。しかし、ブラジルが税率やロイヤリティを引き上げれば、政府の一機関がほかの機関から資金を奪い取ることになる。

二〇〇〇年八月、ブラジル大統領フェルナンド・コロール・デ・メロの下で進められた民営化政策の一環として、ペトロブラスのＡＤＲがＮＹＳＥ（ニューヨーク証券取引所）に上場した。投資家たちは、ルラが民営化やほかの市場寄りの改革を後退させるのではないかと恐れた。あるアナリストはこんな皮肉を言った。「ブラジルは未来の国家だよ、永遠にね」

結果として、あらゆる前向きな要件にもかかわらず、ペトロブラス株は一見したところ割安となっており、二〇〇三年から二〇〇四年にかけてのＰＥＲは五～六倍といったところであった。比較のために記すと、エクソンモービルは最も低いときで、二〇〇四年の利益の一三倍であった。二〇〇二年から二〇〇四年にかけて、ペトロブラス株は二倍になったが、私の予想価値はそれよりもかなり高く、幸運がそれをさらに引き上げていた。

ベンチマークとなる原油価格は五年間で一バレル当たり二五ドルから一四五ドルまで急騰した。二〇〇七年、ペトロブラスは六〇万バレルの資源量を誇るトゥピ油田（後にルラ油田と改名される）を発見する。その後もさらに数十万バレルの資源が発見された。これによって、三〇年に及んだ世界の石油発見の低迷に歯止めがかかった。ブラジルは、地球上で唯一、大型（一〇億バレル以上）の油田が新たに見つけられる場所のように考えられた。ルラは、史上最も人気のあるブラジル大統領となった。

ペトロブラス株は止まらなかった。株価は二〇〇五年に再び二倍となり、二年後の二〇〇七年までにさらに二倍、二〇〇八年前半までさらに上昇した。二〇〇四年から二〇〇八年六月までに、ペトロブラス株は一〇倍にもなり、ほかの石油メジャーのほとんどを大幅にアウトパフォームしたのだ。私のファンドでもペトロブラスは、当初はそれほどでもなかったが、やがて最大の保有銘柄となった。

この時点でペトロブラス株を売却するのは間違いのように思うかもしれないが、同銘柄はもはや割安ではなくなっていたことも事実だ。二〇〇八年六月にＡＤＲは七一ドルを付け、ペトロブラスの時価総額は二五〇〇億ドル、ＰＥＲは三〇倍を超えた。どちらも、マイクロソフトのそれを上回るものである。時価総額を一バレル当たりの資源量に換算すると、株価は割高のように思えた。ペトロブラスの資源量の多くが未開発で、将来多額の費用が発生することが予想される。一バレルで考えれば、未開発の資源は開発済みのそれほど価値はないのである。

その後、ペトロブラス株の継続保有を正当化するために、私は推定・予想鉱量と将来の運について漠然とした予測をしなければならなかった。繁栄がまさに保証されることが後の出来事で明らかとなる。二〇一〇年、リブラ油田が発見される。八〇億バレルの資源量を誇るこの油田は、トゥピよりもはるかに大きかった。同時に、四五億バレルを持つフランコ油田もリブラ油田のそばで発見される。その他何十億バレルもの岩塩層下油田（地下深くにある岩塩層の下に石油が埋蔵されているということだ）もあった。ブラジルは巨大な石油輸出国になるかもしれないと考えられた。金融メディアはブラジルを礼賛した。

コモディティ価格が上昇しているとき、コストの低い生産者はコストが上昇してでも生産量を引き上げなければ、収益機会を見逃すことになる。原油価格が二五ドルのときにすべてを含めたコストが一バレル当たり二〇ドルである油井は、原油価格が一四五ドルとなれば、ロイヤリティや税金がそれに合わせて増大しても大きな収益を生むことになる。一バレル当たり一四五ドルであれば、すべてを含めたコストが一四五ドルを下回るあらゆる油井が利益を生むことになるのだ。仮にコストが一〇〇ドルの油井の生産を行っても、企業の利益率は下がるかもしれないが、収益額は増大する。ペトロブラスとＯＧＸ――二〇〇七年に設立された借り入れの多いブラジルの採掘会社――はともにコストのより高い機会をもとらえようとしていた。六〇億バレルのトゥピ油田がそのなかでも最大のものであったが、ブラジルの海上油田にも有望な（コストが高いにしても）ものがいくつかあった。

二〇〇九年、ペトロブラスの二人のエコノミスト（ラファエル・R・ペルトゥジエールとミレノ・T・カバルカンテ）は「ア・オイル・プライセズ・アンド・オイル・コスツ・リレイティッド（Are Oil Prices and Oil Costs Related?）」という題名の驚くべきリポートを発表した。彼らの回答は紛れもなく「イエス」である。二〇〇二年、ブレント原油の価格が一バレル当たり二五ドルほどであったとき、ブレント原油のすべてを含めた損益分岐点は一バレル当たり二〇ドルほどであった。世界の主要な石油会社の石油開発までにかかるコストは平均すると一バレル当たり五・四〇ドルであった。二〇〇八年、ブレント原油は一〇〇ドル以上まで急騰するが、平均コストは一バレル当たり九七ドルほどであった。発見から開発までにかかるコストは一バレル当たり二五・五二ドルと五倍になっていたので、業界全体の損益分岐点は一バレル当たり八六ドルであった。石油サービス企業はリグの利用にかかる日当を引き上げたが、原油価格が高くなれば、一バレル当たりの石油を探すためにより多くの費用を充当しても、収益性は確保できたのである。

ペトロブラスはカンポス鉱区とサントス鉱区で何十億バレルもの石油を発見したが、それによってより大きなコスト圧力を受けることになる。石油に到達するまでに六〇〇〇メートル超も掘り進まなければならない油井もあった。沖合三二キロの地点にあっては、採掘の機材を設置するために何年もの時間とかなりの手間が必要であった。トゥピ（ルラ）油田ほどの規模は前例のないものであり、ほかにも巨大なプロジェクトが待ち受けていた。

ブラジル政府は自国の石油収入を維持したいと考え、そのために一連の法律を制定した。オフショアで用いられる設備に関する自国の調達率を拡大した。ブラジルのオフショアで用いられているリグのうちブラジルで調達されたものは五分の一以下であったが、それを五分の三まで増やしたのだ。技術力に優れた国際的な石油サービス企業は地元のパートナーを探すなり、規則の穴を見つけるなりしなければならなかった。ブラジルにおける新しい油田の操業はすべてペトロブラスが行うことになり、また同社は少なくとも三〇％の利権を手にすることになった。ブラジルは「石油は自分たちのものである」ことを確実にしたわけではあるが、これはとりもなおさず、ペトロブラスが向こう何年間もの間、毎年何十億ドルもの借り入れをするということでもあった。同社の純債務は二〇一五年までに一〇〇〇億ドルを超えるまでになった。

ペトロブラスのスローガンは「オ・ペトロレオ・エ・ノッソ（O petroleo e nosso）」、つまり「石油は私たちのものだ」であるが、私はだれが「私たち」に含まれるのかずっと不思議に思っていた。石油はブラジル国民のものなのか、ペトロブラスの株主のものなのか、それとも政府の高級官僚のものなのか、と。繰り返し唱えられるスローガンと新たな法律は国有化の前触れなのだろうか。これは杞憂ではなかった。二〇〇六年、ボリビアは自国の石油産業を国有化した。翌年、ベネズエラはオリノコ鉱区をペトロブラスを含む外国企業から部分的に没収した。二〇〇九年時点では知る由もないが、二〇一二年にはアルゼンチンがＹＰＦを再び国有化している。

没収の不安以上に、ペトロブラスはもはや低コスト生産者ではなくなっていた。同社はキャッシュフローを上回る資金を費消し、負債は恐ろしいまでに増大し、同社の株式がもはや割安ではないことは明らかであった。それに追い打ちをかけるように、原油価格は二〇〇八年の六カ月間で一バレル一四五ドルから三六ドルまで急落し、その後、底を付けると、二〇一一年の一二五ドルまでゆっくりと回復していった。石油のようなコモディティ事業では、大きなサイクルが付き物である。下落局面で破綻する企業はコストが高いか、過大な負債を抱えているか、またはその両方である。私はファンドで所有するペトロブラス株をすべて売却することにした。

後により安い価格で徐々に株式を売却するにつれ、私は二〇〇八年の一ＡＤＲ当たり七二ドルが天井だったと考え、あきらめきれずにいた。だが、今になって思えば、後悔することは何もない。油田開発は大幅に遅れ、何百億ドルもの追加予算が必要となっていた。ブラジルはいまだ石油の純輸入国である。ルラ政権が終わりを告げると、ジルマ・ルセフがブラジル大統領に任命される。新たに四つの精製所の建設計画が発表され、うち三つはブラジルの貧しく、過疎の進んだ北東部に建設されることになった。しかし、そのうち二つは一部が建設されたあと、廃棄された。ペトロブラスの精製事業は、ガソリン製品が統制価格で販売される一方で、原油を国際市場で購入しなければならないため、何十億ドルもの大損失を出すことになる。今日でも、ペトロブラスはエクソンモービルよりも多くの従業員を抱えているが、収益はその半分にも満たず、人員が過剰であることは明らかである。

二〇一四年後半に原油価格が暴落し、ジルマ・ルセフが再選したあと、ペトロブラスは汚職による何十億ドルもの損失を発表した。ペトロブラスの資金計画にはサーチャージが乗っていたことは明らかだが、およそ三〇億ドルが労働者党の政治家に流れていた。この計画のコードネームはオペレーション・カーウオッシュとされ、現金はペトロブラスの給油施設でロンダリングされていたのだ。ブラジルの石油業界では賄賂なくしてはいかなる契約も保全されないことは明白であった。同国の何十人もの上院議員、契約業者、著名な役人たちが起訴されたが、そのなかには汚職の容疑で弾劾されていた（そして無罪となった）かつての大統領フェルナンド・コロール・デ・メロもいた。ルセフ大統領も弾劾され、二〇一六年に罷免されている。

証券アナリストからすれば、汚職、不適切な経営、不当に高い税率やロイヤリティ、劣悪な地質、さらには不運はすべて高コストにつながるものである。汚職が問題なのは倫理の問題のみならず、アナリストがそれを知り得ず、またどれほどの影響があるかを正確に判断することができないことにある。経営の誤りは、従業員当たりの収益といった簡単な比率をもって測ることができる。法の支配がなされる国においてさえ、税率やロイヤリティの安定は容易に失われるし、コモディティ価格が上昇すれば土地の所有者や政府はより欲深くなるものだ。

発見コストに関する業界の調査は過去の出来事を伝えることはできるが、地質に関する展望、財政条件の安定性、そして企業の技術力と合わせてとらえるべきものである。発見から開発までにかかるコストは概して資源の豊富な未開発の地域ほど低いものとなる。税金やロイヤリティの仕組みは、汚職が蔓延していなければ、民主主義国が最も安定している。優れた技術を用い、地質に関する造詣の深い企業もあるが、それによってコストはより低いものとなる。

コモディティ価格の変動は投機家には魅力的なものであるが、投資家をしてそれらの産業に手を出すことを思いとどまらせるかもしれない。例えば、石油価格を予測することは無駄なことではあるが、何らかの価格の前提がなければ利益や資産価値を見積もることはできない。資産価値や利益を算出する場合、不完全であることは認めざるを得ないが、今日のスポット価格か一〇年間の平均価格の低いほうを前提とするのが保守的な方法である。私は、安全性の指標として次のものを求めている。①低い生産コスト、②政治的安定、③資産価値からの割り引き、④低いＰＥＲ、⑤無借金または債務がほとんどないこと――である。安全性の指標を無視する投機家たちは、映画『ゼア・ウィル・ビー・ブラッド』（二〇〇七年）でダニエル・プレインビューが言ったように、「おしまいだ」という結果に陥ることが多いのだ。

第15章　ハイテク株とＳＦ

「技術は大きく変化する。だから私は変わらないものに集中する」――ジェフ・ベゾス

ハイテク分野にウォーレン・バフェットはいない

これは、長者番付のフォーブス四〇〇に数えられる人物で、上場しているハイテク株に投資して自らの富を築いた者はいない、という意味である。たしかに、多くのベンチャーキャピタリストやハイテク企業の創業者や主要な従業員が億万長者となっているが、彼らには公開市場にいる投資家にはない利点があったのだ。彼らはイノベーションの流れを俯瞰し、それに影響を与える能力があったのである。多くの場合、彼らは自らの資本のすべてと、さらには情熱とを一つの企業に賭けたのだ。そうすることで、株式のほとんどを保有し続け、何年も何十年も複利で運用したことになる。

ハイテク長者は優れた洞察力だけでなく、さらに重要なことに、月にも届くような一つの銘柄からなるまったく分散していないポートフォリオを保有する者としての並外れた運から利益を得たのである。大きな成功にスポットライトが当たるので、運の役割は隠れてしまうが、失敗はそこかしこにあるにもかかわらず、公表もされなければ、目につくこともない。一人のマーク・ザッカーバーグに対して、何年にもわたる努力の成果が得られない起業家や従業員が何百人といるのだ。もうひとつの分野で言えば、ジェニファー・アチソンやサンドラ・ブロックは映画スターになるまではウエートレスとして働いていたのである。ロサンゼルス地域で働く七〇〇〇人ものウエーターやウエートレスのほとんどが一度もお声がかからずにいるのである。たった一つの銘柄を選び、それが次なるフェイスブックとなることなどほとんどないであろう。たとえそうなっても、スターダムははかないものなのである。

自らの運気を維持するために、スタートアップ企業は独自の技術と低コストとを組み合わせていかなければならないが、その目的の一方を後押しする行動がもうひとつの目的をダメにすることがしばしばある。技術に特化した企業はR＆D（研究開発費）に多額の資金を投じ、直近の収益性を犠牲にしてでも最前線にとどまろうとするが、財務の健全性を重視する企業はR＆Dを含むコストを最小化し、イノベーションの元となる取り組みを避けようとする。思わぬ展開によって、最もニッチな製品ですらやがては成熟しかねない。それらは、平凡なものとなり、やがては時代遅れとなるのであるから、長期的には、ビジョンと財務管理の双方が必要となるのである。投資家はハイテク株に対して、その双方が必要なときに未来主義者や証券アナリストとして取り組むことになるが、そのことがこの隔たりを映し出している。財務分析ではイノベーションの行く末を正確に想像することはできないが、ＳＦもコモディティ化する産業を理解するには同じく役に立たない。私はまず、自らの知識の穴を埋めること、もしくは少なくともそれを理解しようとすることから始めている。

だれも行ったことのないところへ行け

スタートレックではないが、ハイテク企業の起業家や投資家たちは、今までにだれも行ったことのないところへ勇敢にも足を踏み入れたがるものだ。厳密に言えば、彼らはオッズが計算できない、また結果があいまいな状況に引かれるのである。世界を変えるような発明は時代遅れにもならず、また競争にもほとんど直面しないので、コストや競争という話はそのような先見の明を持つ者たちにとってはくだらない退屈なものとなる。ブレークスルーを起こす製品を持つ企業は小規模から爆発的に成長し、素晴らしい利益を獲得する。しかし、新たなフロンティアを開発しても、発見した新たな世界が期待外れなものだったり、失敗だったりすることもある。

想像力に限りはなく、不可能なものは何もないが、投資家は現実世界に生きているのだ。科学やハイテクの分野では、ビジョンは既知の真実と相反することはあり得ない。物理学者のリチャード・ファインマンが述べているとおり、「今まで見たことのないもので、すでに分かっていることと隅々まで一致しており、これまで考えられていたこととは異なる何かを想像しなければならない。さらに言えば、それは明確でなければならず、あいまいな意見であってはならない」。成功する未来主義者は、関連する考察に関する詳細な知識を渉猟することから始め、実験によって焦点を絞り、解決法の提案の試行錯誤を繰り返すのである。

独創的なアイデアを持つマッド・サイエンティストがその発見を有効な製品へとすぐに転化できるとは考えられず、またその製品がそのまま市場に受け入れられ、やがては業界を独占するとか、先行者が次に登場したものに即座に取って代わられることはないと仮定することもできない。技術の歴史は、発明をした天才がやがては無一文となり、その発明を利用した者が大金を稼いだという例にあふれている。例えば、最初にトランジスタの特許を取得したのはユリウス・リリエンフェルトであるが、実際に利用できる装置を最初に生み出したのはAT＆Tのベル研究所であり、その後、トランジスタを基礎とする製品である半導体で何十億ドルも稼ぎ出したのはインテルである（リリエンフェルトは彼を顕彰してその名を冠した物理学賞が設けられただけである）。

最も優れた業績を挙げる人物の動機は、億万長者になることではなく、何か素晴らしい、価値あることをしたいというもののようだ。ゼネラル・エレクトリックを創業した天才発明家トーマス・エジソンは、シリコンバレーの発想を先取りしていた。彼は、「私の人生の主たる目的は、さらなる発明を行うために十分なお金を稼ぐことである」と述べている。同様に、アルファベットの使命は「世界中の情報を整理し、普遍的に入手・活用できるようにすること」である。この偉大なる使命の邪魔を廃し、近視眼的な欲深い株主を妨害するために、アルファベットの株式の半分は議決権がなく、二人の創業者（ラリー・ペイジとセルゲイ・ブリン）の株主は一株につき議決権が一〇票与えられている。

最も偉大な科学的称賛は基礎となる技術、つまり無数の利用方法があり、多数の派生物を生み出す技術を生み出した者に贈られる。しかし、その画期的な技術ではなく、その利用方法を生み出した者に大金がもたらされることが多い。最初のコンピューターを発明したのはチャールズ・バベッジかもしれないが、ＩＢＭがそれを完成させ、コンピューター用のソフトウェアを開発したことで、巨大かつ永続的な事業を生み出した。検索エンジンはインターネット上で利用されるものであり、インターネットはコンピューターの利用方法の一つであるが、検索エンジンはそれ自体が基礎的な発明である。ウェブコンテンツの検索エンジンを発明したのはアラン・エムテージ、ビル・ヒーラン、Ｊ・ピーター・ドイチェであるが、三人ともグーグルの創業者のような巨万の富を手にしてはいない。

市場性のある製品を生み出す可能性が最も高い研究プロジェクトは、概して最も安全な賭けのように思われている。優れた研究でも試行錯誤は避けられないが、それは証券アナリストにとっては大いなる無駄に見えるものである。ほとんどのR＆Dは浪費という考えを体現している企業もある。中国では、技術とは単に他社（他者）から盗んでくるものだ。バリアント・ファーマシューティカルズは製薬会社を買収すると、その会社の研究活動を大幅に削減するが、開発の最終段階にあるものはテコ入れし、マーケティングを行うのである。同様に、アップルはデザインと技術開発から大きな利益を得てきたが、純粋な研究開発よりも、特許訴訟に多くの資金を充当している。

予期された発明と予期しない発明

アーサー・C・クラークは著書『未来のプロフィル』（ハヤカワ文庫）のなかで、進歩は運に大いに依存し、重要な発明は「予期されたもの」と「予期しないもの」とに分けられると主張している（**表15－1**）。クラークは、予期しないこととは、発見者がそれを探求しておらず、過去の科学者たちがその目的または機能を理解しなかったであろうことと定義している。ブラックホールは予期しない発見だったが、それはブラックホールが先達たちを当惑させたであろうし、今日でもなお科学者たちを困惑させているからである。対照的に、古代ギリシャ人やレオナルド・ダ・ビンチは空飛ぶ機械の誕生を予想し、それを作ろうとしていた。

この区別は、投資家にとって二つの意味で重要である。第一に、予期しない発明は、まれに

表15－１　予期しない発明と予期された発明

予期しない発明	予期された発明
人工臓器	航空機
ブラックホール	人工生命
DNA鑑定	自動車
進化	携帯電話
レーザー	殺人光線
電子レンジ	ホロデッキ
MRI	不死
原子力	LSD
量子コンピューター	臓器移植
レーダー	ロボット
スーパーコンダクター	太陽光パネル
テレビ・ラジオ	宇宙船
バーチャルリアリティー	蒸気エンジン
レントゲン	潜水艦

出所＝kk.org

生まれる基礎的な発明のなかに見いだされやすい。そのような発明はほとんど探求されていない知識の極致にあるものなので、科学者たちはそれを予想してこなかったのである。このように、予期しない発見が、やがて有望な研究領域の扉を開くことがよくある。予期しない発見をすることには競争がないので、関連する領域や新たな発明への展開が起こりやすいのである。第二に、予期しない発明はほかの問題に関する研究の副産物なので、コストがまったくかかっていないとも言える。対照的に、自動運転の自動車や安価な再生可能エネルギーとその貯蔵、人工知能を持つ配達用ドローン、拡張現実、さらに量子コンピューターなど来るべき発明をたしかなものとするために、何十億ドルもの資金が費消されている。

失敗は、研究開発を行うベンチャー企業では繰り返し発生するものである。会計士による実験の失敗の定義は科学者のそれとは異なるものである。会計士は、目的を達成できなかった実験を失敗と考え、それに費やした費用を損失として計上する。科学者たちは、自分たちの仮説に結論が出せなかった場合、つまり何も学ぶことができなかった場合に、その実験を失敗と考える。今日の研究が生み出す将来の果実を評価する方法を、いまだだれも考案していないのだ。

セレンディピティは研究の副産物だが、それは自分たちが目にしたものに新たな文脈を発見できるだけの柔軟性を持った者たちだけのものである。バイアグラは当初、心臓病の薬品として開発されたものであり、臨床試験ではそのとおり心臓をドキドキさせていたのだ。３Ｍ（旧ミネソタ・マイニング・アンド・マニュファクチュアリング）の研究者であるスペンサー・シルバーは超強力な接着剤を開発しようとしたが、結果的に極めて弱い接着剤となってしまった。しかし、一〇年余り後、３Ｍのもうひとりの研究者アーサー・フライはそれをポストイットに転用したのである。

科学技術者たちはそのことに触れたがらないが、意図せぬ結果が明らかになるには時間がかかるので、セレンディピティには大きな負の側面があるとも言える。サリドマイドは利用法を研究するなかで発見された一例である。スイスの製薬会社のチバがてんかん治療の抗けいれん剤としてサリドマイドを開発したが、その利用方法は誤りであった。この薬品は吐き気を抑え、鎮静効果が強力だったので、妊婦のつわりに効果があるとされたのである。しかし、それがやがて恐ろしい利用法であることが判明する。一九五〇年代後半から一九六〇年代前半にかけて、サリドマイドを服用した母体から生まれた一万から一万二〇〇〇人の胎児が死産や重度の障害を持ってしまったのだ。現在、サリドマイドはがんやＨＩＶやハンセン病の治療に処方されている。

既知の技術を新しい方法で組み替えることで生まれる発明も多い。例えば、インターネットはコンピューターと電話の技術のマッシュアップであり、フェイスブックは電話の共同回線とインターネットと写真の組み合わせである。無人自動車は自動車とセンサーとインターネットが縁組したものである。ゼロックスのコピー機は写真と静電印刷を組み合わせたものであるが、同社が主たる特許を市場性ある製品に転換するまでに二二年がかかっている。ゼロックスでは、印刷するために感光板を使う代わりに、帯電し、レーザー光を当てると静電気がなくなる元素でコーティングされたドラムを求めていた。ゼロックスは試行錯誤の結果、その元素がセレニウムであることを学び、一九五五年、コピー機にセレニウムを用いる独占権を認める特許を取得したのである。

優れたアイデアを成功を収める製品に転換するためのミッシングリンクを見いだすために数十年を要するようなケースもある。一〇〇年前、ニコラ・テスラ（彼は無一文でこの世を去った）は無線送電装置を発案したが、今もって実現していない。電気自動車は一八〇〇年代に発明され、一九一〇年ごろには自動車市場のおよそ八分の三のシェアを占めていたが、走行可能距離が限られ、また充電施設も不足していた。こういうことをご存知だっただろうか。フェルディナント・ポルシェ博士は一九〇〇年にガソリンと電気のハイブリット車第一号を製造したが、一九九六年にトヨタがプリウスを投入するまでハイブリット車はほとんど売れなかった。

商売においては、優れたものであることと使いやすいことが、第一号であることよりも重要なのである。

運と勝者総取り

知識産業のほとんどが大きな規模の経済性を持っている。これは、新製品を投入した小さなスタートアップ企業のコストが最も低いわけではないという、不快な示唆をもたらすものである。それゆえシリコンバレーは即座に大きくなりたがるのだ。インテル創業者のひとりであるゴードン・ムーアはムーアの法則を提唱し、ＩＣチップに組み込まれるトランジスタの数は二年ごとに倍増すると述べた。当然の結果として、製造される半導体装置の累積数が増えれば増えるほど、一つ当たりのコストは低くなるのである。これは、インテルは何百万ユニットも売れる、いくつかの大ヒット商品にだけ特化すればよいという戦略的含意を持つことになる。ムーアの法則は、ディスクドライブの面密度といったいかなる電子製品にも当てはまるものである。

インターネットやソフトウェア事業はネットワーク効果から恩恵を受けることが多いが、これは顧客が増えるにつれ、サービスがますます魅力的になり、情報がコストをかけずに何度も再利用されるのだ。イーベイやアマゾンの市場を利用する販売会社が増えるにつれ、それは買い手にとってもより魅力的なものとなり、また買い手が増えることで、より多くの売り手を魅了することになる。ビザやマスターカードは至るところで利用されるが、これらのカードがどこでも受け入れてもらえることがその一因である。架空のネットワーク効果には気をつけなければならない。つまり、ＡＯＬ（アメリカンオンライン）は利用者が増えるにつれて収益を拡大させたが、これはユーザー・エクスペリエンスを改善するものではなかった。マイスペースは当初ネットワーク効果を持っていたが、利用者はフェイスブックほど同社のサービスを好まなかったのである。

コストの低下とネットワーク効果によって、多くのハイテク産業は勝者総取りの特徴を有することになる。二〇一五年、ラッセル二〇〇〇を構成するハイテク株の三分の二が、加重平均のパフォーマンスに負け、三分の一がそれを上回った。つまり、大型のハイテク銘柄のほうがパフォーマンスが良いということである。一〇年前にラッセル二〇〇〇に組み込まれていたハイテク株のうち、今でも上場している企業は半分以下である。敗者の数は多く、大きな成功を収めた勝者（ライフスパンは分からない）の数は限られていることを示している。

絶対的な勝者を選びだす難しさを認識した投資家のなかには、ＳａａＳ、クラウドコンピューティング、３Ｄプリンター、ウェブホスティング、スマートフォンといった高成長産業の銘柄からなるＥＴＦ（株価指数連動型上場投資信託）を買う者もいる。この方法は、構成銘柄全体の価値がその業界がもたらす投資機会に比べて極めて低い場合に成功する。私はこれをハッピーケースと呼んでいるが、全体の損失を補って余りある勝者が出てくるという意味であり、それは「運次第」なのだ。より一般的に言えば、スポンサーがピンハネしている宝くじを全部買うのと結果は同じである。最終的に、数少ない大当たりが、無数の失望を埋め合わせることはできない。バリュー投資家にとってはイラ立たしいことではあるが、絶対的な勝者は空にも届くほどの期待を背負っていることが多いということだ。これは、すべてのグラマー銘柄が最終的に勝つという意味ではない。実際には、ほとんどが大失敗するのである。

次のシナリオを想定してほしい。一つの産業に一〇〇の企業があり、それぞれに等しく投資を行う（**表15－2**）。一〇年または二〇年後、一社は圧倒的なリーダーとなり、その株式は一〇〇倍となる。また五〇倍に上昇した強力な競合他社も存在する。五〇銘柄は停滞しているがその価値は維持している。四八社は破産した。投資バスケット全体の価値は二倍になっている。一

表15－2　勝者総取りの宝くじ銘柄

	数	リターン	最終的な価値
大当たり	1	9900%	100
当たり	1	4900%	50
低迷	50	0	50
破産	48	－100%	0
ポートフォリオ全体	100	100%	200

年で二倍になれば素晴らしいことではあるが、一〇年またはニ〇年では平凡な結果にすぎない。

この手のシナリオは、コンピューターのＨＤＤ（ハードディスクドライブ）業界をおおよそ言い当てている。今日、ディスクドライブは成熟産業であるが、一九九〇年では若きパソコン業界でスリルあふれるゲームを展開していたのだ。それ以来、パソコンとディスクドライブの年間出荷量は二〇倍以上に増大している。累積で見ると、二〇〇を超える企業がＨＤＤを製造してきた。合併された企業もいくつかあるが、多くは墜落し、焼け落ちたのである。シーゲートとウェスタン・デジタルの二社は今でも独占的なプレーヤーである。二〇年間で、ウェスタン・デジタル株は五〇倍以上に値を上げた。一九八二年に時価総額一億八〇〇〇万ドルでＩＰＯ（新規株式公開）をして以来、シーゲートの時価総額は一〇〇倍以上に増大した。仮に一〇社のドライブメーカーからなるバスケットを買っていたら、少なくとも八社はガラクタであり、一〇社すべてがそうだった可能性もある。

シーゲートは正しい戦略を採っていた。つまり、どこよりも早く生産規模を拡大し、水平統合を行い、法人顧客に集中し、ソフトウェアを展開していくというものだ。しかし、シーゲート株が素晴らしい結果を残した本当の理由は、ソフトウェアへのサイドベットにあった。二〇〇〇年にシーゲートが株式を非公開化したとき、株主はＩＰＯ時の時価総額のおよそ一〇〇倍に当たる一九〇億ドルの価値を手にした。シーゲートは、ソフトウェア事業をベリタスに売却し、当時で一七〇億ドル相当のベリタス株を受け取った。実質的に、バイアウトファームがシーゲートのディスクドライブ事業に支払ったのは二〇億ドルにも満たないことになる。驚くべき割安さである。今日、ＨＤＤ業界は寡占状態にあるが、半導体ドライブに取って代わられるにつれ、心配の種は陳腐化へと移ってきている。

ゲームチェンジ

企業が成長し、大ヒットの製品が生まれると、状況が一変する。製品を組み立て、販売し、現金を回収し、数字を管理する者が必要になるが、そのなかでも最も困難なのが、これら欠くことのできない業務を行う人々を管理することである。事業をその段階まで導いてきた想像力あふれるエンジニアやデザイナーとは異なり、それらの機能は平均的で、反復的で、伝統的なことを良しとする。コンピューターのハードウェア製造は、コストを削減するためにそのほとんどがアウトソースされている。そうすることのもうひとつの理由は、おそらく極めて多様な従業員の一群を管理するうえでの文化的な衝突を回避することにあろう。アップルは二〇一五年時点で一一万人の社員を抱えていたが、同社の委託製造業者であるホン・ハイの従業員数は一二九万人であった（アウトソースによって、プロセスイノベーションの舞台がアジアに移ることになる。これは重大なことで、ヘンリー・フォードの組み立て工程はプロセスイノベーションだったのだ）。

エンジニアは人事制度を開発するのではなく、技術システムを設計するよう教育されているが、出世したオタクはそのどちらにも取り組むことを強いられる。つんつんヘアのプログラマー集団を、ボタンダウンのシャツを着た会計部門の者たちと同じように扱うことはないであろうが、クリエーターたちと会計士たちは何らかの形で協力し、または互いに指揮を執らなければならないのだ。ゼロックスの創業者であるジョセフ・ウィルソンは、同社がアメリカで最も価値ある二〇社の一つに数えられていたときに同社を率いた洞察力あふれる人物である。彼のあとを襲ったのがＣ・ピーター・マコーローであるが、法学部を卒業し、ハーバード大学のＭＢＡ（経営学修士）を修得し、リーハイ炭鉱汽船で経験を積んだマコーローのビジネス感覚は証明済みであった。

ハイテク企業は陳腐化と競争の双方を回避しなければならないが、さもなければ死を迎えることになる。製造部門の人々は顧客を喜ばせるべくイノベーションに力を入れる一方で、財務を司る社員たちはコストの低減と顧客を収益につなげることを強調する。目の前の利益を気にする企業は、同じ製品を長きにわたり生産し、R＆Dを最小化することで、低コスト生産者となることを目指すであろう。時には、経営陣は古い製品をまねたほうがユニットコストが下がるという理由から、オリジナルの製品を製造したがらないこともある。しかし、新たな呼び物を継続的に投入しないインターネット企業は利用者を失うことになる。

ゼロックスの財務モデルは魅力的なもので、高額の機器を販売するのではなく、機器をリースし、トナーを販売することに集中していた。ゼロックスと同社の営業マンにとって、これはより安定し、収益も繰り返し得られることを意味していた。繰り返し発生する収益の基盤がしっかりしているので、予算が達成される可能性も高く、経営陣は証券アナリストに正確なガイドラインを提示することが可能であった。顧客にとっては、コピー機のリース費用は営業費用として計上されるので、たいていの場合、資本支出で求められるような上級幹部の承認を得る必要がない。コピー機製造の事実上の独占企業であるゼロックスは、少数のスタンダードモデルを大量に製造することでコストを削減することができた。陳腐化する可能性のある機器の所有者であるゼロックスは、製品をそれほど早く改善することを望まなかったかもしれない。スティーブ・ジョブズが看破したように、製造部門の人々はゼロックスを追い出され、それに合わせてある種の職人技も失われていった。

それにもかかわらず、一九六九年、ゼロックスはそれまでで最も特筆すべき研究活動とも言えるパロアルト研究所（ＰＡＲＣ）を設立した。このパロアルト研究所なくしては、パソコンもインターネットも存在しなかったであろう。現代のパソコンはパロアルト研究所で開発されたものであり、イーサネット、グラフィカル・インターフェース、それをコントロールするマウス、使い勝手の良いワードプロセッシング、デスクトップパブリッシング、テレビ会議なども同様である。「未来のオフィス」というゼロックスのビジョンに最も合致していたのがレーザープリンターであることは言うまでもないが、その開発はゼロックスよりもヒューレット・パッカードのほうがうまくいっていた（私は、現代における相似形と言えるアルファベットによる月探査がどのような結果になるか注目している）。

あろうことか、ゼロックスはこれら世界を変えるような発明を市場での支配力にも、いかなる市場シェアにも転化することができず、一方でアップルやマイクロソフト、ヒューレット・パッカードなどがそれらを利用して巨大企業を築き上げたのである。アップルのアイデアを盗んでいるとしてスティーブ・ジョブズがビル・ゲイツを非難した会議において、ゲイツはこうやり返したのだ。「なぁ、スティーブ、違う見方があると思うよ。僕らの近所にゼロックスという金持ちがいて、彼のテレビセットを盗もうと忍び込んだら、すでに君が盗んだあとだった、とは考えられないかね」

パロアルト研究所の気さくで、自由奔放で、適用力の高い研究者が販売できる製品を生み出しても、彼らはゼロックスの重役たちにその製造と販売を助ける気にさせることができなかった。例えば、アルトは販売可能なパソコンの第一号となることもできたが、その市場は存在していなかったのである。一つの提案として、ダラスにあるゼロックスのタイプライター工場でアルトを組み立てることもできたが、工作機械やラインを変えることは高くつき、より利益率の高い製品の販売を邪魔することになる。一九七九年、ゼロックスはパソコン技術をアップル株と交換に同社に譲り渡した。

パロアルト研究所の発明でゼロックスが実際に販売したのはイーサネットが初であったが、コピー機の販売員たちは興味を示さなかった。ゼロックスの販売員たちは新製品に関する教育を受けていなかったのだ。イーサネットはコピー機の利用者とは異なる顧客に売り込まれたので、容易に追加的な売り上げにはつながらなかったのだ。新製品は一回限りの売り上げで、しかも利益率が低いが、コピー機やトナーは繰り返し売り上げが発生し、利益率も大きかった。新たな技術がどのように利用され得るかは正確には分からないが、どのように利用するかを見極めるには労力が必要となる。洗練されておらず、バグも多い第一世代の技術は、フォーチュン500に名を連ねる古風な顧客たちに押し付けたくはない代物なのだ。

競争と参入障壁

儲かる産業は、参入障壁がなければ競合他社を引きつけることになる。ゼロックスはセレンなどの主要な特許を用いることで参入障壁を設けていた。それはしばらくの間は有効であった。一九七五年、ゼロックスは反トラスト法の訴訟に和解し、同社の技術をライセンス提供することに合意したが、重大な競争上の問題が実際に起きたのは一九八〇年代初頭であった。そのときまでに重要な特許は期限を迎え、競合他社は次善策を見いだしていた。キヤノンやリコーなどの日本企業がゼロックスから大きな市場シェアを奪い、とりわけ外国市場やより小型の機器でそれが顕著であった。

消費財とは異なり、電子機器のハードウェアでは、より性能が良く、安価な代替品が登場すれば、ブランドは著しく力を失う。コンパックやＩＢＭはかつてはパソコン業界の一流ブランドであったが、もはやその影はない。パソコン事業から撤退する直前、ＩＢＭは自社の銘を冠したパソコンよりも、ノーブランドの白い箱のほうがよく売れることを発見したのだ。より速いインターネット接続がどこでも可能となれば、ＡＯＬというブランド名がかつての利用者が去っていくことを防ぐことはできなかったのである。

一九八〇年代初頭までに、日本の競合他社はゼロックスの製造原価と同じ価格で自社のコピー機を売り始めた。ゼロックスは、販売費と利益とを賄うための価格プレミアムを必要としていた。ゼロックスとコピー機が同義であり、三〇％の営業利益率を獲得していたときは製造コストを抑える必要などなかったのである。そうすることはむしろ非生産的でさえあり、ゼロックスは高品質で高級なイメージを打ち出そうとしていたのだ。しかし、ゼロックスは、競合他社に生産面で大きく水をあけられていることに気づき、一九八〇年代を通じて低迷すると、自社製品を見直し、コストを抑えようと試みた。ゼロックスは繰り返し発生する収益のほとんどを維持してはいたが、価格も利益率も下がってしまったのである。

ハイテク分野で持続し得るものはない

アナリストがある製品の最終的な可能性を予想するとき、彼らはしばしば最高に輝ける瞬間を空想し、その後もそれが続くものと仮定してしまう。だが、もちろんこれはおとぎ話だ。一九九四年、ＡＯＬには一〇〇万人の利用者がおり、それが二〇〇二年には二七〇〇万人まで膨れ上がった。複利にすればおよそ五〇％の成長率である。ＡＯＬ株は利用者数がピークを迎える二年前に最高値を付けたが、その後の二年間で八〇％下落している。一〇年後、アメリカでＡＯＬの有料サービスを利用する者はたった三〇〇万人となった。同様に、ブラックベリーの売り上げと利益は、同社が赤字に陥る五年前までに一〇倍ほどに増大したが、同社株がその頂点に達したのは、利益がピークを迎える三年前であった。インターネット通信やスマートフォンの売り上げは成長を続けたが、ＡＯＬやブラックベリーはより良い製品に追い越され、壊滅したのである。

ゼロックスとイーストマン・コダックは、ニューヨーク州ロチェスターの写真産業に根差した遺産を共有していた。これらは日本企業が登場するまでは世界で最も尊敬されたブランドであったが、デジタル化を生き抜いたのはゼロックスだけである。その当時であれば、銀塩写真と印刷イメージは一世紀以上にわたって安定していたので、数十年程度の歴史しかない電子写真よりも永続すると、私は考えていたであろう。たいていの場合、長く続いてきた形あるものや組織は生き残るものである。しばらくの間存在していたのであれば、その後もしばらくは存在するものなのだ、十中八九は。

陳腐化はエンジニアリングの側面で起こるもの――イーストマン・コダックは化学工程では秀でていたが、エレクトロニクスではそれほどでもなかった――であるが、社会的側面を無視することはできない。どこにでも持ち運べるデジタルカメラの付いた電話が登場したことで、人々はカメラが特別な場面でしか用いられてこなかった時代には気づかなかった無限のシャッターチャンスを見いだしたのだ。初期のスマートフォンの画質は平凡なものであったが、顧客は価格に敏感である。品質には定評があったが、エレクトロニクスの知識が不足しているコダックがスマートフォン市場と競うのは賢明なことだろうかと、私は疑問に思っていた。おそらく、コダックにとって最良の選択肢は丈夫なコンパクトカメラといった製品の品質を強調することであったろうが、ゴープロが気づいたように、それは小さな市場でしかなかった。二〇一二年、イーストマン・コダックは破産申請を行った。

意図しない結果

投資家は波及効果や世の中の反応について考えもせず、発明に心躍らせることがしばしばある。自動車は人々の居住地域の範囲を変え、人々の買い物の方法を変え、またドライブスルーのレストランを生み出した。印刷媒体や音楽ＣＤはインターネットの犠牲者となった。スリーマイル島の惨劇のあと、原子力産業は衰退した。ＳＦ作家たちは、蔓延する監視の脅威と所得分配の二極化を書き連ねている。インターネットによってそのどちらもがかつては想像されなかった規模で可能となっているが、非難を浴びているようには思われない。おそらくＳＦの読者は、自分たちは勝ち馬側にいると考えているからであろう。

プライバシーに関する懸念は、広告やデータがこれまで以上の規模で売買されることを妨げるであろう。政府や企業は常に個人情報に関するデータを保有しているが、これほど包括的で、その価値が高く、また一元管理され、検索が容易であったことは今までになかった。この手の情報の多くが、対象者自身の認識や積極的な同意もなく集められている。これはハッキングと合わせ、これまでにないほど対象者本人の利害に反して利用されることが可能になっている。

インターネットの大いなる繁栄の黎明期は、法律もよりシンプルな時代で、人々は自分たち自身に関する情報は持ち合わせていないという驚くべき考えがあった。良く知られた話であるが、ヘンリエッタ・ラックスの子孫たちは自分たちの知らないうちに彼女のがん細胞が採取され、医学研究で用いられるヒーラ細胞として培養されていたことを後に知るのである。同様に、ターゲットはビッグデータを利用して、ある女子高生が彼女の父親も知らない間に妊娠していたと推論した。ダイレクトメールを可能とする技術は、非民主主義国では政治的・宗教的・性的マイノリティを抑圧するために利用することも可能である。ヨーロッパでは個人情報の法的地位を変更することでプライバシーを保護する動きが進行中であるが、これによって広告販売は損害を受けかねない。

インターネットの常時接続によって、人間の意識が多くの広告に吸い寄せられることになる。平均的なアメリカ人は一日に四時間以上テレビを見ると言われているが、そのうちＣＭは一時間ほどになるであろう。モバイルインターネットがテレビＣＭに取って代わろうが、それを補完しようが、注意力が散漫になってきている消費者は広告には反応しなくなっているであろうと考えざるを得ない。また、インターネットが価格の透明性を促進するのであれば、財の利幅はますます小さくなり、広告の予算は少なくなるであろう。

それにはどのような価値があるのか

現在価値の理論では、企業が生み出す将来のキャッシュフローを、それが続くかぎり見積もることができると前提している。イノベーションや競争や陳腐化などさまざまな可能性を考えれば、これが無理な話であることはだれもが認めるところであろう。確率や統計学や会計や財務分析の手法のほとんどが平均的な世界のために構築されたものであり、繰り返し発生するパターンや事象を将来の出来事の一般的な指針としている。そこでは、平均すると、企業が一〇〇万ドルをかけて製造した在庫は、四半期末にはその額で計上され、今日もまた同じ額で計上されるが、それが常に正しいとは限らない。例えば、オンラインのソフトウェアの追加コピーを製造するにはまったくコストがかからないのであるから、新しい方法や仮定が必要となるのである。

これに対応する一つの方法は、ニュースが伝えられるたびにハイテク株を買ったり売ったりすることである。可能性があまりに多岐にわたる場合、「四半期の利益は増大するのか」「公表される利益はウォール街の予想を上回るのか」といった目の前のことだけを考える投資家もいる。残念ながら、あまりに活発なトレードは有効ではない。一九七二年、ゼロックス株は高値を付けたが、それはその後四半世紀で一度も達成されることはなく、さらには二〇一六年の時価の二倍もの価格であった。ゼロックスの利益は増大を続け、一九七二年から一九八〇年までに二倍以上にもなったが、株価はその価値の八分の五も下落したのだ。一九七二年がゼロックスの売り時だったと結論するためには、同社の利益成長に目を向けるべきではなかったのであろう。つまり、価値という考えが必要だったのだ。一年間の予想利益の四一倍というのは、あまりに高いＰＥＲ（株価収益率）だといった考えである。

ＰＥＲが高いからと言って、その株式が必ずしも割高だというわけではないが、現在価値を見積もるためには企業のライフスパン全体を見通そうとする不自然な慣行に立ち返らなければならない。注目すべきことは、まさにほかの者たちが忘れている点にある。ゼロックスのような企業が素晴らしい製品を生み出したら、それは生産できるのだろうか、売れるのだろうか、関連する社員や財務面を管理できるのだろうか、官僚主義的になりすぎてアンコールの機会を失うことはないだろうかと問うべきである。イノベーションはどれほど早く色あせてしまうか、そうなったとき、企業は成功の結果に慢心し、もはやコスト競争力を失うのではないかと問うべきなのだ。

現在価値の手法を打ち捨てるのではなく、私は企業のライフスパン全体を考えることがそれほどバカげたことではないと思える状況を探している。概して、私は流行の製品や陳腐化が予見できる製品は避けている。また、競合他社がたくさん存在するコモディティ化した産業も避けている。将来大きな利益を上げることがはっきりと見込まれないならば、私は赤字の事業に投資することはない。

アンシスは、問題への解決策が変わらず、競争も陳腐化も避けることができる分野に特化したソフトウェア企業の一例である。エンジニアたちは製品設計の欠点を検証するために、アンシスの多元的なモデリングソフトを利用している。例えば、航空機のエンジニアは、さまざまな設計の航空機の比翼にかかる風の影響やそのほかのストレスをシミュレーションしたり、検証したりすることができる。振動・気温・速度・気圧によるストレスの相互作用をモデル化することができる。航空機の翼は極端な気温や速度には耐えられるが、それらに同時に対抗することはできないといった具合だ。物理の法則が陳腐化することはないので、アンシスのソフトウェアが時代遅れとなることはない。実際に、医療機器の設計という新たな素晴らしい活用方法もある。

サービスは比較的陳腐化せず、技術的な進歩の恩恵を受けることができるが、参入障壁について注意深く検討すべきである。クレジットカードの支払い処理は参入障壁と寡頭的な価格付けの好例である。銀行は規制を受け、また何十億ドルもの資金が支払システムを通過するので、業者やその顧客、そして銀行を保護するためにルールの網が張り巡らされているのだ。この参入障壁がなければ、小さな小売り業者がクレジットカードを通じた売り上げの三％をその処理に支払わなければならない理由が説明できないのである。

なんと、低ＰＥＲはハイテク株で有効である

一般的な見解に反し、低いＰＥＲと高いキャッシュフロー利回りを基準に銘柄選択を行うことはハイテク銘柄ではとりわけ有効であることが多い。私が思うに、変化の速い分野で、競争と陳腐化を観察し続けることはあまりに労力を必要とするので、それ以外には何もしないアナ

リストが多いのであろう。また、財務分析には、注意深さ・分析力・正確さといった異なるものの見方が求められる。優れた財務アナリストは、テクノロジーの将来を見通すために必要な創造力や柔軟性や適応力などを欠いているかもしれないし、そのまた逆も真であろう。

私は未来主義者というよりも財務アナリストであるので、概して、可能性が低い、信じられないほど大きな成果よりも、可能性の高い優れた結果を好む。私は、市場がどの程度大きくなるのかに賭けているのであり、科学が有効かどうかに賭けているのではない。変化の乏しい寡頭的な業界における低コスト業者が私のお気に入りであるが、そこでは将来の利益の傾向を大まかに見積もることができ、危険なまでの誤りを犯すことはない。さらに、運に身を任せることが有効な瞬間もある。

宝くじを買うのではなく、運に身を任せることのほうが、ハイテクの未来主義者にとっても、一般的な財務アナリストにとっても、ハイテク銘柄のバリュエーションを行うには有効である。数多くのソーシャルメディア銘柄が異常なまでのバリュエーションで取引されているならば、それは宝くじを買っているのであり、圧倒的な勝者からの利益によって多くの敗者による多額の損失を賄うことはできないのだ。反対に、ハイテク投資家は移り気なので、大胆さが報いられたり、当たりの価値がはずれを上回ることもある。ただし、運に身を委ねるべき瞬間がブログに掲載されたり、テレビで報道されることはめったにないことを認識しなければならない。

この方法は単純で退屈なように思われるが、ベンチャーキャピタリストやハイテクのインサイダーが持つ能力や知識に太刀打ちできる投資家などほとんどいないのだ。ハーバード大学をドロップアウトした者たちでさえも、変化の方向性を理解できるようになるには何年にも及ぶ専門的な訓練が必要なのである。注意深く調査したあと、そのような起業家たちは安値で、もしくは失敗が致命傷とならない程度の額の投資を行い、経営能力と重要顧客との関係を投入し、事業戦略に影響を与え、そして何年間も企業とともにあることができるのだ。

公開市場のハイテク投資家はしばしば価値を無視し、競争や陳腐化について十分に考えもせず、また夢中になってトレードを行うが、そのすべてが失望へとつながることが多い。彼らが利益を出し、キャッシュフローを生んでいる企業に集中し、株価とその価値とを比較すれば、一時的なものかもしれないが、彼らの成績は改善するであろう。投資家はベンチャーキャピタリストを見習って、差別化が図られているソフトウェアや売り上げが繰り返し発生するサービスを提供している企業に力を注ぐべきである。

第16章　どれだけの債務が過大なのか

「調子が良いときにどれだけうまくプレーできるかが重要なのではない。調子が悪いときにどれだけうまくプレーできるかが重要なのである」――マルチナ・ナブラチロワ

事業は、景気変動、技術的な変化、または顧客からの信頼の喪失などをきっかけに衰退していく。しかし、たいていの場合、終局の引き金を引くのは過大な債務である。展望が明るいとき、借り手はますます資金を借りたがり、貸し手は貸したがる。好況のときに投資家や貸し手は、景気が底にあるときの利益や資産倍率のことなど深く考えもせずに資金を投じる。ひとたび景気の悪化が始まれば、巨額の余剰資金や緩い契約、または容易な返済計画などが最良の防衛策となる。満期日が遠く、またズレがある債務は少なくとも痛みを先送りすることになる。資産を投げ売りすることが、営業資産や顧客の信用を現金にかえる唯一の方法であると、死のスパイラルが始まるのだ。

不健全な引き受け、またはデュレーションとリスクという二つの対応の原則を監視できない

ことがデフォルトにつながることがほとんどである。銀行家は、任意の収入から容易に返済され、予防措置としての担保が返済額を十分に上回っているときに、その貸し付けは安全だと考える。収入が多ければ、少ない担保でも受け入れる貸し手もいる（収入が少なければ、より大きな担保を要求する）。デュレーションの対応原則というのは、固定資産は自己資金や長期借り入れで賄われるべし、というものである。リスクの対応原則は、リスクの高い資産はリスクがとれる資金（自己資金）で対応し、より安全な資産はリスク回避的な資金（借り入れ）で賄われるべし、とするものである。

純資産がなくても高い格付け

ダン・アンド・ブラッドストリート、ムーディーズ、マグロウ・ヒル（スタンダード・アンド・プアーズを所有している）は有形資産を超える負債を抱えている――「破産」の定義の一つである――が、三社とも投資適格とされている。これらの企業には、堅実なキャッシュフローと貸借対照表（BS）にはほとんど計上されない驚くべき無形資産があるのだ。重要な金融情報の信頼ある提供者として、彼らは競争にも陳腐化にも妨げられることはないであろう。とりわけ、彼らのビジネスはシクリカルではない。政府は、ムーディーズとS&PをNRSRO（全国的に認知されている統計的格付け機関）に指定し、両社の格付けに特別な法的地位を与えているが、これが永続的な参入障壁となっている。

何十年にもわたり、大都市を地盤とする新聞社は成長する金の成る木であった。日刊紙は定期購読されるので、彼らのキャッシュフローは安定し、予測可能であった。新聞は大きな資本支出もなく発行部数を増やすことができるので、彼らはキャッシュフローのほとんどを借り入れの返済や配当や買収に自由に充当することができた。新聞社は借り入れ資金による買収におあつらえ向きだったのだ。メディアの資産が売買される場合、取得価格のほとんどはその社の持つブランドや信用や販売網などののれん代が反映され、物理的な工場などはほとんど勘案されないことが多い。キャッシュフローが増大するにつれて、営業権の価値も大きくなるのである。

二〇〇七年、サム・ゼルがトリビューン・カンパニーを買収したが、従業員持ち株制度とともに、彼が投じた自己資金は数百万ドルだけである。残りの取得金額は借り入れで賄われたのだ。結果として負債は一一〇億ドルを超える額となったが、これは一二億ドルに上るトリビューン社のEBITDA（利払い前・税引き前・減価償却前利益）の九倍であった。債務とEBITDAの比率が四倍を超えると、債務を上回る有形資産がないかぎりは危ないと考えられるものだが、シカゴ・トリビューンやほかのメディア関連の資産が十分な担保となった。公平を期せば、この買収ではシカゴ・カブスなど、知名度はあっても、それほど収益性のない資産を売却することで、債務を減少させる計画であった。

買収からたった一年、トリビューンは破産を申請した。二〇〇八年、広告収入が低迷したのだが、おそらくは景気後退とインターネットの隆盛が原因であろう。トリビューンのほかのメディア関連の資産の時価は、ケーブルネットワークやインターネットのウェブサイトでさえ下落してしまった。二〇一二年にトリビューンが破産保護から脱出したとき、ゼルの投資は霧消し、従業員たちの手に残ったのはわずかばかりであった。債権者たちは再建された企業の株式の大半を手にしたが、十分な回収ができたわけではなかったのだ。

ローリングオーバー

競争上の堀（モート）や強力なブランドはまさに長期的な無形資産であるが、それがなければ、営業権などすぐに廃れてしまう。最も悩ましいケースが、借り入れによる買収を繰り返す「ロールアップ」企業である。慌ただしい取引にあって、買い手は経営や事業を知る十分な時間を持つことがない。巨額の取引を行い、堀や価格に気を配るのは難しい。貸借対照表の営業権は永続的な固定資産として計上されているが、買収価格が高すぎただけかもしれない。会計士がそれを解明することはないので、投資家は内容を把握しなければならない。

一九九〇年代後半、グローバル・クロッシングは海底ケーブルをものすごい勢いで取得・構築し、七大陸を接続した。一九九七年から二〇〇〇年にかけて、グローバル社の資産は五〇倍に膨れ上がり、借り入れは一五〇億ドルまで増大した。グローバル社の貸借対照表の半分以上がリスクの高い知的資産であり、これは有形正味資産がマイナスであることを示唆していた。過剰なファイバーケーブルの操業が始まると、グローバル社の有形資産の価値は萎んでしまった。グローバルは年単位での純利益を出したことも、フリーキャッシュフローを得たこともなかった。風船は膨らむより早く破裂し、グローバルは二〇〇二年一月に破産申請を行った。

二〇〇八年、ＮＣＩビルディングは動きの遅いロールアップであり、二つの対応原則に抵触していたのみならず、同社の事業はクレジット市場の状況に大きな影響を受けるので、二重にリスクを抱えていたのだ。最大の金属建設資材メーカーであるＮＣＩは競合他社よりも製品ラインも豊富で、流通網も優れ、また地理的にも分散が図られていた。しかし、金属資材業界への参入は難しいものではないが、顧客は価格に敏感で、売り上げはシクリカルであり、営業権の価値は変動しやすく、また推定しなければならないのだ。

後知恵ではあるが、ＮＣＩは固定資産を長期の資金に、リスク資産をリスクがとれる資金に対応させることができなかったのだ。無形資産はＮＣＩの総資産の半分を占めていた。金属資材販売の循環性を考えれば、ＮＣＩの営業権はリスクのある固定資産であったのだ。経験則に基づけば、自己資金よりも少なく、ＥＢＩＴＤＡの三倍以下である負債はそれほど心配するものではなかった。しかし、そこでＮＣＩの資産の内容と負債の満期のタイミングが無視されていたのである。

二〇〇八年末、ＮＣＩの流動資産は四億六六〇〇万ドルであり、二億三五〇〇万ドルの流動負債のおよそ二倍であった。ＮＣＩの流動資産のほとんどは在庫や売掛金であり、現金ではなかった。二〇〇八年、売り上げが急減したため、売れ残った在庫は四〇％も増大し、現金を費消していた。さらに、流動負債には、一年後に満期を迎える巨額の借り入れが含まれていなかったのである。これらの満期が近づけば、債務は短期借入金に分類されることになり、その額は2四半期で一〇〇万ドルから四億七六〇〇万ドルに膨れ上がるのだ。一時に全額支払うことになる債務は満期一括償還と呼ばれるが、ＮＣＩのケースに相応しい命名である。

二〇〇九年、ＮＣＩの営業利益は売り上げがほぼ半減したことで霧散してしまったが、これによって無形資産の価値に疑義が生じ、六億二三〇〇万ドルの切り下げを行うことになる。リストラ費用、借り換え費用、そして営業損失によって、ＮＣＩは一株当たり三三・五八ドルの赤字となり、純資産は吹き飛び、さらに悪化してしまった。ちなみに「修正営業」ベースでは、ＮＣＩの損失は一株当たりたった三九セントであった。

ＮＣＩが抱える債務のほとんどが直に満期を迎え、営業資本はマイナスとなり、純資産もマイナスとなれば、債権者がすべてを差配することになる。債務は株式に転換され、株式総数は二〇〇〇万株から二億七〇七〇万株に膨れ上がった。株式の価値はその高値からすると、九八％も下落してしまったのだ。

飛ぶのは怖くない

不動産、エネルギー、公共事業、航空会社、金融機関といった大きな資産を抱える産業は、彼らが多額の担保を有していると考える貸し手を引きつける。財務レバレッジがなければ、これら業界のＲＯＥ（自己資本利益率）は精彩を欠いたものとなろう。リスク対応の原則に従えば、リスクの高い資産よりも、国債のようなより安全な資産に対応した借り入れが大きくなるものである。しかし、これらの業界はシクリカルで、彼らのリスク認識も同様である。リスクが最も大きいのは、事態が最も楽観的だと思えるときであることが少なくない。貸し手は期間が短いほうが安心して信用供与できるものだが、それゆえに借り手は固定資産の資金を調達するにあたってミスマッチを強いられることになりかねない。

大型倒産の事例では、銀行やほかの金融機関を筆頭に大きな資産を抱える産業が上位に来ることに気づくであろう。多額のレバレッジを用いる億万長者たちに好まれる資本集約度の高い産業が不釣り合いなまでに危機に陥りやすい。自動車、航空会社、船舶、鉄鋼、石炭といった資産を多く抱えるほかの産業でも近年、数多くの倒産劇が発生しているが、億万長者が破産した例はほとんどない。これらの業界では、競合他社がすぐにまねしようとはしない何かを提供することは事実上不可能だからだ。競争に勝つ唯一の方法は、競合他社が行えない投資も含め、真に優れた資本配分を行うことであるが、その逆もまた真である。

コモディティ業界では、次々に破綻が発生する傾向がある。どの企業も、同時期に、同様に価格またはコスト圧力を受け、損失を出すことになる。彼らはみな資本資産を売却するよう債権者から圧力を受けるので、その価値も下落することになる。不動産は別の用途に転用することができるので、比較的耐久力がある場合が多いが、専門特化された設備は大きな打撃を被る。中古のばら積み船や石油タンカーの価格は、新造船のコストとスクラップとなった金属の価値との間をさまようことになる。二〇〇八年に一億三七〇〇万ドルで購入したＶＬＣＣ（大型石油タンカー）は、四年後には二八〇〇万ドルとなってしまった。いかなるときでも、多くの船会社が一時に困窮に陥るか、すべてが好調かのどちらかなのである。

一九七八年の航空規制緩和法以降でさえ、業界は繰り返し破産の波にさらされ、その総計は二〇〇社を上回るものである。直近で最も規模の大きかった航空会社の破産は、二〇一一年のＡＭＲである。ＡＭＲは赤字続きで、現金を費消し、運転資本はマイナスで、七一億ドルに上る債務超過となった。それまでの一〇年間で、ＡＭＲが黒字となったのは二〇〇六年と二〇〇七年のたった二回だけである。ＡＭＲ株は二〇〇七年に四〇ドル超の高値を付け、同社の時価総額は一〇〇億ドル以上になった。ＡＭＲはこの高値を利用して株式を発行し、一時的ながら純資産はプラスとなった。しかし、再び赤字が続き、会計上の純資産は再び霧消し、ＡＭＲはペニー株となる。リース債務と組合労働者の不満がＡＭＲの運命を決定的なものとした。二〇〇三年、ＡＭＲはアメリカン・エアラインズとして再生する。二〇〇四年には、レバレッジと景気循環、そして寡頭的な価格決定力の名残がアメリカンに有利に作用し、株価は二倍以上に上昇した。

競争が激しく、コモディティ化した業界では、会計上の簿価と本源的価値、そして時価とが互いにまったく無関係になることが多い。中古航空機の市場は存在するので、ブルーブックの価格を簿価の代わりとすることはできる。発着枠は隠れた資産かもしれないが、破綻時には会計数字には表れることのない労働契約上の負債のほうが大きくなる。黒字の年でさえ、AMRの利益率はわずかばかりのものであった。以上から言えることは、AMRのマイナスの簿価は、同社が行った投資の価値を二〇一一年時点で寛大に見積もったとしても、公正なものであったということだ。

自動車は壊れる

二〇〇五年、GM（ゼネラルモータース）の肥大化した貸借対照表（BS）はあいまいな資産や理解できない負債で埋め尽くされていた。総資産は四七四〇億ドルで、将来発生する契約上の義務も含めれば、全体で五〇〇〇億ドルにもなる。自己資本はたった一四七億ドル、長期借入金は三二五億ドルであり、これらを合計しても全体の一〇%ほどである。年金や退職後給付金にかかる債務はGMの長期借入金よりも大きかった。

ＧＭの貸借対照表の大半は、同社の保険およびファイナンス部門であるＧＭＡＣ（ゼネラルモーターズ・アクセプタンス・コーポレーション）に占められており、負債額は二九五〇億ドルに上った。ＧＭの自動車やトラックの販売台数が減少するなか、ＧＭＡＣの資産は一九九九年から二〇〇五年の間に二倍以上に増大した。ＧＭＡＣの拡大はすべてモーゲージ、とりわけサブプライムと商業物件のそれによるもので、その部門の利益は自動車ローンの収益よりも大きかった。二〇〇六年、ＧＭＡＣは商業モーゲージ事業をキャップマーク・フィナンシャルとして売却したが、同社は二〇〇九年に破産している。

二〇〇六年、ＧＭはＧＭＡＣ株の五一％をサーベラスに売却、三一四〇億ドルの資産をＧＭの貸借対照表から切り離すことでスリム化を図った。ＧＭが保有する残りのＧＭＡＣ株は七五億ドルとされた。翌年、サーベラスはクライスラーの支配権も取得したが、その後、ＧＭＡＣはクライスラーの自動車にもローンを提供し始める。

ＧＭＡＣがなくなっても、ＧＭの資産と負債はいまだ不透明なままだった。二〇〇六年、ＧＭは三七五億ドルの前払い年金費用を資産として計上する。年金や退職後給付金にかかる負債は六二〇億ドルとなった。繰り延べ税金資産は二〇〇六年には四五〇億ドルほどであった。これに対し、「その他債務ならびに繰り延べ税金負債」が一六九億ドルである。自己資本は霧散していたのだ。

通常のビジネスでは、担保や借り入れ特約や金利や即時返済の必要のない債務は有益である。

それらは一般に、フロートと呼ばれている。繰り延べ税金はおおよそフロートである。税法は、加速度償却などによって早期に費用を計上し、直近の課税所得を減少させ、将来に繰り延べることを認めている。会計士は将来支払うことになる税金を計上するが、これには特約も担保も金利もない。計上期間の不一致が解消するのは予想できるので、目に見えない満期が存在することになる。

年金や退職後の医療給付債務には条項や担保は発生しないが、資金を積み立てることが求められ、またその他にも制約がある。これら債務の現在価値は想定される割引率や利益率に左右される。GMのような巨額の年金制度を抱える企業はそれら負債の現在価値を最小化すべく、非現実的なまでに高い割引率を用いたがるであろう。例えば、年一〇〇万ドルの支払いを三〇年間行えば三〇〇〇万ドルとなるが、二％で割り引けば、その現在価値は二三〇〇万ドルとなる。八％であれば、たった一二〇〇万ドルとなるのだ。

しかし、GMの財務状況は引き続き壊滅的であった。二〇〇七年には一株当たり六八・四五ドル、二〇〇八年には五三・三二ドルの損失を出した。二〇〇八年一二月、GMとクライスラーは連邦政府から緊急融資を受ける。二〇〇九年第2四半期、両社はチャプターイレブンの申請を行った。緊急融資を提供したことで、政府が再生計画を管理し、GMは三八日後、クライスラーは四一日後にチャプターイレブンを脱したのだ。

法的には、GMの再生は「プレパッケージド」取引と呼ばれるもので、「旧GM」の最も優良な資産や確実な債務は「新ＧＭ」へと売却された。法律上、破産した企業の債権者は、極めて厳格な法律上の優先順位である「厳格な優劣度」に応じて資金を回収する。実務上は、債権者の実際の回収額は交渉の産物となるが、ＧＭのケースほどこの優劣度に無関係だったことはまれである。有担保債権者は、従業員や供給業者や劣後する債券の保有者など無担保債権者よりも先に払い戻しを受けるものである。ＧＭの巨額の貸借対照表に計上されていた債務のほとんどが無担保であった。

議論の余地はあるにせよ、再建計画はＧＭに資金をまったく貸し付けていなかった債権者たちにとっての公正を期したものであった。全米自動車労働者組合はその無担保債権のほとんどを回収し、新会社の一七・五％の株式と六五億ドルの優先株を手にした。対照的に、債券保有者たちは、通常は優先債券の保有者にわたる資金のごく一部を押し付けられたにすぎないと感じていた。なお、ＧＭの株主はすべてを失った。

当てにしてはならない

ＧＭＡＣ全体を保有しているとき、ＧＭの貸借対照表は金融機関の貸借対照表であり、ごくわずかな自己資本が巨額の借り入れを支えているにすぎなかった。金融機関は、二つの対応原則、つまりリスク回避的な預金による資金調達と保守的な貸し付けの対応と、資産と負債のデュレーションの対応に従っているかぎりは、大きなレバレッジに耐えることができる。問題は、ＧＭＡＣが第一のルールに従わず、また苦境時に二つ目のルールを無視したことにある。世界的な金融危機の前段で、ＧＭＡＣはサブプライムモーゲージに深入りしていた。怪しげな自動車購入者に信用供与していたときでさえ、ＧＭＡＣの事業では住宅ローンのほうが自動車ローンよりも大きかったのである。

貸し付けの分野が爆発的に拡張したり、金融機関による貸し付けが増大することは、金融破綻の確実な前触れとなる。お金は究極のコモディティなのだ。金融機関が急速に成長するには、より低い金利を提供するか、信用基準を引き下げるか、もしくはその双方を行うかしかない。高い金利は、市場がリスクが高いと認識していることを反映したものであり、詳細に研究することもなく市場が間違っていると軽率に仮定することはできない。ＧＭＡＣはよりリスクの高い貸し付けを積み上げる一方で、借り入れを増大させていた。二〇〇〇年、ＧＭＡＣは自己資本一ドルに対して一二ドルの資産を保有していたが、二〇〇六年にはそれが二〇ドルとなっていた。ＧＭＡＣだけではない。ワシントン・ミューチュアルやカントリーワイド・クレジットなども同様であり、悲惨な結果に陥っている。

堅実な企業は、契約の縛りがある債務のデュレーションと資産のそれとを対応させるが、そうしていたのでは現代の銀行システムは成り立たない。銀行はいつでも引き出すことが可能な預金を受け入れ、その資金を用いて、より高い金利で長期の貸し付けを行うのだ。実務上、預金者が同時に多額の引き出しを行うことはまれであるし、銀行も流動性のクッションを見積もっている。しかし、予期しない取り付けが起こると、銀行は損を出してでも貸し付けや有価証券を処分しなければならなくなる。その金額が大きければ、銀行の債務支払い能力と流動性とが脅かされることになる。取り付けが起これば、中央銀行は市中銀行に緊急融資を行うことが求められるが、ノンバンクに対しては行われない。

二〇〇八年の金融危機の間、ＧＭＡＣは資金が不足し、保有する担保は怪しげで、債務支払い能力はほぼ失われ、しかも銀行ではないという絶望的な立場に置かれていた。債務支払い能力を回復させるために、米財務省は三度にわたり計一七二億ドルの優先株と普通株を引き受けた。ＧＭＡＣは銀行になる旨の申請を行い、それが認められるとＦＲＢ（米連邦準備制度理事会）から借り入れを行うことができるようになった。ＧＭＡＣはアライ・バンク（後に、サブプライムモーゲージを扱うアライの子会社レスキャップは破産したが、アライ自体は倒産を免れている）と改名する。米財務省はＧＭＡＣとアライの救済で数十億ドルの損失を被ることになろう。

借り手でも貸し手でもない

負債は良いことも悪いことも増幅させる。通常はある程度の借り入れを行うのが最適であるが、その正確な水準は文脈に依存する。当然ながら、それはリスクとデュレーションの対応原則に従うことになる。加工食品や規制のある公共事業のような極めて安定した産業は資金を借り入れることで、ライフスパンや確実性を危険にさらすことなく、収益性や成長性を高めることができる。予想される将来のキャッシュフローを将来の返済と正確に対応させることができるのだ。しかし、そのような事業でさえも、予想が外れることに対する準備として現金のクッションを必要としている。

最もシクリカルな事業では、目の前の利益と企業のライフスパンとのトレードオフにはまり込むことになる。将来を心配するよりも、チャンスを逃したくないと考える投資家もいる。企業が破綻すれば、株主はもはや収益性からも成長性からも利益を得ることはない。シクリカルで変動の激しい事業の将来に対する予測は、いつかどこかで間違える運命にあり、それらの企業が換金できない資産やほかの産業が利用することのできない資産を抱えているとしたら、多額の債務はそれらの事業を脆弱なものとする。私は、レバレッジがなくとも十分な水準の成長性と収益性とを達成できる事業を好んでいる。

企業の「オキナワダイエット」

企業のライフスパンに興味がある投資家にとっては、日本は学ぶべき場所である。アリー・

デ・グースによれば、一七〇〇年以前に設立された企業は全世界で九六七社あり、そのうちの半分以上が日本にある。今日のハイテクの寵児はこのリストには存在せず、酒やお菓子、お茶、食品、レストラン、パブ、宗教的な工芸品といった伝統的で、変化に乏しく、それでいて完全にコモディティ化することのない産業に占められている。変化は人生を刺激的なものとするが、常に変化しなければならない企業はいつかどこかで判断を間違え、倒れることになるのだ。

日本人のように、事業を長期的な資産、リスクある資産と考えるならば、ほとんどの資金を株式で調達するのがふさわしい。日本の上場企業の半分は借り入れを上回る現金を保有しているが、これはほかの先進国では見ることのできない現象である。彼らの貸借対照表に計上されている営業権はほかの地域に比べて小さなものであるが、日本企業も独自の有名なブランドと不滅のフランチャイズを持っている。

企業のライフスパンは二つの対応原則に従うかどうかにかかっているが、社会的な説明もまた可能である。つまり、企業は人々のコミュニティである、と。生き残る企業は、その一部でありたいと願う顧客、従業員、そして供給業者のコミュニティなのである。彼らは順応するが、独特のキャラクターと使命とを維持している。また、彼らは手広く分散することはしない。一七〇〇年ごろに設立された企業のほとんどが同族企業であるので、生き残る企業のほとんどが家族経営でもあり、そのことが極めて特殊なコミュニティの形を生み出している。一方、わが国についても、アメリカの研究者たちは、一族を含む支配株主が存在する企業の株式は、所有者が広く分散している企業のそれをアウトパフォームすることを発見した。

投資家にとっては、収益性と成長性が高く、永続する可能性が高い企業が極楽となる。財務レバレッジが企業を破壊するわけではないが、脆弱性を生み出すことになる。対応原則を大切にしている企業を見いださなければならない。安全なリスクの低い資産と借り入れを対応させ、長期の資産と長期の（短期ではない）借り入れを対応させている企業である。コモディティのサイクルや陳腐化、または消費者の選好の変化に影響を受けやすい事業には気をつけるべきである。トラブルが予想されるのであれば、返済日が繰り延べられたり、ズレていたり、条項がほとんどない無担保の債務があるかどうか、友好的な貸し手がいるかどうかに目を向けなければならない。現金のクッションと未利用の信用枠も、企業が生き残る一助となる。

第5部

どのような価値があるのか

第17章　将来上がる割安株を探せ

「予測はその予測をした者については多くのことを教えてくれるが、将来については何も教えてくれない」――ウォーレン・バフェット

株式の期待リターンはいかほどか、アセットクラスや個別株のインプライド・ディスカウント・レートはどの程度かという疑問は合理的でもあるし、バカげてもいる。推測した価値の合理性など、その算出に用いられる割引率のそれと同じ程度である。割引率が八％ではなく六％であれば、終身年金の価値は三分の一ほど違ってくるが、この差異が安全域を生み出し、また壊しもする。投資家は疑問を避けて通ることはできない。彼らは、債券や不動産などではなく、株式に資金を投じる判断を下す何らかの根拠が必要なのである。また、彼らは何百ものあり得る機会をランク付けし、またそこから選択する方法を必要としているのだ。

株式のリターンは支払った価格に大いに左右されるが、時がたつにつれて、その企業の事業がもたらすリターンに近づくようだ。アクティブな投資家は逆境に打ち勝つリターンを常に探

し求めているが、彼らがオッズを推測するには市場の割引率を推測する必要がある。また、彼らは高い価値を正当化するために、利益率としては受け入れることがないであろう低い割引率を用いてしまうことに注意しなければならない。本章で論じるリターンの推測は、確実でも正確なものでもなく、単なる長期的な推測である。あらゆることを受け入れる準備ができていないならば、投資は行うべきではないのだ。

利回り＝投資家のリターン？

私は株式の将来のリターンを推測するにあたり、最初に利回り（ＰＥＲ［株価収益率］の逆数である）を用いるが、純粋主義者はこの方法をバカにする。後に、この推測の精度を高めるある方法に触れることにする。本章があまりにオタクっぽいと思ったときは、いつでも次のことを思い出してほしい。ＰＥＲの低い銘柄にティルトし（イクスポージャーを傾け）、ＰＥＲが高い銘柄を回避するべきである。利回り、期待リターン、割引率のすべては、より魅力的な株式、投資すべきタイミング、業種、そして投資対象国を指し示すのだ。これらの数値のうち、利回りは唯一容易に見いだすことができる。期待リターンと割引率を得るためには推測や計算が必要となるが、この追加的な労力が必ずしも素晴らしいリターンをもって報いられるとは限らないのだ。

ここで悩みの種がある。会計上の利益は経済的なキャッシュフローと同じではなく、それが現在価値を等しく増大させるわけでもなく、また株主が手にする実現リターンと合致するとは限らないということだ。基本的に、公表された利益一ドルは、投資家が手にするトータルリターンの一ドルに転換されると考えるべきである。これが真であるためには、企業の公表利益はその基礎となるキャッシュフローを反映したものであり、事業に再投資された一ドルは企業の所有者にとっても同じく一ドルの価値がなければならない。直近の利益は無限に続くということが暗に前提とされているのだ。景気循環のピーク時や転換期や最終局面における直近の利回りは、事業をミスリードすることになるのだ。

成長のために再投資された一ドルの利益はたいてい一ドル以上の価値を持つが、それ以下となることもあり、それは将来の利益成長とキャッシュフローとにどのように寄与するかにかかっている。有能で正直な経営陣を擁し、弾力的な業界で、特別な何かを提供している企業が利益を再投資すると、常にと言っていいほど当初の利回りを上回る利益率を株主に提供し、時にそれが驚くほどのものとなる。これこそが、優れた事業にとって時間は友となるが、悪い事業にとっては敵になるという格言の源である。優れた事業が、事業の経済性が投資家のリターンにとって決定的な要因となるときまで優れたものであり続けることをたしかとする堀や競争上の障壁に目を向けなければならない。通常、最も魅力的な利回りを示す株式にも、シクリカルな産業やコモディティ化した産業であったり、怪しげな会計であったり、不正直で無能な経営陣といった欠点が少なくとも一つはあるものだ。これらの欠陥が株主のリターンを毀損するので、利回りは同じものではないとしても期待リターンや割引率と似たものとなる。

アメリカの金融の長い歴史を通じて、株式のリターンは概して当初の利回りを上回ってきた。成長機会がどのように良い結果につながるかを企業があらかじめ正確に把握できるかぎり、そうなるはずである。だれも、意図して価値を破壊しようとする者などいないのだ。だが、これを普遍的な法則か何かのように考えてはならない。五年、一〇年、さらには二〇年単位でさえ、主要な株式指数が当初の利回りを下回ったことは何度もあったのだ。しかし、長期的には、成長のために再投資された一ドルが一ドル以上の価値を生み出したことが多いのである。

過度に簡略化された仮定とＰＥＲの利便性のなかで、低ＰＥＲ（高利回り）効果は存在するはずがないように思えるが、個別株に関する論文は多い。**表17－1**のデータは、ダートマス大学のケネス・Ｒ・フレンチ教授によるものである。基本的に、株式を利回りに基づいたランク付けで分類すると、利回りの最も高いグループがパフォーマンスが最も良く、利回りが最も低いものがパフォーマンスも最も低い。これらの研究のほとんどが、とりわけ長期を対象とするときにはＧＡＡＰ（一般に公正妥当と認められた会計原則）に基づいた利益の数字を利用しているが、直近の数字では調整後利益や予想利益を用いている場合もある。それでも結論は似たり寄ったりである。

低ＰＥＲ効果は、小型株効果と関係している。**表17－1**における時価総額加重とは、アメリ

表17－1　ケネス・フレンチによる利回りに基づいた十分位の累積年率リターン（1951～2015年）

	低10	D2	D3	D4	D5	D6	D7	D8	D9	高10
時価総額加重（%）	9.1	8.9	10.4	10.5	11	12.5	13.3	13.9	14.8	15.6
等ウエート	9.1	11.4	12	13	13.7	14.4	15.2	16.2	17.4	18.6

出所＝ケネス・R・フレンチ（タックスクール）、サリム・ハート（フィデリティ）

カ株の時価総額が全体で二〇兆ドルであるならば、高10の十分位は、利回りが最も高い二兆ドル相当の銘柄から構成されているということだ。等ウエートとは、調査対象が三〇〇〇社あるならば、「高10」の十分位には利回りが最も高い三〇〇銘柄が含まれているということである。利回りが極めて高い銘柄のほとんどが小型株である。等ウエートの高利回りポートフォリオは、投資家が聞いたこともないような無名の銘柄を保有することで、時価総額加重のポートフォリオをはっきりとアウトパフォームしている。例えば、ゼネラルモーターズとストラテック・セキュリティを同じ額だけ保有しようとする機関投資家などいない。しかし、利回りに基づいた時価総額加重のポートフォリオでさえ、平均を上回るパフォーマンスを示している。どちらの方法でも、たいていの場合、より低い十分位はより高い十分位よりも大きなリターンを上げているのだ。

平均すれば、高利回り銘柄は長期的には市場に打ち勝つが、常にそうだというわけではなく、またあらゆる銘柄についてそうであるとは限らない。一九五一年から二〇一五年までの期間のおよそ三分の一で、最上位の十分位の等ウエートポートフォリオは平均に負けている。投機筋のお気に入り銘柄が場を占める強気相場の後半や、下落相場の初期の段階では失望が募るように思われる。シクリカルな業界の株式は、避けることのできない景気後退を予想してＰＥＲが低くなるが、実際にそうなると、株価はさらに下落する。驚くほどのバリュー株が登場するのは、割安な株式がさらに安くなった場合だけである。つまるところ、高利回り銘柄からなるポートフォリオは優れた結果をもたらすが、つかの間の慰めにしかならないかもしれないのだ。

私も含めた現実のファンドマネジャーのほとんどが、利回りが最も高い銘柄にすべてを投資するようなことはしない。私もそのようなことはしないが、その理由は低ＰＥＲ株は規模が小さい傾向にあり、また私は回転率を制限しているからである。ある研究においてケネス・フレンチは各グループを月次でリバランスしているが、それは非現実的なように思える。というのも、それでは絶え間なく取引することになり、コストが高くなるばかりか、小型株では実践できないであろう。表17－1で示されたポートフォリオは年度ごとにリバランスされている。しかし、リバランス時に同じ五分位や十分位にとどまる銘柄が多いので、年度ごとにリバランスすることが、回転率を最適にするとはかぎらないのだ。

ウォルマートに掘り出し物はない

通常、投資家はＰＥＲよりも人目を引く何らかの特性に焦点を当てるものである。一九九九年一二月のウォルマートを取り上げてみよう。ウォルマートはまさに私が探し求めているたぐいの企業である。つまり、理解可能で耐久性があり、独特のポジションにある企業で、正直かつ突出した経営陣が存在する。当時ウォルマートは絶対的な存在で、何十年にもわたり継続的に利益を増大させ、ＲＯＥ（自己資本利益率）も二〇％を超えていた。今日のアマゾン同様に、ほかのすべての小売り業者が畏怖の念を抱く業者であったのだ（外注や流通におけるネットワーク効果についても同じことが言える）。あらゆる人々の生活必需品を極めて安価に販売することと以上に強いものがあるだろうか。

一九九九年末のウォルマートの株価は六九・一三ドルで、後に二〇〇〇年一月期のＥＰＳ（一株当たり利益）は、前年の〇・九九ドルから増大して、一・二五ドルとなったことを発表した。これは利回りにすれば一・八％、ＰＥＲにすれば五五となる。投資家が低い利回りではなく、二〇％のＲＯＥや利益成長率に相当するリターンを当てにしているのは明らかであった。成長の早い企業については、私は成長率と利回りとを組み合わせるようにしている。利回りを八％とするためには、ウォルマートは五・五三ドル（八％×六九・一三ドル）のＥＰＳが必要であった。それから私は、この目標に到達するためには、予想成長率を前提としたら何年かかるかを計算した。最良のケースでは遠からぬ将来にそれを達成するという私自身の予想に自信があったし、それを達成した以降も同社は劇的な成長を続けると考えていた。

ウォルマートはそのペースこそ下がったが、成長を続け、翌会計年度には一二％近い成長を遂げると私は考えていた。すでにアメリカ小売市場の多くの分野で独占的な地位にあったウォルマートが永久にシェアを獲得し続けることはできない。メキシコはウォルマートに大きな成長をもたらしたが、ほかの世界展開は玉石混交であった。一二・一％の複利利益成長率を前提とすると、ウォルマートの利益が当初の取得価格に対して八％の利回りを達成するまでには一三年がかかることになる。ウォルマートの将来の成長に対してはより前向きで、もっと早く目標を達成すると考えているアナリストもいた。しかし、私の計算では、この一三年間におけるお金の時間価値の複利計算をしていないので、目標はもっと高くなってしかるべきだったのである。歴史的に見て、一三年間にわたり毎年一二％の利益成長を達成できる企業などほとんど存在しなかったのだ。

驚くべきことに、ウォルマートの利益はその後の一三年間にわたり複利で一一・三％の増大を続けたが、株価は振るわなかった。二〇一二年のウォルマートの下値は五七ドルで、一株当たり一〇ドル超となった累積配当額を合わせてもトータルリターンはマイナスとなった。ウォルマート株の二〇一二年の平均株価は、一九九九年末の株価とほとんど同じで、資本増加はゼロであったので、配当が株式のトータルリターンだったのである。累積では、トータルリターンと配当利回りは利益成長率やROEではなく、一・八％という当初の利回りに近かったのである。一九九九年にウォルマート株を買った者たちは、同社があまりに魅力的であったので、いつになく掘り出し物を求めなかったのである。

ウォルマートの実現リターンは、私の例で用いた八％の割引率に達しなかったが、一つには利益が振るわなかったこと、そしてＰＥＲは平均に回帰する傾向にあることが原因である。ウォルマートの五・〇二ドルという実際の利益は、当初の目標である五・五三ドルとそれほどかけ離れてはいない。一三年間にわたる目標利益と実際の利益の差が生み出す複利の効果は大きなものであり、八％のリターンを生み出すためには目標利益はもっと高いものとなることが示唆される。また、私自身も、何年間にもわたる予想に確信が持てるのかどうかを自問すべきであった。

分かりにくいかもしれないが、ウォルマートのＰＥＲが平均に回帰するのはウォルマート独特のことではなく、市場全体に当てはまることである。統計学者は比較のためにできるかぎり広範なデータを求めるものである。ウォルマートはその歴史の多くにおいて幾何級数的に成長し、マルチプルにプレミアムが付くのも妥当であった。だが、そのような業績を永遠に繰り返せるはずもない。企業の過去における特定のマルチプルが将来ものを言うのであれば、その将来は過去と同様に輝かしいものでなければならないであろう。Ｓ＆Ｐ五〇〇インデックスはライフサイクルのさまざまな段階にある企業から成り立っているが、ウォルマートの歴史はそうではない。一九九九年、ウォルマート株はたまたま歴史的なマルチプルよりも高い価格が付いていた。二〇一二年までにＳ＆Ｐ五〇〇のＰＥＲは低下したが、ウォルマートのＰＥＲも一四まで下落し、ほとんど同じとなった。ウォルマートは八％の利回りに徐々に近づいていたのだ、ただ異なる道筋を辿って。いかなるときでも、平均回帰を生み出すファクターはあまりに控えめすぎて見落とされるが、長期的にはそれが決定的なものとなるのである。

市場インデックスのＰＥＲが低いときにリターンは大きくなる

一九九九年は概して株式を買うには不適切な年で、ウォルマートに限らず、Ｓ＆Ｐ五〇〇インデックスのＰＥＲも三〇を超えていた。利回りが低いと、その後の市場リターンも平凡なものとなる傾向にある。ネッド・デービス・リサーチは、アメリカ市場のＰＥＲを五つの五分位に分類した。最も低い五分位では、Ｓ＆Ｐ五〇〇はその後の一〇年間で実質（インフレ調整後）一一・六％の複利リターンを上げた。より高い五分位にいくに従い、実質複利リターンはそれぞれ一〇・〇％、九・六％、五・三％、四・四％となった。ここでも一貫したパターンが見られる。興味深いことに、ＰＥＲを利回りに転換すると、当初の利回りが一％大きくなると、投資家が手にする利益率は平均回帰によって一％以上大きくなることが多い。

割安な価格の株式（や市場）でも期待外れな結果になることはあり得る。Ｓ＆Ｐ五〇〇の市場ＰＥＲが最も低い五分位に属するときでさえ、一〇年間の実質リターンは一九・四％もの大きさになることもあれば、最も高い五分位の平均よりも低い〇・三％ほどとなることもあった。

市場が最も高い五分位に属するときで、一〇年間のリターンが最も高かったときが一五・七％で、これは低い五分位の平均を大きく上回っている。一年単位で見ると、市場指数のＰＥＲはわずかながら予想が可能であるが、間違いがあまりに多く、私はそれを用いて市場のタイミングを計る勇気は持てない。平均回帰には時間がかかるのだ。マーケットタイミングのゆっくりした形とも言える長期的な資産配分に用いるほうが良かろう。

一九九九年のように、極めて大型の成長株が大幅に割高となる時期もある。時価総額加重の指標は、この手の市場の高いバリュエーションを最も適格にとらえる。ほかの局面では、一般的な銘柄すべてが割高となることもある。等ウエートのインデックスはそのような市場のバリュエーションを最も正確に映し出す。等ウエートのユニバースでは、中央値が加重平均よりも優れた指標となる。一九六二年から二〇一六年六月までの期間で、規模の大きい三〇〇〇銘柄のＰＥＲの中央値を調べたところ、中央値が一五を下回る市場はその後の一〇年間で三一七％のリターンを上げ、一方で中央値が二五を上回る市場は一〇年間でたった六五％のリターンとなった（**表17－2**）。データを年単位ではなく累積で見ることで、私は、①複利の力、②低ＰＥＲが後の一〇年間でも有効だった――ことを示そうとしたのだ。

ファンドマネジャーは、長期的なリターンの推定値が思わしくない場合でも、自由な行動を制約されることがままある。アセットアロケーターは資金を株式から債券や現金、またはより高いリターンをもたらすと思われるいかなるものにも移すことができる。株式のファンドマネ

表17－2　投資時のPERとその後のマーケットリターン（PERはその期間の中央値、時価総額上位3000銘柄、1960～2016年）

	平均	平均	平均
当初のPER	中央値 1年間のリターン	中央値 5年間のリターン	中央値 10年間のリターン
0－15	18%	102%	317%
15－20	13%	71%	188%
20－25	10%	59%	130%
25以上	3%	38%	65%

出所＝ファクトセット、サリム・ハート（フィディリティ）

ジャーである私はそのようなことはできず、悪いなかからも最良のものを探し出さなければならないのだ。潜在的なリターンが最も高いものを探すのではなく、利益の永続性や予測の確実性に私は力を入れている。

市場が高値を付けているときは、PERも歴史的に上昇するが、たいていの場合、かなり前から高い水準にあるものである。一九二九年、ダウ・ジョーンズ工業株平均は利益の二七倍という高値を付け、S&P五〇〇は二〇倍にもなった。S&PのPERがピークとなったのは一九六二年の二二倍で、一九六〇年代を通じて二〇倍をわずかに下回る水準で推移したが、一九七四年には暴落した。同様に、二〇〇〇年に三一の高値を付けるまで、S&PのPERは一九九〇年代の七年間で二〇を上回る程度であった。一九九〇年代には市場の調整が起こったが、本格的な下落が起きたのは新たなミレニアムに突入してからである。崇拝されていたあるバリュー系ヘッジファンドのマネジャーはこの期間は注意深く行動していた。彼のファンドは一九九〇年代の一〇年間を累積するとアンダーパフォームしたが、これはファンドの半分をS&P五〇〇のインデックスファンドに投じ、残りの半分をベッドの下にしまっておいたのと同じであった。

CAPEレシオ

本当に壊滅的な破綻は、利益とPERが同時に異常な水準にまで達したときに起きた。ここ数十年のマルチプルを基準にすると、一九二九年につけたS&P五〇〇のPERの高値がたった「二〇」だったことは信じられないかもしれないが、大暴落と大恐慌を引き起こすには十分だったのだ。しかし、デフレ圧力が利益を圧迫していた一九二一年以降、S&Pがそれほど高いPERを付けることはなかったのだ。一九二九年までにS&P五〇〇の利益は一九二一年の水準からすると五倍に増え、PERも高かった。一九二一年におけるPERの上昇は、利益が大きく圧迫されていたので心配することはなかった。少々低くとも、いまだ高い期待が反映された一九二九年のPERこそは、ピークを付けた利益に基づいて算出されていたので、心配すべきだったのだ。

図17－1　CAPEレシオとTノート金利のヒストリカルデータ

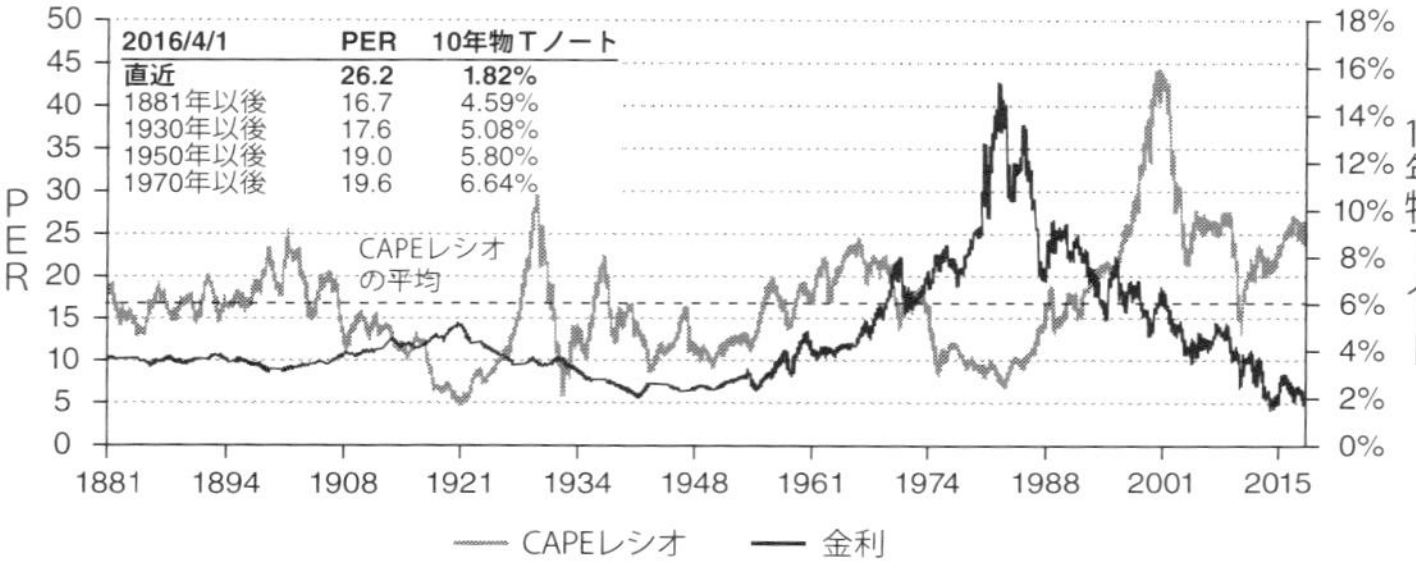

不況と好況の影響を取り除くために、エール大学の経済学者ロバート・シラーは、一〇年間で平均した利益（「シラーの利益」）に基づいてPERを算出することを提案している。この方法を用いると、一九二一年のPERは高くはなく、実際には信じられないほど割安で、CAPEレシオ（シラーPER）は五倍であり、この水準に達したのは一九三三年と一九七四年だけとなる（**図17－1**）。一九二九年、S&P五〇〇のCAPEレシオは三三倍に達したが、ハイテクバブルが起こるまでこの水準を超えることはなかった。二〇〇〇年のハイテクバブルの頂点で、S&P五〇〇のCAPEレシオは四四倍となった。CAPEレシオは極点において長期的な見通しを示す優れた指標となる。

概して、市場インデックスの将来のリターンを予測するには、直近の利回りよりもCAPEレシオのほうが優れている。一八八一年から二〇一五年の間でS&P五〇〇が最も高かった十分位では、CAPEレシオの平均は三〇・三倍であったが、これは三・三％の利回りに相当する。最も

図17－2A　アメリカ株の実質複利リターンの平均値とCAPEレシオ（1881～2011年）

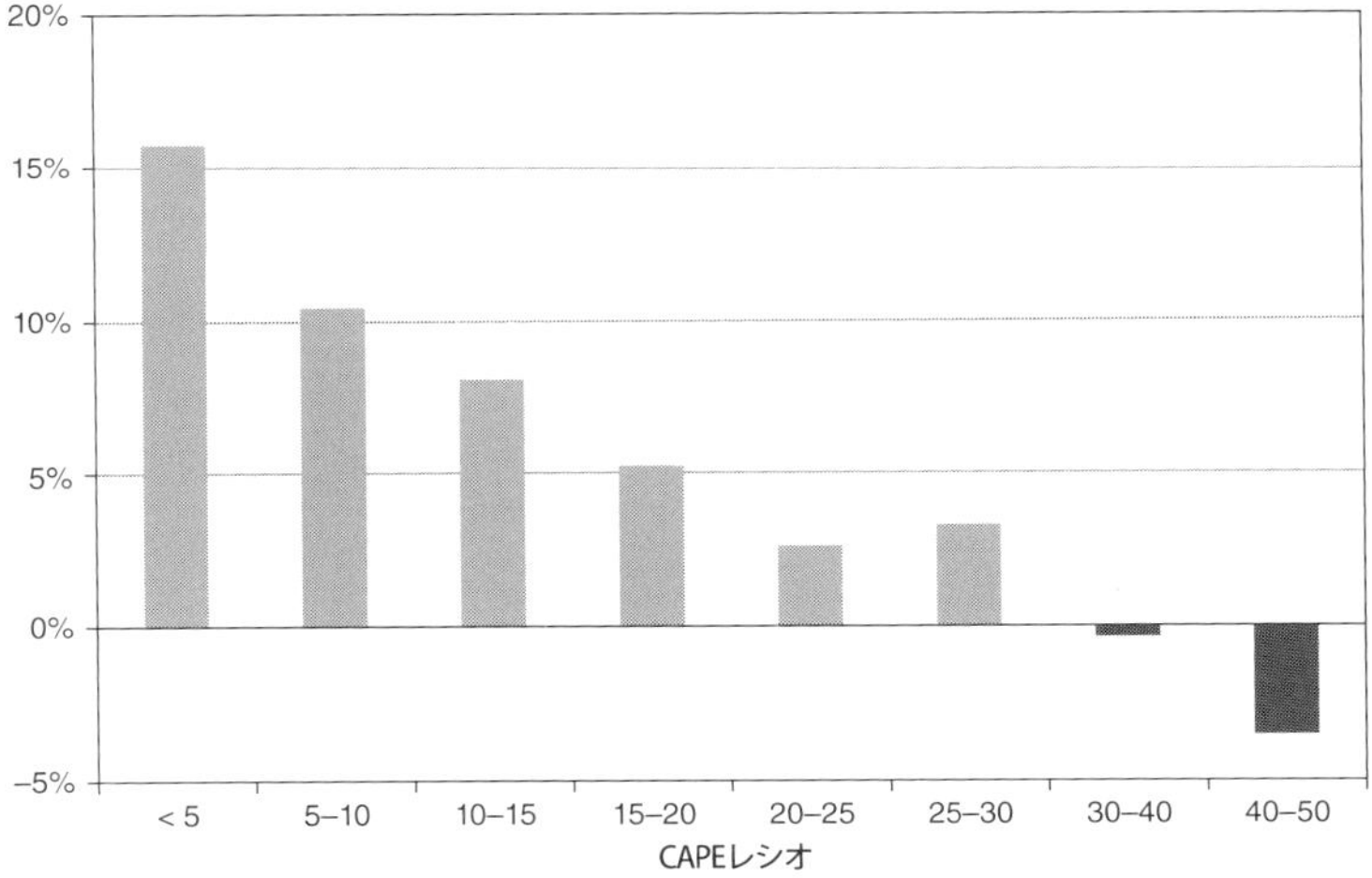

図17－2B　利益の力――市場のCAPEレシオが低ければ、投資リターンは増大する

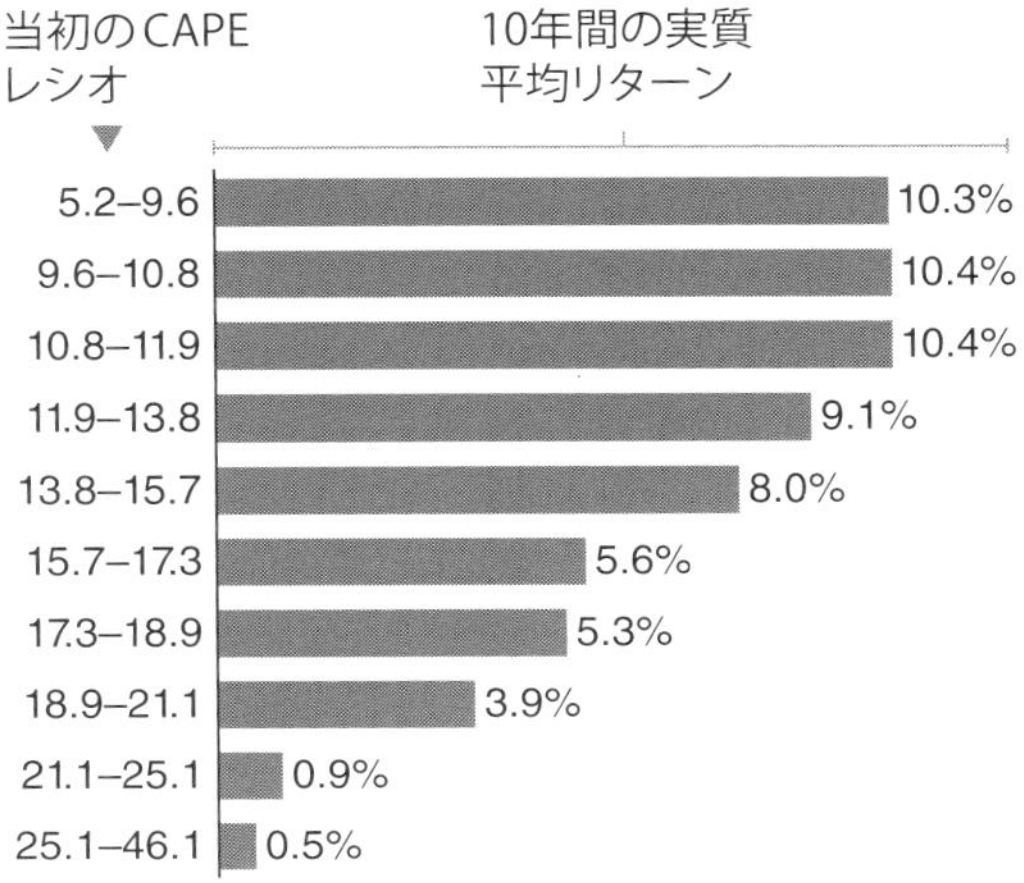

低い十分位のＣＡＰＥレシオは九・六倍を下回る程度で、その後の一〇年間における複利ならびにインフレ調整後のリターンは一〇・三％であった。ここでもまた、あくまで平均としての数値である（すべてのケースに当てはまるわけではない）ことに注意が必要である。

ここ数十年、ＣＡＰＥレシオは、より長期における歴史的平均値に比べて高値を付けることが多い。世界と会計方式が変わり、ＣＡＰＥレシオはもはや正確なシグナルを発していないと言う者もいる。これらの反対意見は、向こう数年間のリターンが満足いくものでないことを受け入れたくないという理由から言っているものが多いが、その意見は有効かもしれない。会計基準は時間の経過とともに変化しているが、何よりも新しいテクノロジーの創出がもたらした付加価値をとらえることはできないので、今日では利益が低く評価されていると主張する者もいる。またその他には、われわれが歴史上見たこともないほどの低金利で、マイナス金利が広がっていることから、ＰＥＲはより高くてしかるべきだという主張もある。大きな成長を遂げるインターネット企業が経済の中心を占めるようになったので、高いＰＥＲも妥当であるとする主張を私は重視しない。ＧＤＰ（国内総生産）が増大していないのだから、ほかのセクターが縮小しているか、成長がより遅くなければならないのだ。これはむしろＰＥＲが下がることになるはずだ。

技術の進歩が生み出した価値を把握するのは、会計的な方法にはとうてい無理な仕事であることは疑いようのない真実であるが、ＧＡＡＰ会計が以前よりも多かれ少なかれ保守的であるかどうかは私には分からない。調整後利益はかつてよりも空想的なものであるが、GAAPはそうではなかろう。かつてはストックオプションの費用は無視されていたが、現在では費用計上されている。しかし、調整後利益ではそれが足し戻されているのだ。経営幹部の報酬も急拡大した今日、とりわけストックオプションの総額はかなり大きなものとなっている。二〇〇一年以前、すべての無形資産には厳格な耐用年数があると考えられ、最大四〇年にわたって償却されてきたが、これは今日の方法よりも保守的である。現在では、減損を通じたビッグバス効果がもたらされているが、これが業績をより不安定なものとしている。

銀行、保険会社、その他多くの企業が、二〇〇八～二〇〇九年の世界的な金融危機においてべらぼうな減損損失を計上したが、それがシラー（一〇年間の平均）の利益を過度に引き下げた可能性はある。会計基準が「時価評価」損を認めても、評価益を認めていないのであれば、この主張も有効である。反対に、サブプライムローンによる利益はすべて本物だが、損失はそうではないとするのは非合理である。貸し付け債権の証券化に関する会計基準や売却益の取り扱いは、時間の経過とともに緩やかになってきている。過去十年間で、銀行は「不特定の」ローンに対して多額の貸倒引当金を計上しているが、これによって利益が平準化されるだけでなく、保守的なものともなる。私は、今日、公表利益は多かれ少なかれ積極的に計上されているが、そのボラティリティも確実に高まっていると考えている。私にしてみれば、それゆえシラーの公式をより強く支持することになるのだ。

株と債券と国債

理論上、株式の利回りは債券やTビルなどほかの資産がもたらすリターンと並行して推移するはずであるが、ヒストリカルな記録によれば、長期にわたる一定の水準と平均回帰の傾向が見られる。一九五九年以前（一九二九年を除く）、株式の配当利回りは必ずと言ってよいほど債券よりも高かった。また、利益も成長のために留保されたので、利回りも高かったのだ。大恐慌や二度にわたる世界大戦、そして多くの国々が社会主義国や共産主義国になったことによって、多くの者たちが株式は危険であり、アメリカ国債は安全だと考えるようになった。一九四〇年代、債券の金利は（今日同様に）低かった。これによって株価は高くなってしかるべきなのだが、実際にはPERは極めて平凡なものであった。まさに株式の買い時である。それは株式の利回りが高いからであろうか、それとも株式の利回りが債券よりも高いからであろうか。

ヨーロッパの人々は、政府の債券をリスクフリーとすることに長い間、疑念を抱いてきた。ドイツ国債の投資家は一九二三年のインフレで事実上すべてを失ったのである。ブンズに関しても結論は同じであるが、価格があまりにめちゃくちゃなのでデータが破棄されてしまったのだ。一九四八年、通貨がライヒスルクからドイツマルクに移行する際に、ブンズはその多くが失効とされてしまった。政府が債務の重荷から解放されるための最も一般的な方法がインフレであるが、デフォルト、リストラクチャリング、モラトリアムなども選択肢である。ロゴフとラインハートの『ディス・タイム・イズ・ディフェレント（This Time is Different）』によれば、ほとんどすべての主要国がある時点でこれらの手段に頼ってきたという。

一九八一年、債券の危うさが広く認識され、それが価格に織り込まれた結果、債券の利回りは株式のそれを上回ってしまった。期待を悪化させはしたが、これは債券のリスク調整済みのリターンがより高いことを正しくも指し示していた。名目インカムについては、債券は株式よりもリスクが大幅に低いが、一九八〇年代を通じて、株式と変わらないリターンをもたらしたのである。絶対的には債券に有利なイールドスプレッドは株式にとっては偽りの兆しだったのである。それまでにない債券の利回りと株式の大きな利回りは、株式や債券の目を見張るような利益を正確に予想していた。Tビルのインフレ調整後の利回りが低いと、株式のリターンもそれに続くが、そのまた逆も真であった。

インフレは低下を続け、税率も落ち着いてきたが、一九八〇年代、九〇年代、そして世界的な金融危機に至るまで、債券の利回りはシラーの利回りに対してプレミアムが付いていた。一九九〇年におけるシラーの利回りは、株式が向こう一〇年で記録的な利益をもたらすことを示してはいなかったし、利回りのスプレッドも、株式が債券を上回ることを予示してはいなかったが、では、どのようにしてそのような事態となったのだろうか。平均回帰はときに長い時間を要することがあるということだ。二〇〇〇年に至るまで、シラーの利回りが下がることはなく、また債券の利回りとの差が広がることはなかったが、そのどちらもが株式に対する警告だったのだ。

二一世紀になると、弱気な予想が猛烈な勢いで現実となったが、債券利回りの優位性は二〇〇九年まで続いた。まず、ハイテク株とグロース株が二〇〇一年に暴落する。債券は金利の低下を受けて上昇した。金利の下落が住宅ブームに火をつけ、多くの住宅がサブプライムモーゲージを通じて資金を調達していた。二〇〇七年、有名な証券会社のストラテジストが何かおかしなことが起きていることに気づき、顧客に高品質の株式に集中するように強く勧告した。これは世界的な金融危機に先立つ素晴らしい警告であった。そのことを実行するために、彼は最もレーティングの高い企業のリストを提供したが、そのなかにはジョンソン・エンド・ジョンソンやマイクロソフトといった優良企業とともに、ＡＩＧやＡＭＢＡＣなどＡＡＡの信用格付けを持つ金融機関が多く含まれていた。これらの金融機関は、住宅ブームが終わりを告げ、その後に弱気市場が訪れるにつれて、壊滅していった。再び投資家は、株式はギャンブルであり、国債は安全だと考えるようになる。

超低金利によって株式の利回りの低さが正当化されているのはほぼ確実だが、株式のリスクプレミアムは時間の経過とともに増大し、ＰＥＲがあまりに高いがためにリターンは悲惨なものとなっている。戦争、恐慌、インフレ、社会主義、そして厳しい税制が繰り返しやってくるゆえに、株式は一貫して債券を上回るリターンをもたらすはずであると仮定することはできない。だが、これらの要素を別にすれば、債券の利回りが低く、ＰＥＲが高いのであれば、投資

図17－3　先進国の５年間の実質利益の平均とその後の35年間の実質利益率

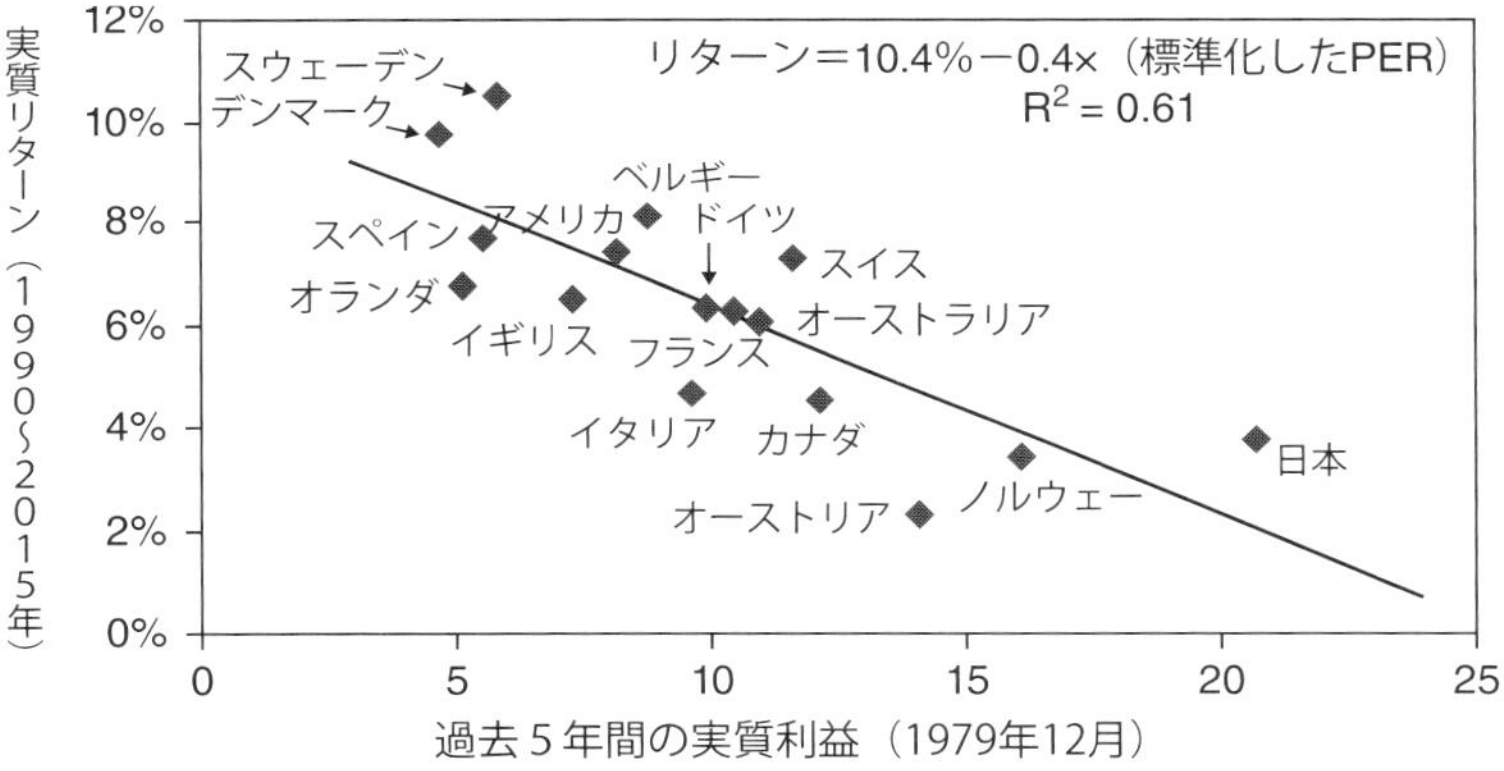

家は歴史的に見ても大きなリターンを期待してしかるべきである。

国家

戦争やインフレ、または社会主義といったマクロのファクターによって投資家が吹き飛ばされないとしたら、彼らはＰＥＲの低い国の株式市場を選択すればたいていはうまくいくであろう。**図17－3**は、投資顧問会社のグランサム・メーヨー・ファン・オッテルローによるもので、五年間の平均利益と、その後の三五年間の実質利益率とを用いて、一六の先進国市場のインデックスのＰＥＲを図示している。三五年間で一度しかリバランスしないのであるから、手間のかからない方法であることはたしかだ。日本、ノルウェー、オーストリアという三つの割高な市場が最も低いパフォーマンスとなった。統計上、最も割安な市場の四つはすべて中央値を上回る利益率を残している。

このサンプルには、インフレが低下し、戦争のない豊かな時代において立憲民主制であった先進国だけが含まれている。より広範かつ長期にわたる国際投資のデータはそれほど素晴らしいものではない。例えば、オーストリアは、インフレ調整後の株式のリターンが継続してマイナスとなった期間が最も長いという悲惨な特徴をもつ。九〇年間で、第一次大戦時のオーストリア・ハンガリー帝国の崩壊とその後のハイパーインフレをはじめとする数多くの過ちを犯している。第二次大戦中、オーストリアはナチス・ドイツに併合され、その後は一〇年にわたって連合国が占領、鉄のカーテンに国境を閉ざされた。やがて、高い税率と政府による産業への望まざる介入へとつながった。オーストリアの経済学者たちが一般的な経済学の理論に懐疑的なのも不思議ではない。しかし、ドイツ、フランス、イタリアも半世紀以上にわたり実質リターンがゼロであった。

将来のリターンを予想するためには、アメリカのように幸運だった国がその後も連勝を続けるかどうか、オーストリアのように不幸であった国が連敗を続けるかどうかが問題となる。アメリカ国民である私は、アメリカ例外主義が継続することを心から期待するが、統計的には、アメリカが独自のカテゴリーに属する前向きな理由が特定できなければ期待すべきでないことを承知している。将来のリターンは、アメリカだけでなく、資本主義と民主主義を奉じるすべての先進国のデータに基づいて予想すべきである。ドイツのハイパーインフレの経験は、あらゆる国家の投資家にリスクがあることを示している。その経験の傷跡があまりに深いので、ドイツにおけるハイパーインフレのリスクはほかのどの国よりも低いと私は考えている。

戦争で荒廃した国や非民主的で社会主義を奉ずる国、または途上国の株式市場ではオッズが異なることは当然である。また、われわれは正しいオッズを知ることもできない。研究者たちは容易にデータが入手できる話題に引きつけられる。基本的に、アメリカの株価に関して広範に用いられる歴史に南北戦争による中断が含まれることはない。市場がゼロになったり、取引が停止されるような不快な出来事をどのように組み込むのだろうか。一九〇〇年、ロシア株は世界の時価総額の一一％を占めていたが、一九一七年のロシア革命で払拭されてしまった。中国とエジプトも一九〇〇年には世界の株式市場の規模で上位一五位に入っていたが、どちらもゼロとなってしまった。一九三一年には二四カ国の株式市場のうち、一〇市場が主に戦争によって一年以上の閉鎖を余儀なくされた。中断が一年以内であったのは七市場で、取引を中断しなかったのは七市場だけであったのだ（ゲッツマンとジョリオン著『ア・センチュリー・オブ・グローバル・ストック・マーケッツ（A Century of Global Stock Markets）』）。

利回りと割引率とリターン

当初利回りと実現リターンとには、悲惨な出来事や思いがけない利益から差が生まれるものであるが、それを検証できるのは投資を実行するときだけである。結果は、投資家と市場がどれだけ正確にオッズを予測できるかに依存することになる。一九九〇年代後半、ロシアの石油会社ユコスの株式は二〇〇％の利回りで取引されていたが、これはロシアにおける財産権の不安定さを予示していた。ユコスの初期の投資家は配当を通じて投資額を上回る資金を回収したであろうが、あとから来た者たちはほとんどすべてを失うことになった。結果はどのように反応するかにかかっているのだ。パニックが起こって初めて、人は事の重大さを理解するのだ。

完全なる世界では、起こり得る出来事の頻度や重大性を計算し、その後、デメリットを差し引き、追い風を勘案することで、利回りから期待リターンをはじき出すことになる。しかし、厳格な公式は存在しないので、特定のファクターをもってしか調整の方向性を理解することはできない。グラマー株は、成長のモメンタムが平均回帰に勝っているかぎりは有効であろう。私が利回りの高い銘柄を買うのは、成長が遅いことでリターンが低下する可能性が高いことを知りながらも、平均回帰から利益を獲得することを期待しているからである。事業が継続し、生み出した資金を無駄遣いしないかぎり、私は満足なのだ。長期投資を行う者にとっては、多くのリスクや不確実性、とりわけマクロや業界全体に関するそれこそがいつ起こるとも分からない事態として検討すべきことであろう。

投資の魅力度をランク付けするにあたって基準を必要とする投資家がほとんどだという考えに立ち返ると、私はおおよそ似たような利回りを持つ多くの有価証券のリスクと不確実性を比較し、自分では耐えられないものを除外する。原理上、自らはどうしようもない状況を避けようとしているのである。恥ずかしながら、私は百科事典、ピアノ、新聞、そして写真などに取り組む企業の株式を少しばかり保有したことがあるが、そのすべてを文明化社会における長きにわたる娯楽だと考えていたのである。ハードウェア技術の分野では、常にすべてが変化している。シクリカルなコモディティを生産する企業は過大な債務を抱える企業と同じように、ある時点で壁にぶち当たる運命にある。泥棒政治、財産の没収、縁故主義ばかりがはびこるような場所もある。私はそのようなものに巻き込まれたくはないのだ。

素晴らしい成長性を示す低ＰＥＲ銘柄を探す

要点をまとめよう。バリュー投資を選択するにあたり、まずは公表された利益が実現利益に転換されない銘柄を除外しなければならない。企業の利益が遅かれ早かれ株主の利益に転換されないのであれば、企業の会計処理で水増しが行われているはずであり、それはやがてネガティブサプライズへとつながる。キャッシュフローが現在価値の増大と一致しないのであれば、消耗性の資産を有しているのである。地方の新聞がその好例である。ブランドや知的財産が重要性を増すにつれ、それを目にすることが多くなるであろう。企業がバカげた計画に資本を浪費することでも価値は失われる。経営陣が利益を自分たちにばかり向けるので、現在価値が実現リターンに反映されないこともある。

次に、利益は、将来にわたって同じような状況にあると思われる期間を通じた平均値としてとらえるべきである。シラーの公式は公表利益の一〇年間の平均を用いているが、こうすることでたいていは景気循環のいくつかの波をカバーできることになる。個別株について言えば、公表利益の平均を用いると、成長の早い企業が過度に割高に見えてしまうであろう。そこで私は、一〇年間の利益率やＲＯＥの平均を用いることで名目利益を予想することにしている。つまり、これに現在の売上高や自己資本を掛け合わせるのである。この方法を、自動車や鉄鋼といった景気循環の激しい銘柄に用いるときには、直近の売上高が大きかったり、少なかったりするので気をつけなければならない。また、時間による破壊から事業を守り得る競争上の堀を見いださなければならない。

第三に、数年後、現在の明らかに高すぎるバリュエーションを正当化できるだけの成長が見込めるかどうかを確認しなければならない。ウォルマートはこの試験を通過しなかったが、通過する銘柄もある。この場合、将来のリターンを見積もるためには、当初の利回りよりも割引率のほうが有効である。実際に、分岐点を超えた先にも多分な成長余地があるならば、期待リターンはより大きなものとなるであろう。この方法を反転させれば、溶け出した氷がもたらすキャッシュフローの縮小が早すぎて、数年後にはもはや取得価格を正当化し得ないものとなるかどうかを評価することもできる。現在から未来永劫にわたってキャッシュフローを予測できるという幻想を抱いている者たちは、完璧なディスカウントキャッシュフローモデルを用いて、正確な利益率を算出できると考えているであろう。ご自由にどうぞ。

最後に、私は同じような平均利回りを持った信頼に足る銘柄をグループ化し、そこから許容できないリスクを持つ銘柄を除外している。私のリスク許容度は読者のそれとは異なる。リスク許容度は、例えばロシア人であるとか、ベンチャーキャピタリストであるといった特別な条件を反映する。また、集中や分散とも関係がある。集中したポートフォリオが、最良のパフォーマンスか最悪のパフォーマンスをもたらすのが常である。さらに、少しの間であれば耐え得るリスクが、集中したポートフォリオでは恐ろしいものともなるのだ。私は、成長の遅い市場は競合他社を引きつけないといった肯定的な面を持つリスクを見いだそうとしてもいる。

投資機会を比較する基準として将来の利益率に気を配る投資家がほとんどであるが、そのためには利回りが代理変数となる。利益が株主のリターンにつながらない銘柄を除外し、利益の平均値を測り、利益を守る堀を探し、成長の価値を織り込み、そして最終的には青天の霹靂となることが分かっている状況を避けることで、将来予想に磨きをかけることができる。簡潔に言えば、ＰＥＲが低く、クオリティと成長性が高く、長期的な見通しに関する確実性が高い銘柄を求めることである。

第18章 どの利益？

（書類の束を指さしながら）
顧　客「つまるところ、利益はいくらになるんだ？」
会計士「いくらになさりたいですか」

――会計に関する古いジョーク

長いこと株式の価値を決めてきたのは利益であるが、代替的な「利益」の定義が数多く生まれたことで、価値の推測値もまったく異なるものとなった。企業から公表される実績値もあれば、信頼性がはっきりしない将来予想もある。投資家の多くは四半期の利益のスナップショットに固執するが、私は利益を過去から将来のキャッシュフローの動きとしてとらえることを好む。株主の視点からすると、質の高い利益とは、配当として安全に還元され得るフリーキャッシュフローに対応するものである。株式による報酬やリストラ費用や償却費などが純利益を算出するにあたって足し戻され、より高水準のGAAP（一般に公正妥当と認められた会計原則）に基づく調整後の業績が生み出されることが多い。EBITDA（利払い前・税引き前・減価償却前利益）は非常に広範な指標である。これらすべての指標は特定の文脈では有効であるが、私はGAAPによる利益と「株主利益」、そして「フリーキャッシュフロー」が最も明確な価値の指標であると考えている。

何らかの調整をすることで、特定の問題を理解したり、一つの企業の長期にわたる業績を比較することが容易になる。直近の利益が前期の利益に比べて改善したかどうかを分析するために、アナリストたちは多くの場合、非経常科目を除外する。ランレートの利益を見積もるために、打ち切られた事業による損失を、それがほかの事業によって取って代わられないかぎりは除外するのは合理的なことである。経営陣が優れた仕事をしているかどうかを判断するために、株式による報酬を利益に足し戻すアナリストもいる。

しかし、結論を前向きな方向に仕向けるべく、恣意的に基準を選びだすことがある。また、そのような調整が脈略なく用いられれば、ミスリードとなりかねない。

調整することで、まったく異なる企業間の比較をより不公平にしてしまうことがままある。GAAPのような取り決められたルールがなければ、最も緩い基準を用いる人物がフロントランナーとなる。ある企業は何らかの調整を行い、ほかの企業はまた別の調整を行い、わずかばかりの企業がGAAPに従っているなどという世界では、比較可能性は低下してしまう。GAAPの基準が常に正しいとは限らないが、調整後利益よりは実際の事業の経済性に近いと言ってよかろう。そうでないとしても、私にはより良い会計基準を見いだすことはできない。

純利益とキャッシュフローの概念には重複したところもあるが、明確な違いもある。純利益は事業活動の結果、株主の持ち分がどれだけ増えたかを測るものである。利益は必ずしも現金の流入を意味するわけではない。ほかの資産が増大することもあれば、負債が減少することもあり得る。キャッシュフローが純利益よりも少ない場合、それは在庫が積み上がっているか、未回収の売掛金が増えていることが多い。キャッシュフロー計算書（CS）と損益計算書（PL）を比較して、互いに齟齬がないかを確認しなければならない。

キャッシュフロー計算書は営業活動によるキャッシュフローから始まるが、これは事業を維持し、拡大するために利用できる、または株主に還元できる現金収入の純額を測るものである。計算書の次の二つの項目は投資活動と財務活動であるが、これは営業キャッシュフローが実際にどのように用いられたかを示している。単に事業を維持するため（「maintenance cap ex」）の資本支出（「cap ex」）は、事業を拡大するための資本支出とひとまとめにされるが、アナリストはそれを分けてとらえなければならない。衰退している業界の企業は維持に必要な資本支出を削減し、純利益を上回る現金を吸い取ってしまう。事業はある時点で縮小していくことになるが、これは経営陣が最も嫌がる選択肢ではある。

私は、営業活動によるキャッシュフローから維持に必要な資本支出を差し引いたものを株主利益と定義している。多くの製造業では、減価償却費が維持に必要な資本支出の公正な代数となる。ブランドや知的財産や独占といった世界では、現状を維持するためにどれだけの費用がかかるかはさほど明確ではない。新聞社が営業活動によるキャッシュフローの全額を設備の改善に費やしたとしても、営業活動によるキャッシュフローを安定させられることは少ない。それゆえ、ほとんどの新聞社がキャッシュフローを維持する唯一の方法は放送局やインターネット企業を買収することだという結論に至ることになる。この場合、買収に充てられた資金が維持に必要な資本支出だとするのは妥当である。

株主利益は、GAAPによる数値と調整後利益との照合に用いることができる。なぜなら、完全なる世界においては、三つすべてが等しくなるからである。それらは株主の富だけでなく、成長のため、または株主への還元（配当や自社株買い）のために用いられる現金の増大を表す。たいていの場合、調整後利益が最も入手しやすい数値である。それはウォール街やカンファレンスコールでの共通のコインであるが、純利益は公式の財務諸表のなかに隠れているのだ。株主利益は公表されることがないので、最も分かりにくい。自ら算出しなければならず、また維持に必要となる支出の本来の水準に関する個人的な意見も入ることになる。しかし、株主利益値こそが価値を測る鍵である。

非循環的な事業の予想価値は終身年金の公式を用いて、株主利益を割引率で割るだけで算出することができる。これは、直近の利益は将来にわたって維持され得るという前提に基づいたものだが、シクリカルな業界ではバカげたことになる。そのような業界では、何らかの方法で株主利益の平均値を算出する必要がある。それらの推定値は、好況期になると株主たちは不況期がどれほど悲惨なものとなり得るかを忘れてしまうので、過大なものとなる場合が多い。私も、ハイテクや流行やファッションといった永続し得ないことが明白な事業にアニュイティの公式を当てはめることには気をつけている。そのような産業では、投資家は年度ごとのキャッシュフローを詳細に見積もらなければならない。

会計の数字が多かれ少なかれ経済的実態を反映しているのでなければ、本源的価値に対するわれわれの推測は信頼できないものとなるのだ。

インフレと無形資産とロールアップ

ＧＡＡＰに基づく会計は、ある特定の状況下では財政的な現実をとらえることができない。特に気をつけなければならないのが、①インフレが高進している、②知的財産が関係している、③買収を繰り返している――ときである。インフレ期は、過去の低いコストが現在の販売価格に対応しておらず、経済的利益が過大に計上される。Ｒ＆Ｄ（研究開発費）は、たとえ価値のあるものが発見されたときでさえ、すでに発生したものとして費用計上され、貸借対照表（ＢＳ）にその痕跡を残さないことが多い。Ｍ＆Ａ（合併買収）が繰り返されると、別々の法人であったときの業績のトレンドを分析することが困難になるような砂埃が舞い散ることになる。

インフレ期、会計では現金の流入がないときに資産価格の増大を利益として計上すべきか否かというジレンマに陥る。二つの同じ商品を抱える店を考えてみればよい。一つは最近七五ドルで仕入れたもので、もう一つは過去に六五ドルで仕入れたものである。この店は一つを一〇〇ドルで販売し、販管費と人件費で二五ドルを計上し、売れた商品を八〇ドルで補充する。結果として、この店は五ドルの現金を失い、まったく同じ在庫を保有することになる。すでに認められなくなった後入先出法に従えば、この店は商品原価を七五ドルとし、収益はトントンとなる。先入先出法では、この店は原価六五ドルの商品を販売したことになり、利益は一〇ドルとなる。この見せかけの利益に応じて税金が支払われるので、資金流出の純額は増大することになる。

インフレの影響が何十年にもわたって積み重なると、不動産や放送権やパイプラインなど息の長い資産の会計を歪めることになる。減価償却の繰入額は、その資産が最近取得されたものであろうと、数十年前に取得されたものであろうと、取得原価に基づいて算出される。数十年前に取得したビルの減価償却費は、今日の価格で新たな所有者に売却した場合の額よりも小さなものとなろう。一般に、維持管理にかかる費用は息の長い資産から上がるＥＢＩＴＤＡのほんのわずかなものにすぎないが、その額も財産の種類によってさまざまである。ホテルや学生寮は、倉庫や保管施設よりもはるかに大きな維持費を必要とする。例えば、ＥＢＩＴＤＡはそこからすべての維持費を差し引き、金利や税金を合わせて考える中間的な数字として利用される場合にのみ意味をなすのだ。

営業権や知的財産の取得原価も、その現在価値とは何ら関係がないことが多い。無形資産にはすぐに無価値になる特許のような短命のものもあれば、コカ・コーラ、ディズニー、ルイ・ヴィトンなどのブランド名のように息の長いものもある。とは言え、イーストマン・コダックやポラロイドやシアーズのように、かつては象徴的なブランドであっても色あせてしまったものもある。有効期限が決められた特許やライセンスとは異なり、ほとんどの無形資産の残存期間は判断することができず、それゆえそれらの価値は定義が難しくなるのだ。一年間にどれだけの無形資産が費消されたかを判断するのは不可能なのである。仮に、会計士たちが、経済学者が前提とするような完璧な知識を持ち合わせていたとしたら、彼らはその期間に費消された無形資産の価値を費用計上することであろう。しかし、社内におけるR&Dやマーケティング費用のほとんどはすでに発生したものとして費用計上され、貸借対照表に資産として姿を現すことはない。企業は、これらの努力が実ると、時に巨大な簿外資産を有することになる。

ブランドを構築したり、R&Dを行う費用を、その結果である特定の売り上げと対応させることはできず、そのことが無形資産を取得したときの大きな問題となるのだ。M&Aとなると、その数字も桁違いに大きくなる。無形資産が公表された資産の半分以上を占めるような企業も存在する。営業権はもはや財務報告目的では償却されないが、課税控除の対象とはなる。厳密な残存期間があり、その間を通じて償却される無形資産もある。償却を避けるために無形資産を残存期間のある科目ではなく、営業権として計上する企業もあるが、そうすることで利益はより大きくなる。実務上、不況期に会計士は、実際には何年にもわたってその価値が減じられる営業権を一時に洗い流してしまう。それまでの年度に損失が計上されており、もはや秘密はばれているので、投資家はその償却を無視してしまう。実際に、多くの者たちが、短くとも残存期間が決まっている資産の償却すら無視してしまうのだ。

M&Aのときに起こるような混乱があると、だれも本当に何が起きているのかが分からなくなる。ロールアップ企業は、相乗効果を生み出すために事業を統合することが多いが、そうすることで、それまで別々の組織で行われていたことの進捗を追うことができなくなる。買収された企業の財務諸表は書き換えられるが、税務上の理由から選択された数値が用いられることもある。それがやがて、より現実的な数字だとの主張のもとアナリストに提供されるのだ。リストラクチャリングにかかる費用が取得価格のなかに混ぜ込まれたり、剰余金として姿を消すこともあるが、これは将来のへそくりとなり得る。

会計の数字が経済的現実を反映しないのは以上のような場合に限らないが、最も一般的に見られるものでもある。

バリアントにおけるパラレルワールド

あるアナリストが、バリアント・ファーマスーティカルズの新たな戦略を喜々として語り始めたとき、私は自らの先入観を抑え、話をよく聞くように自らに言い聞かせた。バリアントの前身であるICNファーマスーティカルズはインサイダー取引の容疑で、SEC（米証券取引委員会）の捜査を受けたことがあった。また、バイオベイル（二〇一〇年にバリアントが買収した）も、「非資金的投資ならびに財務活動」なる金額をいじくることで利益を改竄していたとして捜査されていたのである。

バリアントのマイケル・ピアソンCEO（最高経営責任者）は一見すると考え抜かれたような企業戦略を思いつき、専門的な耐久財に特化し、無駄を省き、規模の経済性を生み出すべく買収を行うことで成長することをもくろんだ。皮膚科と眼科は、とりわけ魅力的なニッチであると考えられた。バリアントはバイオベイルの本拠があるカナダに拠点を移し、そうすることでアメリカ国外で上がる収益にかかる税金を抑えたのだ。ピアソンは戦略コンサルティング会社であるマッキンゼー・アンド・カンパニーで二三年もヘルスケア担当のコンサルタントを務めていただけあって、戦略のプレゼンテーションは見事なものであった。ピアソンを戴くバリアントは、その後の数年間で一〇〇件を超える買収を実行したのだ。

バリアントが公表した「一株当たり現金利益」（つまりは、調整後利益）を用いると、ピアソンは大成功を収めたことになる。二〇〇八年から二〇一四年までの成長は見事なもので、それぞれ一・〇一ドル、二・一九ドル、二・〇五ドル、二・九三ドル、四・五一ドル、六・二四ドル、そして八・三四ドルという具合だ。二〇一五年、「ディスコンティニュード・タックス・プレゼンテーション」のもとでの調整後利益は一株当たり一〇・一六ドルであった。成長のほとんどは、バリアントのとどまることを知らない買収がもたらしたもので、それは二〇一四年のアラガンに対する五八〇億ドルの買収が失敗に終わるまで続いたのだ。しかし、バリアントにも爪白癬治療に用いるジュビリアやルズといった高成長商品はあった。成熟した商品群も再び活気づいたが、バリアントはこれを専門薬局を通じたマーケティングの改善によるものだとした。

バリアントが公表したGAAPに基づく数値は不気味なほどに異なる印象を与える。一株当たりの年間損失は、二〇一〇年に一・〇六ドル、二〇一一年が〇・三八ドル、二〇一三年が二・七〇ドル、そして二〇一五年が〇・八五ドルである。二〇〇八年、二〇〇九年、二〇一一年、そして二〇一四年のGAAPに基づく利益の合計額は、それ以外の年度に発生した欠損金をかろうじて相殺する程度であった。現金利益とGAAPに基づく利益のギャップを説明するために、バリアントは営業権と知的財産の償却、リストラ費用、株式報酬からなる洗濯物リストを発表した。これらの調整は、分析を行ううえでの疑問を浮き彫りにするものであった。つまり、それらは株式価値の予想に用いられるためのものではないということだ。

イラ立たしいことに、バリアントが自ら定義した現金利益が、何年にもわたって同社株のパフォーマンスの目安となった。バリアントの株価は二〇〇八年の七ドルから、二〇一五年には二六三ドルを超えるまで上昇した。六年間で利益が三度も倍増する銘柄は、当初のPERが突飛なものでないかぎり、素晴らしいものとなって当然である。株価が上昇するにつれ、強気筋の声もますます賑やかになる。ヘッジファンドのストック・アイデア・フォーラムでは、バリアントが多くのプレゼンターにとって最も人気のある話題となった。

私は、バリアントによる現金利益の定義は緩すぎると考えていた。GAAPに基づく営業活動によるキャッシュフローは一貫して現金利益を下回っていた。二〇一二年と二〇一三年、バリアントの営業活動によるキャッシュフローは、現金利益のおよそ半分ほどの水準であった。営業活動によるキャッシュフローは通常、現金利益よりも大きくなる。なぜなら、どちらも多くの同じ科目を足し合わせる一方で、純利益は減価償却への引き当てや資本補充などが反映されるからである。実際には、バリアントは現金を費消した営業費用のいくつかを無視して現金利益を算出していたのだ。

バリアントがコストとして勘案しないよう投資家に求めた現金科目の一つにリストラ費用があるが、おそらくは事業のトレンドをより明確にするためという理由であろう。例えば、経営陣は工場の統合やレイオフのタイミングを選択することができるが、個別の工場の閉鎖は一度だけのことであり、それゆえ関連する費用は特定の年度に属するものではないということであろう。しかし、事業がうまくいっていたとしても、当該四半期の業績はひどいもののように思えることであろう。その費用は翌四半期に繰り返し発生することはないので、将来の利益の予想には役に立たないのだ。だが、バリアントのような買収に積極的で、コスト意識の高い企業では、平準化がやむことはない。そのような企業の株式を評価するにあたっては、リストラ費用を無視することはできないのだ。

投資家は営業活動のトレンドを予想の基礎として用いるが、取締役会がそれを考えるのは、役員報酬を決めるときである。経営幹部は自分たちが素晴らしい仕事をしており、寛大な報酬に値することを示すベンチマークを好むことは言うまでもない。取締役と投資家は、操作されることなく、価値の創造を反映する指標を好む。GAAPに基づいたとしても、経営陣は無形資産を償却する必要のない営業権に分類するといった、利益を大きく見せることが可能な会計処理を選択することができる。リストラ費用を自由に動かし、すでに業績の振るわなかった年度に押し込めることもできる。投資家は株価の上昇を望むので、たとえ疑いがあったとしても、見栄えの良い数字を受け入れてしまうのだ。

調整後の数字は操作を回避するためのものではあるけれども、実際には新たな可能性を開くことにもなる。GAAP会計をごまかすかわりに、経営陣は無視されるであろう科目に費用を移してしまうのだ。支払金利が事業を営むうえでの費用であることはだれもが認めるところだが、資金調達にかかる前払費用や後払い費用はひとまとめにされることが多い。ある程度は、借り手はより低い金利を求めて高い手数料を支払うことはあるし、そのまた逆もある。バリアントは現金収入を算出するにあたり、二〇一四年には一億九九六〇万ドル、二〇一五年には一億七九二〇万ドルの資金調達コストを費用から除外していた。株式による報酬が非GAAP会計で無視されることもしばしばある。たとえ、それが計上されなくとも、重要ではなくとも、さらには公表されるキャッシュフローに影響がなくとも、株式による報酬は既存の株主が手にする一株当たりのキャッシュフローを低減させるのだ。

重要なことだが、特許で守られた薬品が独占商品である期間は有限であり、それゆえ新たな製品を補充していかなければならない。バリアントは、ライセンス生産や買収によって新たな製品を手にするための費用を無視するように投資家に求めたのである。製薬会社は伝統的に、自社の研究所でのR＆Dを通じた新薬の開発にかかる費用を損失計上してきた。それとは異なり、バリアントはバイオテクノロジー企業が開発した製品をライセンス生産し、そのうえでライセンスにかかるGAAP上の費用を無視するよう投資家に求めるのだ。もしくはバリアントは市場性のある製品を持つ企業を買収し、R＆Dを大幅に削減しようとする。事実上、バリアントは他社が過去に開発した製品から上がるキャッシュフローを買い取り、それを置き換えるための手続きを無視したのである。GAAP会計では、企業がその知的財産ゆえに買収された場合に、それをとらえることができない。GAAPがそれをとらえると、バリアントはその費用を無視することを投資家に求めたのである。

二〇一五年、バリアントの現金利益の算出からは、耐用年数のある無形資産にかかる二四億四〇〇〇万ドルの償却費と損金が除外されていた。また、買収した企業で進行していたR＆Dを二億四八〇〇万ドルも減じたのである。

バリアントブランドの消費者向け製品は特許に依存しておらず、また特許のある製品も耐久消費財なので、同社の本来の製品開発費用は会計上の償却費よりも小さいとする強気なストーリーもあった。そこで私は、より公平な数字がどれほどになるかをはっきりさせようとした。加重平均した耐用年数は長い期間となり、短いものでパートナーシップの四年、長ければ企業ブランドの一五年といった具合である。製品の詳細が分からなければ、それらの耐用年数が合理的かどうか分からないのだ。また、二〇一五年末時点におけるバリアントの一八五億ドルの営業権の幾ばくかは、耐用年数のある無形資産に分類されるのが適切ではないかと懸念していた。

私は各個別商品の売り上げのトレンドを調べることで、製品ポートフォリオの耐久性と成長性を把握したかった。しかし、それをほとんど不可能にしたのがバリアントである。同社は二〇一五年まで製品ごとの収益を公表することを拒んできたが、今でもまだ商品単価や販売量を発表していない。二〇一一年、同社の営業セグメントには、ブランド・ジェネリック・ヨーロッパとブランド・ジェネリック・ラテンアメリカがあったが、これらは二〇一二年にはエマージングマーケットにまとめられてしまった。二〇一二年に見られたアメリカ・皮膚科、アメリカ・神経科、カナダ、オーストラリアというセグメントは、二〇一三年のリポートではディベロップトマーケットとくくられていた。分類が変更されたことで、合併買収による成長分を切り出したり、販売量の成長性や個別薬品の価格を追跡することができなくなってしまったのだ。

買収に関する公表資料の詳細を見ると、バリアントの製品は同社が主張するほどの耐久性はなく、もはや沈滞していると思われるものもあることが透けて見える。例えば、ニキビ薬であるソロディンの二〇一〇年の売上高は三億八六〇〇万ドルであったが、最終的にバリアントは二〇一五年の売り上げが二億一三〇〇万ドルであったことを公表した。バリアントは薬品の販売量に関するデータを公表していないが、医師による処方箋を追跡し、ほとんどの薬品の、ほとんどの経路を通じた販売データを提供するサービスがある。ソロディンの小売価格は二〇一〇年の月当たり七〇〇ドルから二〇一五年には一〇六〇ドルに増大したが、収益は減少しているので、販売量はそれ以上に低下したものと思われる。バリアントは実現価格の明細を発表しないので、より高い希望小売価格のうちどれだけが割り引き、アロワンス、クーポン、支払い拒否、販売手数料、リベート、返品や患者支援プログラムで食われているのかは分からない。

バリアントはまた、「オルタナティブ・フルフィルメント」を通じてより多くを販売していると発表しているが、それが何なのかは分からない。私の直感としては、それは価格差別や割り引きの新たな手段なのであろう。データサービス会社も代替的な処方箋を追跡していないので、その価格もまた不明である。バリアントは「ひも付き」の薬局が自社の高価な薬品の処方を受け入れ、保険会社の多くが求めるようにより安価なジェネリック製品で代替しないことを望んだのであろうことは私には明白であった。

当初バリアントはそれを否定していたが、同社は専門薬局としては最大の顧客であるフィリドールを事実上所有していたのだ。二〇一四年一二月、バリアントは一億ドルを支払ってフィリドールをただで手に入れるオプションを手にし、将来のアーンアウトとして最大一億三三〇〇万ドルを支払うことに合意していたのだ。二〇一五年第3四半期、フィリドールはバリアントの売り上げの七％ほどに当たる、一億九〇〇〇万ドルを売り上げた。フィリドールはバリアント製品だけを販売し、基本的にその売り上げのすべては皮膚の薬で、通販を通じたものであった。フィリドールが、高価なバリアントの薬品に対して保険会社から一度拒絶された保険金請求を、別の薬局のIDナンバーを用い、処方箋の一部を「記載どおりに投与せよ」、つまりより安価なジェネリック薬品で代替するなと変更して、再提出していたことは明らかである。フィリドールは保険会社をだましていたうえに、無保険の現金払いの顧客に対しては大幅な割引価格を提示していた。だが、これは業界の価格と販売量の調査には載らなかったのだ。

バリアントが偶然にもフィリドールを所有していることが判明すると、保険会社や州の薬事会には警鐘が鳴り響いた。10－Kを読んだ者たちは、六ページにわたる子会社リストの脚注にあった、フィリドールが含まれていないことを示す記述の重大さを理解したのである。つまり、「規則S－K、601項の指示に従い、特定の子会社は前述の表から除外されている」と。激怒した保険会社や投資家をなだめるために、バリアントはフィリドールとの関係に終止符を打ったが、これによって財務諸表を書き換えることが求められた。フィリドールは倒産、ソロディンとジュビリアの売り上げは激減した。二〇一五年の四カ月でバリアント株は六五％も暴落したのである。

これらの詳細を見ても、私には、バリアントが皮膚薬の価値を維持するためにどれだけの文出をしなければならないのか、さっぱり分からなかった。コストがゼロというのは、仮に売上げが極めていい加減なものであったとしてもバカげた見積もりである。部外者である私は、正確なヒストリカルデータさえ手にしていないので、ソロディンやジュビリアのその後の売り上げや費用の予想に取り掛かることができない。また、バリアントがそれらの製品を手に入れるためにどれだけの支払いをしたかも分からない。将来を見通すにしても、バリアント内部の人間ですら既存の薬品の減少分を置き換えるのにどれだけの費用がかかるかは憶測するしかないのである。

株式の価値が将来のキャッシュフローの現在価値であり、バリアントの営業活動によるキャッシュフロー、株主利益、成長率、そして製品のライフスパンの本当の数字が分からないのであれば、バリアント株の価値も分からないのである。

しかし、バリアントの負債は現実であり、また膨れ上がっていた。二〇〇九年から二〇一五年にかけて、バリアントの長期負債は三億ドルから三〇三億ドル超と一〇〇倍にも増えた。ちなみに、六〇億ドルの繰り延べ税金負債に加え、その他の長期負債として一三億ドルがあることは言うまでもない。二〇一五年末時点で、これらの負債は、たった二億ドルの流動資産と一四億ドルの有形固定資産を含む固定資産でどうにかバランスしていた。バリアントの債務返済能力は、ひとえに同社のブランドや知的財産がもたらす将来のキャッシュフローに依存していた。しかし、破壊的なまでの負債の重荷によって、それらのキャッシュフローを引きだす術も、その能力も変わってしまったかもしれない。

バリアントのフリーキャッシュフローは、慢性的に利益に比べて無視できるほどのものであったので、私は何か劇的な変化が起こらないかぎり、このパターンは続くだろうと思っていた。過去は将来への最良の道しるべである。将来は異なるものとなるかもしれないが、概してそれほど大きな違いはないものだ。将来の利益やキャッシュフローの推定値は、ヒストリカルデータの一貫性やクオリティを反映したものであるべきだ。多くの場合、調整後利益はより大きなものであるので、このパターンをはっきりと示している。利益が不安定かつシクリカルであったならば、同じようなことが続くと思わなければならない。特に、予想において下落局面の度合いや長さが考慮されることはまれなのだ。

また、極端な数値がその後平均値に近づいていく傾向が予想に反映されることもない。平均回帰は統計上のサンプリングにおける矛盾や誤りに基づいているものであり、その影響は部分的なものにすぎないと私に話すうるさい統計学者もいる。ビジネスマンたちはこれを競争圧力だと考えるが、その効果はさまざまである。実際に、収益力のある産業は競争を招来し、リターンは低下する。周期的な変動を除けば、収益力のまったくない企業が平均に回帰することはなく、やがて破産する。しかし、素晴らしいアイデアがやがては高い収益性に転換されることを期待して革新的な新しい企業が生み出される。投資家は、全体の平均ではなく、特定の企業に気を配るものだ。投資家はとりわけ優れた事業を探しているのであるから、競争の痛ましさに注意し、それによる制約を予想に組み込まなければならないのだ。

私は、現在価値を算出するスプレッドシートに入力すべき正しい数値を吐きだすアルゴリズムを提供したいと考えたが、それもできない。数値をとめどなくいじくり回すよりも、事業がどのように成長しようとしているのか、なぜ競争によって収益性が低下しないのかを検証することにより多くの時間を費やすべきである。バリアントは、引き続きM&Aを行い、無駄を排し、商品を拡充し、価格を引き上げ、新たなマーケティングチャネルを構築していくと宣言した。製薬は一風変わった市場で、商品を選択するのは医師であり、それを用いることのない第三者が一部の支払いを負担する。さらには、その有効性に関するデータを患者または医師が常に入手できるとは限らないのだ。利用できる治療法が限られている場合、薬品は少なくともその特許が切れるまでは、大きな価格決定力を持つことがよくある。

私は、バリアントによる買収攻勢と急速な製品価格の引き上げは、その成長を持続不可能なものにしたと懸念している。二〇一五年二月、バリアントはイスプレルとニトロプレスという二つの心臓の薬をそれぞれ五二五％と二一二％も値上げした。その年の後半、大統領候補のヒラリー・クリントンは、バリアントを名指しし、薬価の値上げについて調査するよう求めた。大幅な価格引き上げはバリアント全体で行われていることが分かった。二〇一五年一〇月のドイチェバンクによる調査リポートは、バリアントの薬品の希望小売価格の加重平均が二〇一二年には一九・七％、二〇一三年には三一・六％、二〇一四年には五二・九％、そして二〇一五年の一〇月までに八五％引き上げられていることを示唆するものであった。当時すでにCEOを退いていたマイケル・ピアソンは、バリアントが誤って価格を引き上げてしまったものもあると議会で証言したのだ。

そのときまでに、バリアント株は高値から九〇％も下落していた。

バリアントのGAAP会計での損失と、マイナスのフリーキャッシュフローは瓦解の予兆となったわけだが、懐疑論者は、そのことがGAAP会計の利益が調整後利益や非GAAP会計よりも信頼できる価値の指標であることを証明するものではないと指摘するであろう。結局のところ、バリアントが自ら定義した現金利益は、長年にわたり同社の株価を示す最良の指標であったのだ。無形資産や知的財産を扱う場合や、高インフレ期、またロールアップ企業など、GAAPによる利益が株主利益や経済的現実を正確に表さない場合も多い。そして、私自身も実際のところ、期間ごとの比較可能性を高めるために企業の利益を調整している。それでもなお、私はGAAPによる標準化がなければ、企業間の比較は信頼に足るものではなくなると考えている。

調整後利益には注意が必要だ。キャッシュフロー計算書を調べ、それが利益と同じストーリーを示しているかどうかを確認しなければならない。オールドエコノミーと呼ばれる製造業においては、事業を維持していくための費用は比較的容易に算出できる。ブランドや知的財産や専売権を更新しなければならない場合は、その費用はより不明確になり、株主利益もあいまいなものとなる。公表利益と株主利益との差異が単に、在庫や売掛金が大きすぎることを示唆しているだけのこともあるのだ。

フリーキャッシュフローは、実際に買収（買収にかかる費用が資本支出として損金計上されなかった場合）や株主還元に用いることができる現金を測るものである。素晴らしいリターンを生む魅力的な投資機会がないならば、企業は何らかのフリーキャッシュを生むものだと考えている（成長している事業がＧＡＡＰによる利益を上回るフリーキャッシュフローを手にするという珍しいケースもある）。価値とは、成長機会や配当に充当できるフリーキャッシュフローによって決まるのである。

第19章　価値を判断する術

「数学の法則が現実にあてはまるかぎり、それは正確ではない。正確であれば、それは現実にはあてはまらない」――アルバート・アインシュタイン

バリュー投資家の興味は株価とその本源的価値との比較にあるが、本源的価値は将来のキャッシュフローの割引価値として見積もられることが慣習となっている。ＤＣＦ（ディスカウントキャッシュフロー）理論は、現在の利益と成長性、ライフスパンを定義によって正確かつ真実であるとされる方法で結びつけることになる。例えば、一年後に一〇五ドル、二年後に一一〇・二五ドルをもたらす投資があり、適切な割引率が五％であるならば、それぞれの金額の現在価値は一〇〇ドルとなり、合計で二〇〇ドルとなる。仮に私がこの一連の収入を一五〇ドルで買うことができるとしたら、私は五％の適正なリターンだけでなく、取得価格が割安であるため五〇ドル相当の現在価値を手に入れることになる。しかし、ここでの判断に使われるモデルが算出する数字は、本質的に正確でもなければ真実でもない。本章では、株式の価値を見積

もる方法を取り上げ、その後の章では割り引く対象となる正しいキャッシュフロー、用いるべき正しい割引率、そして価格が価値から大きくかい離している瞬間について述べていく。

ごみを出す

現在価値の算出に用いるすべての数字は、その数字が信頼できるかどうかの判断も含め、経験則という混沌とした世界からもたらされる。それゆえ思わぬ障害があるものだ。データは将来からもたらされるのではなく、過去に基づいているだけである。人類のあらゆる冒険において、われわれが予想しようとした将来は過去と似てはいるが同じではなく、その度合いもまちまちである。

あらゆる銘柄のＤＣＦを求めることはできるが、多くの場合、予想は無意味なものとなる。ガラクタの見積もりを入れても、ガラクタの価値しか出てこない。遠い将来の利益、キャッシュフロー、配当、そして利益率を正確に推定できないのであれば、この複雑な問題に取り組むことは的外れであり、ミスリードとなりかねない。最も質の高い債券の現在価値は、金利や元本の支払いが契約で定められているので正確に算出することができる。債券の予想金利は多少はズレるかもしれないが、株式の割引率を求めることに比べれば、より正解に近いであろう。

現在価値の評価に用いる前提をその信憑性や確実性に基づいて分類し、信頼性のない仮定に重きを置かないようにしなければならない。通常、向こう数年間にわたる利益やキャッシュフローの予測は信頼に足るものではあるし、少なくとも比較的信頼できるものである。しかし、その事業が二〇年後に生み出すキャッシュフローに対する予測は推測でしかなく、食品会社よりもハイテク企業の株式について言えばなおさらそうである。現在価値の計算では、信頼度が異なるにもかかわらず、それらの数値をすべて足し合わせ、同様に正当なものとして取り扱う。あるものはおおよそ正しく、あるものはまったくの幻想にすぎないという情報があるならば、それらを混ぜるのは危険である。今やだれもがコンピューターを持っているので、計算は簡単である。難しいのは、合理的な仮定を立てているかどうかを知ることである。バリュー投資家は過大な価格を支払うリスクを気にしているが、金融論においては、だれもが完全な情報を持ち、またすべては適切な価格付けがなされているのだから、このリスクは存在しないことになる。

これまでの章で、価値の推定に失敗する多くの理由を見直してきた。多くの投資家が将来のキャッシュフローを見積もることに思い悩むことをしない。むしろ彼らは不快なことから逃げ、行動を起こすための感情的なキッカケを求めている。有価証券の価値を見積もろうとする者たちは目の前で起きていることを過大に重視し、その業界の歴史的な特性といった目立たない特徴を軽視する傾向がある。詐欺や壮大な愚行は一般的ではないので、それらをモデル化することはない。

コモディティ化した、そして大きな負債を抱える事業は、ターミナルバリューがゼロとなる傾向にあるが、それは思っているよりも早く訪れることがよくある。アナリストのなかには、「ワーストケース」を含めたさまざまなシナリオをモデル化する者もいる。企業の倒産を視野に入れれば、状況がワーストケースシナリオよりも壊滅的な状態になることも多い。楽観主義者たちは、ビジネスサイクルが強気のシナリオよりも想像を絶するくらい良くなることもあると指摘するだろうが、それも正しい。いずれにせよ、考え得る最悪の結果には備えたいところである。

より単純な状況であっても、バリュエーションの計算が混乱し、誤った数字をはじき出し、容易に過大な価格を支払ってしまうことはある。積極的なグロース株投資家は八％の成長率など冴えない数字だと考える。企業が永遠に八％成長し、割引率が八％未満であるならば、ＤＣＦの公式はその株式の価値を無限大とするであろう。問題はＤＣＦという方法にあるのではなく、誤りを犯しがちな仮定にあるのだ。この極端なケースでは、向こう数年間であれば八％の成長率という仮定も合理的であるが、それを超えて永遠にそうなるとするのはまったく非現実的である。

ウォーレン・バフェットはＤＣＦ法の偉大なる支持者ではあるが、彼はまた人間の知識には限界があることを理解している。彼は特定のイベントによってひっくり返ってしまうような複雑な推測を疑わしく思っているのだ。彼は自らのＤＣＦ分析を公表し、それがどれほど正しいかを示そうとはけっしてせず、人々が人前ですべきではないこともあるのだと遠慮がちに言うだけである。私は次のように推測する。バフェットは、ＤＣＦは債券や質の高い事業にとっては有力な道具であるが、それ以外には有効ではないと考えている。彼は保守的な仮定をする。彼は無限の可能性を求めるが、それを当てにすることはない。キャッシュフローの確実性が高い企業群に対しては、大きな割引率を適用する必要はない。事業価値を評価するにあたって、彼は綿密かつ複雑なモデルではなく、簡潔な方法を用いている。

現在価値とアニュイティの公式

ほとんどの銘柄に関して、私がまず用いる現在価値の公式は永久年金である。古典的な永久年金は、かつてイギリス政府が発行していた「コンソル」債である。コンソル債は毎年利払いが行われ、償還は予定されていない。永久にもたらされる年三ポンドを三％で割り引くと、一〇〇ポンド（三ポンド÷〇・〇三）の価値になる。割引率、直接利回り、そして最終利回りのすべてがちょうど同じなのであるが、これはパー（額面の一〇〇％）で取引されることはないほかの債券には当てはまらないものである。アニュイティの公式は、だれもが互いの住まいと収入を知っており、その収入は増えも減りもせず、何世代にもわたって続くという社会を具体化したものである。

民間企業はかつてのイギリス貴族が享受したような安定性を欠いているが、株式にもコンソル債にも期限はなく、計算もアニュイティの公式を用いれば容易である。収入を割引率で割れば（分数で表現される）、じゃじゃーん、現在価値が出るのだ。割り算よりも掛け算を好む者もいる。利回りが三％であるならば、収入を〇・〇三で割るのではなく、収入に（一÷〇・〇三）か、三三・三三を掛ければ現在価値が算出される。株式では、株価に対する利益の比率が利回りと呼ばれ、一株当たりの利益に対する株価がPER（株価収益率）である。私自身は割引率の簡単な代用品として利回りを用いるが、ウォール街ではPERを用いるのが人気である。

差し当たり、私は一般に公正妥当と認められた会計原則に従って算出された一株当たり利益を収入として話を進める。利益に調整を加えたり、複数年にわたる業績の平均を用いたがるアナリストもいれば、配当に注目する者もいる。前述のとおり、私は株式の割引率を八％としているが、二〇一〇年はそれを一〇％とした。将来、株式のリスクプレミアムや国債の利回りが変化すれば、割引率も変わるであろう。

優れた判断を下すために、必ずしも正確な予測をする必要はないと考えている。私にとっての優れた判断というのは、たとえ世界がどのようになるかということについて自分がまったく的外れであったとしても、満足いく結果を生み出す判断のことである。同時に、将来の結果がまったく予測がつかない場合、私にとっての最良の判断は退避である。感情的な判断を避け、十分に理解していない投資を避け、そして悪い連中と不安定な事業を避けることで、私は投資対象を絞ることができるし、実際にそうしてきたのだ。価値の要素を一つでも欠く企業があるかを検証すれば、投資候補をさらに絞ることができるのだ。

価値の要素におけるバリュートラップ

バリュートラップとは期待外れに終わる、もしくはそうなることが予想される株式に対する一般的なあだ名である。その名が示唆するところは、簡単な分析では割安だと思われた有価証券のその後のパフォーマンスが振るわないことがあるということである。私は、失敗を犯した原因が自分にはないかのような印象を与えるこの言葉が嫌いだ。失敗を株式のせいにしていれば、自分がどのように失敗をしたかが分からない。失敗の原因を自分の判断に求めれば、私は過ちを繰り返すことを避けることができる。簡便な方法やDCF分析は、①収益性、②ライフスパン、③成長性、④確実性――という価値の四つの要素の連関が脆弱であるがゆえに失敗するのだ。そこで私は、脆弱な部分を特定するための簡潔ではあるが、厳しいチェックリストを用いている。

1．その銘柄の利回りは高いか、つまりPERは低いか
2．その企業は成長機会において大きな利益を上げられるような特別な何かをしているか
3．その企業は永続すべき体制にあるか、それとも競争や流行や陳腐化や過大な債務などのリ

スクにさらされているか

4．その企業の財務状況は安定しているか、遠い将来まで見通すことができるか、それともシクリカルで変動が大きく不確実か

これらの疑問のすべてに答えるために、私は企業の業績を検証する。また、なぜそのような業績になったのか、そしてそれらの要素はどのくらい継続するのかを説明する将来を見通したストーリーを求める。新たな製品や規模の経済性の向上によって将来はより良いものともなり得るし、競争が激化したり、陳腐化することで悪化することもある。ストーリーがどれほど称賛に値するものであっても、過去一〇年のほとんどすべてにおいて一〇～一二％を超えるROE（自己資本利益率）を達成していないかぎりは、その企業が将来優れた収益性を享受すると自信をもって言うことはない。私は、業績の悪い年や急成長に細心の注意を払うが、それはストーリーが見落としているかもしれない悪材料を反映していることが多いからである。

ACA（医療費負担適正化法）、いわゆる「オバマケア」が二〇一〇年に成立したことで、健康保険業界の見通しは歴史とは異なるものとなっている。過去を振り返れば、当該業界の収益性や成長性は大きなものであった。規制産業である健康保険会社が破綻することは歴史的にもめったにないことであった。より規模の大きい企業の利益は概して安定していた。収益性は保険引き受けのサイクルに応じて変動するが、ビジネスサイクル全体とは関係がなかった。私は

最大のマネージドケア業者であるユナイテッドヘルス・グループ（ＵＮＨ）に着目することにした。オバマケアというタブーを除き、価値の四つの要素すべてが、ユナイテッドヘルスが割安であることを支持しているように思えたのだ。アメリカが単一支払者制度に移行したならば、マネージドケア業者は不要となる可能性がある。

検証1．低ＰＥＲ

価値の第一の要素として、ユナイテッドヘルス株は直近の利益に対して割安のように見えた。二〇一〇年、ユナイテッドヘルスは希薄化後で一株当たり四・一〇ドルの利益を上げ、株式は三〇ドルほどで取引されていたので、利回りにすれば一三・七％、ＰＥＲは七・三倍だ。アニユイティの公式を用いて、割引率を一〇％とすると、ＰＥＲは一〇倍ということになる。これは、ユナイテッドヘルス株は三〇ドルという時価よりも三七％高い一株当たり四一ドルの価値があるということであり、適正な安全域があることを示すものであった。低ＰＥＲ以外にも成長性や永続性や確実性といったバリュエーションの切り口はたくさんあるが、それでもユナイテッドヘルスの低いＰＥＲはこの銘柄が割安であることをはっきりと示していた。

それでも私は、オバマケアが導入されても、ユナイテッドヘルスの直近の利益が異常値とならないかどうかを確認したかった。一一個のデータポイントと見積もりでは少なすぎて統計的には有意ではないが、過去の業績の範囲を知ることにはなる。二〇一〇年、ユナイテッドヘルスの純利益率は四・九％で、過去一〇年ほどの平均をわずかに下回るものであった。純利益率では、最高が二〇〇五年の七・三％で、最低が一九九九年の二・九％である。このわずかなサンプルを用いると、ユナイテッドヘルスの利益率は同社の中心傾向に近似しているか、わずかに下回っているように見える。一株当たり四・一〇ドルという二〇一〇年当時のユナイテッドヘルスの予想（後に現実となる）利益は、多かれ少なかれ正常であることに私は安心した。

多くの投資家が確率分布の中心傾向を価値の推定値ととらえる。私は、結果の範囲を示す分布全体を検証するが、そこには何らかの下落シナリオも含まれている。仮に二〇一〇年のユナイテッドヘルスの利益率が一九九九年の二・九％という低い値となったとしたら、一株当たりの利益は二・四二ドルとなり、一〇倍すれば二四・二〇ドルという価値になる。確率というパラレルワールドを別とすれば、価値の最大の見積もり額は四一ドルであり、一株当たり三〇ドルの価値を下回る可能性は一二分の一であると言ったら、一貫性がないように思えるであろう。一二年分のサンプルは一定のルールのもとでの確率分布の姿を示すのには有効かもしれないが、オバマケアによってルールは変わったのだ。私は、健康保険会社が過去にどのようにして破産したのかを理解したかった。そのためには、より長い歴史を見る必要があった。

一九九〇年代、健康保険会社ははっきりとした景気循環を経験し、ユナイテッドヘルスは一九九八年に赤字となった。以来、医療制度は整備され、産業構造も変化した。一九九〇年代、マネージドケアによって利益が減少したときでさえ、保険加入は急速に増大した。小規模なＨＭＯ（健康維持機構）やＰＰＯ（優先医療給付機構）は、早産などさまざまな条件が増えたこと、また新たな地域やカテゴリーの加入者に手を広げたことで、絶えず問題に直面していた。通常の妊娠やぜんそくに対応して収益を手にすることに慣れていたメディケイド（米低所得者対象の公的健康保険制度）のＨＭＯは、援助が必要になるような障害を持つ人々は保険数理上まったく異なる存在であることを突然突き付けられたのだ。これらの問題がオバマケア成立後でも形を変えて持ち上がるのではないかという疑問が生まれた。

オバマケアの下では、すべてのアメリカ人は健康保険に加入することが求められ、さもなければ罰金を支払わなければならなかった。新たに保険に加入した人々に関する医療費の過去のデータが入手できないのはよくあることだが、入手できたデータも将来における保険金請求の動向を示すものではないかもしれない。保険料の競争を促すために、政府は新たに医療保険取引所を設立した。より若く健康な加入者への保険料は、より高齢の病気がちな加入者に対する保険料を補うために、経済的費用よりも高く設定されることになった。保険会社はこの価格体系によって、収益をもたらさない者たちが率先して加入することを恐れたのである。また、健康保険会社はプレミアムの収入のうち一定額を医療費に充当するか、不足分を顧客に割り戻すことが法律によって定められた。マネージドケア企業は当初設定したプレミアムが低すぎたら、それ以降の年でそのコストを回収することができなくなるのではないかと頭を悩ませた。

明らかに多くの落とし穴があり、またリスクをとるだけの魅力もないが、多くの健康保険会社は後悔したくないので保険を引き受けることだろうと私は考えた。コストが高い加入者に対して「無審査」で保険証書を発行することが法律によって求められたならば、保険会社はコストをカバーするだけの高いプレミアムを設定するか、参加しないことにするであろう。医療保険取引所は対応地域を拡大させる可能性を開くものではあるが、たいていの場合その地域におけるマネージドケアのネットワークが多くなればなるほど、コストも低くなり、質も上がる。ネットワークも医療費に関するデータベースも持ち合わせていない競合他社はコストも上昇すれば、分散も図れないことになろう。医療保険取引所と競合他社の登場によって、全体の利益率は下がるであろうが、新規参入した業者が既存の業者よりも痛い目に遭う可能性は高かったのである。

検証2．収益力ある成長

たいていの場合、成長が早ければ、それだけ株式の価値も大きなものとなる。問題は、企業は投下された資本に対する適正なリターンをもたらすに十分な利益を着実に上げていかなければならないということだ。企業の成長がいくら早かろうが、ほどほどの利益しか上げられないのであれば、DCFによる価値は増大しない。増大する資本に対するリターンがわずかなものならば、実際には拡大することで株主価値が低減する。だが、ほとんどの事業にとって、成長は価値にはプラスに働く。二〇一五年のS&P五〇〇企業のROEの中心値は、自己資本のコストをはるかに上回る一四・五％だったが、当時私は八％と見積もっていたのだ。

理論上、企業が高い収益性を維持することを可能とする堀や競争優位を持ち合わせていないならば、成長率が変化しても、その価値はさほど変わらない。ほかにはまねできない、何か独特のことを行っている企業は少なく、特別な能力をもって資本を活用しているのではない。これは、一般的な銘柄では成長に関する調整を行わずとも、アニュイティの公式が十分に機能するということである。成長の価値を算出するためには、まず企業が利益を増やし続ける競争優位を維持できる期間を予測し、そして利益の額を見積もらなければならない。競争優位が維持できる期間は企業の存続期間よりも短いが、それでも関係はある。好調な企業のほうが長続きする。もし完璧な先見性を持っているならば、将来のある時点における利益に比して、現在の株価が低い企業に狙いを定めることになる。

ＵＨＮの一貫して魅力的なＲＯＥと成長性という組み合わせに基づけば、成長は同社の価値にとってかなり良い影響を与えると確信していた。二〇一〇年、私は株式の割引率を一〇％としていたが、ユナイテッドヘルスのＲＯＩＣ（投下資本利益率）はその目標を安定して上回っていた。貸借対照表（ＢＳ）に計上された多額の営業権や断続的な薬価の高騰はあるにせよ、一九九九年～二〇一〇年までユナイテッドヘルスのＲＯＥは平均すると二〇％を超え、エリート集団に位置していた。最も業績の悪い年でさえ、ユナイテッドヘルスのＲＯＥは一四・四％であり、それでもまだ優れたものであった。これらの結果は、最大のマネージドケアたるユナイテッドヘルスの立場に付随した規模の経済性を反映したものであり、それは今後も継続すると期待していた。ユナイテッドヘルスの向こう一〇年間の成長を考えると、将来の利益に基づくＰＥＲは四を下回る可能性もあり、つまりは圧倒的に割安だということになる。

全米をカバーする国内最大の健康保険会社であるユナイテッドヘルスには、計り知れない交渉力と規模の経済性がある。同社は、病院が設定する「チャージマスター」の診療報酬から最大の割引を引きだすことができるだろうし、償還率を指示することもできるかもしれない。医師たちはユナイテッドヘルスが多くの患者を仕向けることができることに魅力を感じていた。

また、顧客たちはユナイテッドヘルスが持つ医師や病院の広範なネットワークに大きな価値を見いだしていた。ここ数十年、スタッフモデルＨＭＯは、医師や病院に関する幅広い選択肢を提供するＰＰＯに市場シェアを奪われてきた。ユナイテッドヘルスは公務員に対して、健康保険のワンストップショッピングを提供していた。これはバックオフィスや販売活動でのスケールメリットとなっていたようだ。実際に、ユナイテッドヘルスの売上高に対する従業員数はエトナやシグナよりも少なかったが、マネージドケア業界で最も少ないというわけではなかった。ユナイテッドヘルスの優位性を競合他社がまねすることは難しいであろうし、早々色あせるものではない。つまり、ユナイテッドヘルスはその収益性を守る堀を持っていたのだ。

私は、ユナイテッドヘルスによる買収攻勢が株主価値を増大させたかどうかについてはまだ判断を下せないと感じていた。ユナイテッドヘルスが直近で行った最大の買収は、二〇〇五年にパシフィケアを現金と株式交換で取得したものである。ユナイテッドヘルスが支払った価格はＰＥＲにすると二〇倍を上回り、これはパシフィケアの買収から得られるリターンが低いことを示唆していたが、ユナイテッドヘルス自身の株式も同程度に高いＰＥＲで取引されていたのだ。買収後の数年間で、パシフィケアの利益率は見事に改善した。ユナイテッドヘルスはパシフィケアや二〇〇七年のシエラ・ヘルスの買収で真の全国的企業となったのである。全米をカバーしたユナイテッドヘルスがその後も興味を示したのは小さな獲物ばかりである。

ユナイテッドヘルスは、オプタムが持つヘルスケアのデータ分析や薬局や従業員支援事業といった成長の早い事業に買収の主眼を移した。これらの事業はすべてマルチプルが極めて高く、購入価格に対する当初のリターンは低いものとなることを示していた。当然のことながら、二〇一〇年のオプタムのＲＯＡ（総資産利益率）はユナイテッドヘルスのマネージドケア事業よりも低く、それゆえ私はユナイテッドヘルスが過大な価格を支払ったのではないかと心配した。しかし、オプタムの利益はその後に急増し、二〇一四年にはＲＯＡはマネージドケア事業のそれよりも高いものとなった。しかし、二〇一〇年時点ではそれが分からなかったのだ。

私はユナイテッドヘルスがその資本を生産的に利用して価値を増大させるとは思ってもいなかったのだが、同社は株式の発行と自社株買いを見事なタイミングでやってのけた。パシフィケアの買収から三年、ユナイテッドヘルスの利益は増大したが、株価は三分の二も下落した。ユナイテッドヘルスは自社株買いを進め、二年間でパシフィケアの買収に際して発行した以上の自社株買いを行った。純利益の増大と株式数の減少によって、ユナイテッドヘルスの一株当たり利益は急増した。

私は、ユナイテッドヘルスの自律的成長は堅調であり続けると確信していた。ユナイテッドヘルスの収益が減少したことは一度もなかったのだ。二〇〇七年の収益成長が最も低かったが、それでも五・四％の増大である。アメリカ国民のうち、メディケア（米高齢者・身障者対象の公的健康保険制度）がカバーする割合は徐々に増え、およそ年に一％ずつ増えていた。私は、健康保険の適用範囲がより普遍的なものになるにつれ、取扱量の増大も加速するだろうと考えた。過去半世紀にわたり、健康保険の支出は、名目ＧＤＰ（国内総生産）の成長率に、年二％を加えた割合で増大してきた。新たなミレニアムに入り、一人当たりの入院日数と通院数は実際には減少している。支出の増大が治療の改善を反映したものにせよ、ヘルスケアの分野に限ったインフレが起きているにせよ、ユナイテッドヘルスにとっては追い風となる。そして、オプタムがあり、同社はオバマケアの結果として成長機会を手にしていた。

企業の収益性や成長性が絶えず変化するときに、簡易な方法で線形に考えるのは有効ではない。だた、それは正常な状態である。成長の価値を判断するためには、ＤＣＦ分析を総合的に行うしかない。ゴードン成長モデル（定率成長割引モデル）として知られる簡潔な方法では、配当やフリーキャッシュフローは一定の割合で永久に増えると仮定される。株式の割引率は、配当利回りと配当の永久成長率との合計とされる。永遠に続く成長率など存在しないが、向こう数年であればあり得ることで、私はユナイテッドヘルスの利益とフリーキャッシュフローは年八％で増えると考えた。

強気な仮定を用いると、ユナイテッドヘルス株は、直近の株価である三〇ドルの四倍に相当する一株当たり一二三ドルの価値を持つことになる。一〇％の割引率から八％の成長率を差し引けば、ユナイテッドヘルスのフリーキャッシュフロー利回りは二％だということになる。同社が二〇％のＲＯＥを永遠に達成すると仮定すると、ユナイテッドヘルスは八％の成長を維持するためには利益の四〇％を再投資しなければならなくなる。一株当たり四・一〇ドルの利益のうち、フリーキャッシュフローとして残るのが二・四六ドルとなる。フリーキャッシュフロー利回りが二％であるので、ユナイテッドヘルス株は一二三ドルの価値となり、これはＰＥＲにすれば三〇倍、一〇年後に予想される利益の一四倍に相当する。

成長性をもっと控え目に予想すると、私の計算ではユナイテッドヘルス株の価値は一株当たり四一〜六一ドル程度となる。たいていの場合、私はまず成長率とＲＯＥの上昇率をそれぞれ八％と二〇％とし、徐々に引き下げていく。私が用いる最も前向きなシナリオでは、成長性と収益性は一五年間変わらないことになる。最も悲観的な状態では、オバマケアゆえに利益率は徐々に低下することになる。将来を見通せば、成長が価値を増大させることはなかろうから、ユナイテッドヘルス株はその年金価値と同じになるわけだ。株式の価値は常に幅をもってとらえるべきであるが、私は二つのシナリオの幾何平均を算出し、一株当たり五〇ドルという値を得た。私が考えているよりも厳しい状況にならないかぎり、成長によってユナイテッドヘルスの価値は間違いなく増大する。

検証３．永続せんとする企業

価値の第三の要素である将来のライフスパンは、企業がその突出した利益をどれだけの期間にわたって維持できるかにかかっている。競合他社はその優位性を少しでも叩こうとし続けるので、独占レントを永遠に保持できる事業などまれである。平均的な事業は平均的な利益を生むので、突出した利益を長い期間にわたって享受する企業はほとんど存在しないのだ。自社の収益性を守る堀を持つ企業がより長く永続するであろう。ハイテクやファッションなどのペースの速い事業を除けば、目に見えた競争優位を持つ企業のほとんどがその繁栄ゆえに長く存続することが期待されるのだ。

現在価値に関して言えば、企業の終焉が近い将来のことではない、つまり一〇年、二〇年後のことであるかぎり、その企業が四〇年後に廃業しようが、永遠に存続しようがほとんど問題とはならない。永遠に発生する年八ドルの収入は、それを八％で割り引けば、一〇〇ドルの価値があり、七五年の間同じ額の年間収入があっても価値は一〇〇ドルとなる。年八ドルの収入を現在価値にすると、三〇年でおおよそ九〇ドル、二〇年で七九ドル、一〇年で五四ドルとなる。もちろん、業績が悪く、めちゃくちゃで、短命な事業は避けたいとだれもが思う。しかし、ある時点を過ぎると、その後の期間がもたらす効果はほとんどなく、そのときまでに企業が成し遂げたことのほうが重きを成すことになるのだ。

ユナイテッドヘルスは高い収益力を維持する競争優位を持ち、数十年の間は活動し続けるものと思われる。マネージドケア企業の倒産率は一般的な事業のそれよりも低いものである。健康保険業界は倒産し、加入者が守られない状態になることが公の利益に反することになるので、規制が厳しく、その規制によってたいていの場合は競争が制限されている。健康保険会社が困難に陥るのは、規模が小さすぎて、コストの高い保険金請求に対応できるだけの分散が図られていない場合が多いが、これはユナイテッドヘルスの立場とは対極にあるものである。十分な調査をしたわけではないが、私が知るかぎりＨＭＯの大規模な倒産は一九八九年のマキシケアと二〇〇一年のカリフォルニアにあるマキシケアの子会社だけである。マキシケアは、多額の借り入れを用いて不振の保険会社を買収することで、全米最大のＨＭＯとなったのだ。

競争優位とライフスパンの双方で私はユナイテッドヘルスに高い評価を与えたが、同社の価値に対する推測は一株当たり五〇ドルで変わらなかった。競争優位が維持される期間の価値はすでに成長の価値のなかに含まれているので、それを二重にカウントしなかったのである。ユナイテッドヘルスはほかの企業よりも長く存続することが期待され、現在価値の算出について言えば、それは永続するも同じであった。実際のところ、ライフスパンは投資にとってはマイナスの条件となり、持続力のない企業を除外することになる場合がほとんどである。しかし、これはユナイテッドヘルスには当てはまらない。同社は強い競争力を持ち、財政も安定し、欠くことのできないサービスを提供しているのだ。

最終的には倒産するよりも、買収される企業が多い。自分たちの企業が買収されると経営陣は職を失うことが多いので、買収提案の内容は拒むことができないほど魅力的、つまり保守的なＤＣＦの価値よりも高いものでなければならない。企業を売却する絶好の機会をとらえる能力があれば、経営陣は弾力性ある事業にとって最も価値ある選択肢を手にすることになる。

検証４．確実性の測定方法が不確実である

第三者の視点に基づいて不確実なことを分類すると、それはリスクとなる。つまり、不確実性はあらかじめオッズを測る統計的な基準を持つことになるのだ。『ＭＳＤマニュアル』で、私はそれまで存在することも知らなかった数多くの疾患を知った。この本を読んでも、自分自身がどの慢性病にかかり得るか、次にどのような病にかかるか、私には不明である。いつ、どのようにして病にかかるかを知る必要があるとしたら、不確実性に直面することになる。対照的

に、保険会社は何百万人もの人々のヘルスケアにかかる総費用さえ分かればよいので、細かな不確実性に思い迷うことなくリスクを管理することができるのだ。

マネージドケアは、収益が極めて安定した先を見通せる事業である。加入者は、一年前に定められたプレミアムで保険の適用範囲を契約する。多くの人々にとって、健康保険は必需品であるので、需要は経済の影響をほとんど受けない。ほとんどの加入者が毎年同じ内容の保険を更新するので、加入者数が劇的に変化することはない。医師や病院への払戻率もあらかじめ契約で決まっているので、費用のトレンドも予想できる。治療費の請求は数週間のうちに提出されることが多いので、ささいな変化も即座に把握することができる。加入者からの治療費請求が予想外に大きなものとなると、その人物の翌年のプレミアムは引き上げられることになる。オバマケアが成立して以降、主要なＨＭＯやＰＰＯのうち年度単位で赤字に陥ったものはなく、いくつかの小さな協同組合が破産しただけである。

ユナイテッドヘルスは業界内のどの企業よりも高い確実性を享受していると私は考えていたが、確実性や分からないことを数値化する優れた手段がないのも事実である。ユナイテッドヘルスは地域だけでなく、顧客のタイプでも分散が図られていた。つまり、大会社、小規模企業、個人、メディケア、パートＤ、メディケイドなどである。同社は技術投資を行い、不測の出来事を即座に把握できるようにした。統計的には、ユナイテッドヘルスの利益とＲＯＥの変動は同業者よりも小さい。以上だけでも、ユナイテッドヘルスの比較的高い確実性を踏まえれば割引率は低下し、株式は一株当たり五〇ドル以上の価値があると考えることもできた。

　しかし、私はまったく異なる実在のリスクを組み入れなければならなかった。オバマケアは健康保険業界のビジネスモデルを吹き飛ばしてしまう恐れがあるのだ。仮にアメリカ政府がすべての医療費の「単一支払者」となれば、保険会社は不要となる。これは十分に起こり得ることなのだ。イギリスやカナダなどの国では単一支払者制度による医療制度が敷かれている。メディケア制度では、アメリカ政府はすでに六五歳以上の医療費の単一支払者となっている。だが、当時メディケアは一部の費用を認めず、全額を支払うことはなかったので、メディギャップ保険が盛況だったのである。そして多くの人々が医療保険を通じてメディケアの給付金を受け取ることになる。このリスク、つまり主観的確率とベータを反映させる方法は二つあるが、そのどちらもが私にとっては不満であった。

　私は、オバマケアがメディケイド事業をダメにする確率は一〇％と推測した。たしかに、不可知の不確実性に数字を当てはめるのは無謀であるが、オッズを予測しなければ、現在価値を算出するすべての道具立てが崩れてしまう。だから、実行したのだ。過去には、繁栄を極めた合法的事業の一つがアメリカ政府によって潰されたことがある。その証拠品Aがボルステッド法による禁酒である。半世紀以上前に公衆衛生局長官が警鐘を鳴らして以来、政府はタバコの販売を禁止しようとしてきた。連邦政府は公共の福祉を守るために産業を潰してきたが、それはごくまれにしか起こらないことであるし、たとえそうなってもすぐに実行されるわけではない。

すべてを失う確率が一〇%、五〇ドルとなる確率が九〇%であれば、ユナイテッドヘルスの一株当たりの価値は四五ドルということになるが、私は最悪の結末にも備えておかなければならなかった。わずかな株数だけを保有し、またウォーレン・バフェットのような落ち着きと富とを持ち合わせていないのであれば、二〇一〇年のユナイテッドヘルスのような実在するリスクに直面する銘柄を買ってはならないのだ。私個人は、客観性を保ちながら、自分の主要な資産の一つがあっという間に無価値になるかもしれないような可能性に取り組むことなどできない。それゆえ、私のファンドは過剰だと言われるほどに分散しているのだ。そうすることで、私はリスクを統計的に管理することができるのである。

リスクを評価する別の方法として、CAPM（資産価値評価モデル）の公式を用いることで、ベータ、つまり株価のボラティリティに応じて割引率を調整するというのがある。株式のボラティリティが市場全体と同じであれば、ベータは一である。ベータで事業のリスクが測れるとは思わないが、容易に手に入るデータであるし、学校でも教えられるものなので、より良い方法がない場合には検討に値するものである。事業のリスクはあまりに多面的であるので、容易に一つの数字に落とし込むことはできない。トレーダーからすると、ベータは短期的な価格のリスクを正確に示すものとなる。バリュエーションに伴う投資家のリスク、つまり過大な価格を支払うリスクとベータには何の関係もない。ユナイテッドヘルス株が突如暴落しても、その本源的価値がほとんど減少しなければ、投資家が過大な価格を支払うリスクは減少するわけだ。同時に、ユナイテッドヘルスのベータが増大するかもしれないが、それはリスクがすでに高まっていたことを示すことになろう。

ＣＡＰＭ公式のベータを一・一とすると、ユナイテッドヘルスの価値は四五ドルとなる。ベータはあらゆるシステミックリスクを一つの指標にまとめ上げているので、理論上は、オバマケアを前提としたさらなる調整は不要となる。ユナイテッドヘルスのビジネスモデルはリスクが低く、ベータも割引率ももっと低くてもよいと考えていたが、オバマケアという要素があるので、この結論を受け入れたのだ。主観的確率による方法と、ベータとが四五ドルという同じ価値に至ったのはおそらく偶然であろう。また、そうではないかもしれない。現在価値のモデルはやっかいな代物なのだ。

ユナイテッドヘルスの価値の推定は報われた。二〇一〇年から二〇一六年までの六年間で、ユナイテッドヘルス株は三〇ドルから一五〇ドルまで上がり五倍となったが、Ｓ＆Ｐ五〇〇はおよそ二倍となったにすぎない。マネージドケアがオバマケアによって打撃を受けた実際の確率も、ユナイテッドヘルス株の本当の価値もけっして知ることはできないだろう。後知恵ではあるが、オプタムに対する私の期待はあまりに慎重すぎるものだった。もっと保守的な仮定を用いた投資家も、もっと積極的な仮定を用いた投資家もいたであろう。ひどく曲解され、またあからさまなウソも多いので、バフェットが自身のＤＣＦを公にしない理由も理解できる。

私は、本章の最初に紹介した基本的なチェックリストを用いて見いだせる割安銘柄に投資したいと考えている。

1. その銘柄の利回りは高いか、つまりPERは低いか
2. その企業は成長機会において大きな利益を上げられるような特別な何かをしているか
3. その企業は永続すべき体制にあるか、それとも競争や流行や陳腐化や過大な債務などのリスクにさらされているか
4. その企業の財務状況は安定しているか、遠い将来まで見通すことができるか、それともシクリカルで変動が大きく不確実か

このチェックリストですべての割安銘柄をとらえられるわけではないが、共通の不満の種は取り除くことができる。悪いことは起こり得ないと保証はできないが、オッズを改善することにはなる。四つの質を持った銘柄でポートフォリオ全体を組むことができたら、何も懸念する必要はない。ほとんどの銘柄がこの条件を満たすことができないが、だからといって、それらが割安ではないということではない。その場合、すでに分かっている弱点に起因する予想の誤りに気をつけながら、最大限ＤＣＦを駆使しなければならない。

第20章　二つのバブルのトラブル

「バブルは無から生まれるものではない。現実に立脚したものなのではあるが、その現実は誤解によって歪められているのだ」――ジョージ・ソロス

バブルとは、自分たちが楽しんでいない市場の暴騰に対する人々の呼び名である。だが、この定義を支持できるか、否定できるかという問題ではない。もし膨らんでいくバブルに気づいているならば、まずはこう問わなければならない。「次に何が起こるか」ではなく、「それはどのような価値があるのか」と。効率的市場の頑固な支持者でさえ、株価が二倍になる、つまり何かが実際の価値の二倍（または半分）で売られているならば、価格が誤りであることを認めるであろう。バブルであるためには、主たる資産の価格が跳ね上がらなければならず、そうでなければ単なる異常値である。それらは外れ値にすぎない。そうでなければ、バリュー投資は役に立たないのだ。

好むと好まざるとにかかわらず、株式の価値は識別できない。それは、常に経験に基づいた

意見でしかない。しかし、効率的市場を奉じる者たちは、バブルは弾けるまでだれも見抜くことはできないと主張する。株価が半減したあとで、彼らはバブルだったと認めるのかもしれない。観測できるかどうかで思い悩んでいるとしたら、ヒストリカルな平均値が一四倍や一五倍である市場のＰＥＲ（株価収益率）のような数値が二倍になったら、それはバブルである。目立った銘柄群が利益の三〇倍以上で取引されていると、たいていの場合、泣きを見て終わることになる。一九九〇年の日本のように、それが市場全体であればなおさらである。それをバブルと呼ばないとしても、回避する価値はある。

それを経験するまでは、バブルはバカげたもののように感じる。私は、狂騒の一九二〇年代や活況の一九六〇年代、かつてのチューリップバブルや南海会社について過去に書かれたものを読んだことがある。金融界のリーダーたちは株価を正当化できない途方もない水準にまで引き上げ、よく分からない有価証券を盛んに発行し、多額の貸し付けを行っていた。企業の幹部たちは過大な報酬を手にする。持ち株会社は肥大化していった。血迷った人々の群れは法外な価格のバカげた代物を購入する。金銭面で言えば、突如みんなが同時に正気を失ってしまったかのように思えるのだ。こう記すと、バブルが何の理由もなく発生すると思うであろう。経験してみれば分かるが、バブルの最初の前提となるものは、たいていの場合は正しく、かつ魅力的なものなのだ。

フリーマネー

フリーマネー、もしくはイージーマネーはすべてのバブルに必須の材料である。イージーマネーが急速な経済成長を支えることを中央銀行が期待していたとしても、最初に駆り立てられるのは資産価格である。ＦＲＢ（米連邦準備制度）がお金を創出すると、それは銀行預金として姿を現すので、まずは金融市場に向かうことになるのだ。金融マンにお金を渡せば、彼らはまずは金融資産を取得するであろう。バブルの性質にもよるが、お金はやがて住宅バブルのときと同じように、実物資産に向かうことになる。金融が生み出す架空の世界にお金がとどまるかぎり、バブルは生きながらえる。光ファイバーのケーブルやラスベガスのコンドミニアムなどの実物資産を生み出すのであれば、さほど盛り上がらないかもしれない。トレーダーたちは動きが最も早い資産をやり取りしたがるので、現実に縛られないほうがよいのである。

まず、一九九〇年代、インフレが落ち着いていたので、ＦＲＢは絶えず金融緩和を行い、金融制度に大量の流動性を供給してきた。一九八一年には一五％近い高値をつけた一〇年物のＴボンドの利回りは一九九〇年には八％まで、一九九六年には六％まで低下した。ＦＲＢは一九八七年の市場の暴落と一九九〇年前半の高止まりした失業率に頭を悩ませていたのである。割引率や金利が低下すれば、株式や債券の価格は上昇するので、金融資産の価格には好都合であった。利回りが安定し、成長しない銘柄でも割引率が一五％から六％に低下すれば、その価値は当初の二・五倍（一五÷六）に増大する。成長している企業の株価はさらに大きく上昇するであろう。当初のバリュエーションからすれば、バブルのように感じるであろう。

後にFRBは、株式市場の活況は政治的に人気があることに気づいた。経済や株式市場が暴落する懸念があると、FRBは市場にお金を注ぎ込み、望んだ効果をもたらしてきた。労働者人口が拡大しているときでさえ、失業率は低下した。インフレは落ち着いている。経済学者たちは「大いなる安定」という言葉を使い、景気循環は過去の遺物かもしれないと指摘した。証券会社のストラテジストたちは、市場が動揺しても、アラン・グリーンスパンFRB議長がいつでも株価を下支えしてくれるとして、「グリーンスパンプット」を熱心に推進した。彼が助け舟を出すのをやめたら、活発に取引される大型銘柄は即座に暴落しかねなかったであろう。

ウォール街の言い伝えによれば、個人投資家は常に間違いを犯す、つまり殺到してきたわけだ。かつては会計士のように退屈な存在だと考えられていた証券アナリストがいまやテレビに登場していたのである。

一九九六年、「それにしても、根拠なき熱狂が資産の価額を不当につり上げていることをどうやって判断するのか、それはやがて日本がこの一〇年間に経験したような、だれもが望まない長引く収縮へと陥ることになるのではないか」というグリーンスパン議長の言葉が伝えられた。ついにグリーンスパンは正しいアイデアでも行きすぎることがあると気づいたのだと私は考えたが、彼の発言はその後の出来事の前触れとはならなかった。大恐慌から一九七四年までの数十年間、ＦＲＢは投機熱を冷ましたいときには株式の証拠金率を引き上げてきた。しかし、グリーンスパンの「根拠なき熱狂」発言のあとでもＦＲＢが行動を起こすことはなく、証拠金率は二〇一七年の今でも五〇％のままである。

グリーンスパンプットのおかげで、経済や株式市場は以前よりもはるかに安全になったように思えた。市場ストラテジストたちはＦＥＤモデルについて語った。これは、株式の利回りは質の高い債券のそれと同じであるべしとするものである。一九九九年に出版された『ダウ３６０００（Dow 36,000）』という著書で、経済学者のグラスマンとハセットはこの議論を展開している。長期的に見ると、株式は実際には債券よりもリスクが小さいと彼らは主張した。それゆえ、株式が債券と同じトータルリターンをもたらすよう価格付けされるのは合理的なのだ、と。株式のトータルリターン、または割引率を見積もる一つの方法は配当利回りと配当の成長率とを足し合わせることである。たいていの場合、トータルリターンと成長率を所与のものとし、配当額を公式が算出すべき変数とするのだ。

投資家が用いる割引率が企業の成長率よりも低いと、この公式は機能しない。Ｓ＆Ｐ五〇〇の配当が年六％で成長し、債券利回りが六％であれば、配当利回りは不要である。これは、シスコのような成長率が非常に高い銘柄に当てはまる。一九九八年六月、シスコ株は利益の八六倍の六四ドルで取引されていたが、彼らは一株当たり三九九ドルの価値があるとしていた。グラスマンとハセットは、推定価値に範囲を設ける合理的な方法を驚くべき形で取ってみせた。シスコの価値は最低でも一二二ドル、最大で一六五二ドルともなると彼らは記したのである。その最大値からすると、PERは二〇〇〇を超えることになる。私は頭がくらくらした。

それゆえ、FRBがとめどなく流動性を供給し、金利を引き下げるつもりならば、それにはあらがうべきではないと思っていた。S&L（貯蓄貸付組合）や小規模な銀行が金利の低下や豊富な流動性から利益を得るのは明らかである。PERが一桁で、簿価を下回る株価となっていた金融機関は幾つもあった。一九九〇年代、S&Lの株価は比較的好調なパフォーマンスを示した。同様に、高い金利を支払っていた企業はより低金利で借り換えを行い、利益を増大させた。追加的な後押しがなくとも、株価が安ければ、私はそれらを取得した。

グローバリゼーションとアメリカの再生

一九九〇年代、世界を変える出来事が進行していたが、それは常なるように大きなバブルを伴った。一九九〇年代のブームは、二つの大きなトレンドに基づいた、いわばダブルのバブルであった。つまり、グローバリゼーションとハイテクである。これらのトレンドがどれほど強力かはだれにも推測できなかったが、すべての予測はあまりにも弱気にすぎたようである。グローバル企業とハイテク株には無限の潜在的利益があることが明らかとなった。取り組む価値のあるものはやりすぎるだけの価値もある。

規制緩和と交易のグローバル化によって、アメリカ経済は再びトップに返り咲いた。ハイテク分野では、パソコン、携帯電話、そしてインターネットの利用が拡大したことが挙げられる。資本主義が勝利し、アメリカが再びトップとなったのである。「邪悪な帝国」は瓦解し、ベルリンの壁は崩壊し、ドイツは統一された。政府は企業の国有化をやめ、民営化に取り組み始めた。多くの産業で規制が緩和されたが、それは電話や公益事業で最も顕著であった。税率は大幅に切り下げられ、大企業は香港やアイルランド、ルクセンブルクなど、アメリカ国外の税率の低い地域に登記を移すことで、さらに節税を図ることができた。

イギリスの経済学者アダム・スミスが一七七六年に記したように、国際貿易はその両国に利益をもたらした。いずれの国も、自ら競争優位を持つ製品をより多く生産し、優位性の低い製品は自国で生産するのではなく輸入する。この理論は、国々が金本位制を敷いていることが前提となっていた。つまり、最終的に貿易はバランスするのだ。

一九七〇年代のオイルショック以降、世界の貿易は急拡大した。貿易額の増大は原油価格が上昇したことに一因がある。また、ドイツや日本といった原油のほとんどを輸入しなければならない国々の対応も反映していた。例えば、一九七〇年代後半、日本は貿易赤字に陥った。原油の費用を賄い、収支を均衡させるために、これらの国々は輸出を増大させなければならなかったのだ。ドイツと日本は輸出大国となった。サウジアラビアやほかの産油国は貿易黒字を積み上げていった一方で、その資金をアメリカや少なくともドル建ての資産（ユーロドル）に再投資していった。これはアメリカの資本市場にとってはうれしいサプライズである。しかし、これはロバート・トリフィンが指摘するジレンマにもつながった。世界の基軸通貨の発行国であるアメリカはドルを発行して、世界中に供給することが求められることになった。アメリカは一貫して貿易赤字を抱えていた。これは輸出産業にとっては困ったことだが、金融市場にとっては良いことである。目の前の消費を賄うために外国から借り入れをするということは、アメリカ人たちは自分たちが生産する以上を消費することができるということだ。

外国の資本を借り入れることで、アメリカは貿易の基礎を競争優位から絶対優位へと移していったのだ。もし輸入と輸出とを均衡させる必要がないのであれば、アメリカ企業は世界中から最も安い製品を調達することができる。一九九〇年代までに、靴、紡績、アパレル産業はアジアに移転し、エレクトロニクス業界も同様であった。輸入品の増加によって、これらの製品価格が下落したことで、FRBは金融緩和策を継続することができたのである。

たとえ世界中の人々がアメリカ人を嫌おうとも、彼らはアメリカの消費財や技術を買っていた。彼らはミッキーマウスのもてなしを受け、コカ・コーラやペプシやバドワイザーを飲み、マルボロを吸って、ナイキを身に着けたがったのだ。

これはグローバルなサプライチェーンを展開するアメリカ企業にとっては素晴らしいことで、彼らは価格競争力を手にし、多くの新たな市場に手を伸ばすことができたのだ。新たな技術は世界中の人々とビジネスを結び付け、新たなグローバル市場を開き、販売、マーケティング、そして物流に関するコストを低減させていった。新技術の価格は低下を続けたが、それらを生産する費用はそれ以上のスピードで下がったのである。これによって、インフレを抑え、生産を拡大し、利益を増大させることが、すべて同時に可能となったのである。

S&P五〇〇を構成する大企業はグローバリゼーションから利益を獲得できる申し分のない立場にあったのである。かつては販売する製品のすべてが「メイド・イン・USA」だとうたっていたウォルマートは全米最大の輸入業者となった。一九九八年、ウォルマートの株価はほかのいくつかの巨大企業と同様に二倍に上昇した。S&P一〇〇はS&P五〇〇を上回るパフォーマンスを示し、ナスダック一〇〇もナスダック総合指数を上回った。

小規模企業の多くでコストが増大し、アメリカのサプライチェーンにおける不要な存在となっていった。また、彼らは成長する国際市場に対してはほとんどイクスポージャーを持っていない。巨大企業に集中していたとあるファンドマネジャーは、小規模企業は時代遅れで、無意味なアセットクラスだと私に食ってかかってきたものである。私のファンドは小型株に集中していたので、国際的に活動するアメリカ企業や外国の小型株を買っていた。私は、まさに新型の携帯電話で注目を浴びていたフィンランドのテレビならびに電話機製造会社であるノキアを買った。後に分かるとおり、外国の小規模なハイテク企業でさえ、製造部門をアジアに移すことが多かったのだ。アメリカの消費者が好む製品は、たいていの場合、フランス以外のヨーロッパでもよく売れたのである。

パソコンと電話とインターネット

おそらく株式市場の大ブームのすべては、新技術が一般に用いられるようになったことに付随するものである。一八九〇年代の金ピカ時代は文字どおり、鉄道、自動車、家電、電話に乗ったもので、電気が広く用いられるようになったのは一九二〇年代である。一九六〇年代には、コンピューター、カラーテレビ、電子写真、インスタントカメラ、航空、貨物輸送が本格的に展開された。変化はあまりに目覚ましく、一九七〇年にはアルビン・トフラーがベストセラーとなる『未来の衝撃』（中公文庫）を著し、あまりに大きな変化が人類にどのような影響を与えるかを説明した。

これらすべてのイノベーションが、多くの競合他社を引きつけた。そしてそれらのほとんどが最終的に姿を消している。しかし、バブルの頂点から見れば、勝者ですら期待外れなものであった。ＲＣＡ（ラジオ・コーポレーション・オブ・アメリカ）は一九二〇年代の強気相場のマスコットで、一年半で株価は五倍にもなった。ラジオの登場で、ニュースや音楽業界はすっかり変わってしまったのだ。しかし、一九二九年にＲＣＡ株を買っていたとしたら、その後の半世紀にわたり市場に負けていたことになる。同様に、一九六〇年代のスターであるポラロイド、イーストマン・コダック、ゼロックスはそのピークから長期保有していたら悲惨な結果となった。シスコやＡＯＬ（アメリカオンライン）も同じ運命となろう。

子供ながらに私はコンピューターは重要で、生活をまったく予期しない形に変えてしまうであろうと考えていた。私が完全に見落としていた未来の要素は電話回線網である。AT&Tが分割されたことによって、競合他社は市場に参入できるようになった。それ以降、携帯電話、光ファイバーケーブル、ネットワーク業務などイノベーションの波が押し寄せた。テレビドラマの探偵であるディック・トレーシーとマニックスは携帯電話を使っていたが、一般人がそれを欲しがるようになるとは思わなかった。長距離電話の料金は安くなったので、祖母や両親への電話ももはや一〇分だけにすることも、週末の夜に限ることもなくなった。今となっては盛んに利用されるのも当然であろう。

ハイテク企業や巨大なグローバル企業が、これらのテーマの勝者であることは明らかである。ハイテク企業は世界をつなぐギアを販売してきたが、ハイテク企業のお得意様は別のハイテク企業であることが多い。グローバル企業は、とりわけ国際取引における販売やマーケティングの費用を削減することから多くの利益を得てきた。ゼネラル・エレクトリックは、仕入やマーケティングの電子化を通じて何十億ドルもの費用を削減する詳細な計画を発表した。シスコやデルやインテルやマイクロソフトなどの企業が、どちらのカテゴリーにおいてもその中心にあり、ヨハネの黙示録にちなんで四騎士の称号を賜ったのだ。

ニューワールドを理解する

物事の変化があまりに早く、私は何が起こっているのかを完全に把握することができなかった。ハイテクやコミュニケーションは主要なセクターであり、私が今まで見たこともないような機会を提供していたので、それらを無視することはできなかった。そこで、私はハイテク企業について学び、観察することにした。新聞やテレビは新製品について理解し、またハイテクの行く末を学ぶ役には立たなかった。企業の年次リポートはギガヘルツや面密度という言葉は教えてくれるが、それが何であるかや、それがなぜ大切なのかは答えてくれなかった。

証券会社はハイテク銘柄専門の営業マンを増やしたが、そこにビニーもいた。彼は、私が理解していないだけだと元気よくアドバイスしてくれた。ビニーは自らの主張を繰り返した。つまり、今回の経済は違うのだ、ハイテク株は違うのだ、ハイテク株のバリュエーションは違うのだ、過去から学ぶことなどできないのだ、古い基準は新たな現実に対応していないのだ、と。彼は私に、変わりゆく世界では最も知識のあるアナリストほど、捨て去るべきものが最も多いのだと言った。これは私の落ち度ではない。私は生まれるのが五年だけ早かっただけだ。私はハイテク株は異なる方法で評価すべきとも、過去が役に立たないとも思えなかった。

サンフランシスコを拠点とするＨ＆Ｑ（ハンブレット・アンド・クイスト）は、シリコンバレーと深いつながりを持つ、最も人気のハイテク専門の証券会社である。私は同社の飾らずとも、活気にあふれた雰囲気が好きだった。H＆Qのダニエル・ケースCEO（最高経営責任者）は私と同い年で、当時証券会社のCEOとしては最も若い人物の一人であった。彼の弟であるステファンはAOLのCEOであった。H＆Qが主催するカンファレンスは素晴らしく、熱気にあふれたもので、同時に六つの企業が参加し、きびきびと三〇分間の面会を行うのだ。面会も、同社株の取引も同じような雰囲気で、二〇〇人のよく知る友人が同時に、同じ狭いスペースに詰め込まれる感じである。

私は、バブル期に倫理規範が崩れることを証明することはできないが、そのとおりだとは考えている。投資家たちは会議のたびに集まり、業界のゴシップを語りあうのだ。一日のほとんどをそうやって過ごす者もいたようだ。ハイテク分野のカンファレンスで、賢く、フレンドリーなルーミーという名の女性に偶然出会った。彼女はインテルで働いていた。彼女はヘッジファンドのマネジャーであり、ニーダムで半導体のアナリストとして名を挙げたラジ・ラジャラトナムととりわけ仲が良かった。コンタクトがないままに一〇年以上が経過し、私はルーミーもラジャラトナムも忘れていた。その後、私はガレオン・グループという名のヘッジファンドがインサイダー取引で起訴されたというニュースを目撃する。ルーミー・カーンには懲役一年、ラジャラトナムには一一年の判決が下った。私は幸運にも、彼らと接触することがなかったのだ。

ＩＰＯ銘柄

新たなハイテク企業が次々と市場に登場するにつれて、証券会社は顧客に対して、とりわけ自分たちが取り扱っているＩＰＯ（新規株式公開）銘柄について語りたがった。投資銀行は結託して、ＩＰＯの引き受け手数料を公開による調達額の六％に維持していた。つまり、ＩＰＯ価格が一五ドルであれば、彼らは一株当たり九〇セントの手数料を手にするのだ。ビニーはこれらのＩＰＯ銘柄が大好きだった。通常の株式取引では、証券会社が手にする手数料は一株当たり五セント（今はもっと少なくなっている）だが、これらＩＰＯ銘柄の取引では、ビニーははるかに大きな手数料を獲得し、またその取引量も大きなものとなる。さらに、新しいエキサイティングなストーリーを取り扱うのはだれにとっても楽しいものである。

通常、大人気だというだけでＩＰＯ銘柄を買うのは危険であるが、当時は普通の状況ではなかった。ＩＰＯ銘柄の多くは公開されると、発行価格以下まで下落する。しかし、一九九〇年代を通じて、小規模なハイテク企業によるＩＰＯのほとんどが上昇した。それらは人気も人気、大人気で、それにつれて割り当て量も少なくなる。私のファンドのような一〇億ドル単位のファンドにとっては、二倍になる銘柄を八〇〇株手に入れてもあまり役には立たない。ＩＰＯに際して面会の場を持つことがより多くの株式を手にする手段となることもあるが、いずれの場合でも、私にとっては本当にその銘柄を保有したいかどうかを判断する一助となった。

私は一九八九年のＬＤＤＳ（ロング・ディスタンス・ディスカウント・サービセズ）のＩＰＯロードショーを見逃してしまったのだが、後に同社の経営陣と面会することになった。ＬＤＤＳは司法省によってＡＴ＆Ｔが分割されたあとの一九八三年に設立された。ＬＤＤＳはスプリントやＭＣＩよりもはるかに小規模だったが、成長も早く、競合他社の買収を続けていたのだ。ＬＤＤＳ株は、予想利益に対して一〇倍台という低いＰＥＲで取引されていた。私は幾ばくかのＬＤＤＳの多くはない株式数を取得したが、長くは保有しなかった。株価が上昇したため割高だと考え売却したのだ。同社の株式は社名をワールドコム・コミュニケーションズと改める一九九八年までに七〇倍にも上昇したのである。

私は、大化け株、後に一〇倍以上に上昇した株式を売却してしまって後悔したことが何度となくある。一九九二年、私はＡＯＬのＩＰＯミーティングを主催した。公募価格は一一・五〇ドルであり、取引初日は一四・七五ドルで引けた。これを無視した投資家がほとんどであった。発行済み株式が六〇〇〇万株だったので、ＡＯＬの時価総額は小さく、九〇〇〇万ドルに及ばなかった。同社の当初のサービスはゲームラインと呼ばれるもので、楽しいものではあったが、金の卵ではなかったようだ。ＡＯＬはそれよりもはるかに大きくなる。経営幹部はフランスのミニテルを目指していた。これは、支払いやチケットの予約などに対応するものということであったが、ロマンチックなポルノやその他多くの用途に用いられていた。ＡＯＬはすでに収益性を獲得し、収益も増大していたし、私は同社の経営陣が好きであった。私は試しに投資してみることにした。一九九五年までにＡＯＬの株価は二〇倍になったが、再び私が手にした利益はそのほんのわずかなものにすぎなかった。

ＡＯＬは、新たな利用者が契約する際に用いるディスケットを発送する費用をどのように扱うかを巡る会計上の問題に苦しんでいた。同社は急速に成長していたが、新たな顧客を獲得するために多額の資金を費消してもいた。ＡＯＬがそれらの費用を償却するためにはどれほどの期間をかけるべきなのか。それは顧客の解約率次第であるが、これは安定するものではない。ＳＥＣ（米証券取引員会）はＡＯＬの会計処理を追跡し続け、その結果、罰金の支払いと財務諸表の訂正が繰り返し行われることになった。

しかし、ＡＯＬ株は上昇を続けた。売り上げは毎年増大し、一九九四年には二倍以上、一九九五年も、そして一九九六年も二倍以上になった。一九九九年までに株式は一対二の株式分割を六回行い、調整後のＩＰＯ価格は一八セントとなった。ＡＯＬはタイム・ワーナーの二倍の価値を有するようになる。ＰＥＲは一〇〇倍にもなったが、だれも心配しなかった。クイックスルーとページビューのほうが重要だったのだ。二〇〇〇年にＡＯＬとタイム・ワーナーが合併したとき、新会社の時価総額は三〇〇〇億ドル以上となったのだ。

ＩＰＯ銘柄について神経質になりすぎることで、私と同じ後悔をした投資家はほかにもいる。当時彼らは、自分たちがもっと早くすべきだったと思えることをしたのである。彼らはくず同然のＩＰＯ株を買った。一九九九年、ＩＰＯ銘柄の四分の三以上が赤字となった。一九八〇年代と一九九〇年代初頭には、赤字となったＩＰＯ銘柄は三分の一以下であった。ほとんどすべてのＩＰＯ銘柄には驚くほどのプレミアムが付いた。一九九九年のある期間、ＩＰＯ銘柄は平均すると取引初日に二倍となった。一九九九年は四〇〇銘柄以上が上場公開したのである。

一九九九年一〇月、シカモア・ネットワークスが一株三八ドルで公開し、一八四ドルで初日の取引を終えた。その後の四カ月で、同社の株価は再び三倍となった。二人の創業者はあっという間に超億万長者となった。シカモアはチェルムズフォードに本拠を構えていたので、ボストンのメディアは大騒ぎだった。そのときまでにビニーは三回転職し、ついに自身のヘッジファンドとベンチャーキャピタルを立ち上げた。ビニーはどうにかしてシカモアの多額の割り当てを手にしたのだ。彼の小さなファンドはロケットのように上昇し、資金は流入する。彼は利食いをするのではなく、上がるにつれてシカモアを買い増した。ピーク時でシカモアの時価総額は四四〇億ドルに達する。同社の最も業績の良かった年ですら売り上げは三億七四〇〇万ドルで、翌年には五分の四も売り上げが減少したことを考えれば、これは信じがたい数字である。問題とはならなかったが、シカモアは営業利益を出したことがなかったのである。

奇妙なようだが、スタートアップ企業に気前の良い価格が付くのであれば、起業家たちはけっして黒字にはならないことが分かっている事業を立ち上げることになる。二〇〇〇年、フィデリティの若手社員の間では、コズモ・コムのウェブサイトが人気だった。コズモは二〇代が求めるあらゆる必需品をオンラインで販売していた。つまり、ＤＶＤ、テレビゲーム、雑誌、食品、スターバックスのコーヒーといった具合である。なかでもコズモは、最低購入額も配達料も課すことなく、一時間以内に商品を届けていたのだ。同僚の一人は、家で彼女といちゃつきながら、エンターテインメントにソーダ、そしてガムをほんの数ドルで愛の巣へと運ばせたのである。

アイデアを持つ者はみなお金持ちになったかのようだった。私の大学の同級生の一人は、インターネット上で買い物宅配サービスを共同で操業し、ある日突然何千万ドルもの資産を手にすることになった。会社の後輩のクラスメートは、当時二八歳にすぎなかったが、さらに大当たりで、非公開のインターネット銘柄で一億ドルを手にした。一～二年後、私の同僚が改めて連絡してみると、その株は無価値になっていた。

不信心者は沈黙させられる

概して私のファンドは、熱狂的な強気相場では出遅れ、下落時は比較的良好なパフォーマンスを示す。とどまることを知らない市場のどんちゃん騒ぎが続いたあとでは、上昇局面に乗り遅れていると慢性的にアンダーパフォームしているように見えるかもしれない。私は、嫌な人間かイカサマ師でもないかぎりは、強気相場でクビを切られることはないと自分に言い聞かせてきた。ハイテクのアナリストが十分に強気でないがために降格させられるのを見ると、まったく信じられない思いであった。

私は、市場が崩壊したときにこそ顧客たちは急いで資金を必要とするものであり、自分は彼らを守らなければならないのだと自分に言い聞かせてきた。だが、私の投資信託の受益者たちは、資金を引き出すことで、いつでも、即座に、私を事実上解雇することができる。そして、多くの方々がそうしてきた。私のファンドの資金のおよそ半分がインターネットバブルの時期にドアから出ていったのである。

受益者からの手紙やeメールはとりわけ憂鬱である。だが、手紙の多くは親切なものであり、有益なものすらある。有益というのは、手紙のなかで後に優れた投資につながる銘柄が実際に紹介されていることもあったということだ。私には初耳の銘柄もあれば、すでに保有しているものや、少なくともよく知っていた銘柄もある。これらの手紙のなかに、次のような一文があった。「私はCMGIを一〇〇〇株、安値で持っています。CMGIで働いているわけではありませんが、調べてみてください。きっと大儲けできるでしょう」。これはCMGIが驚くべき上昇を示す一年半前の一九九八年にもらった素晴らしく、時機を得た情報だった。私はすでに同社のことは知っていたが、ここでも再び、投資額が小さすぎ、またその期間も短すぎた。

CMGIはメールアドレスを販売するカレッジ・マーケティング・グループとして事業を開始し、その後インターネットベンチャーのコングロマリットへと進化していった。一九九四年に一株八・五〇ドルで上場公開し、ライコスをスピンオフさせる。株式分割を繰り返し、一株は二四株ほどになったので、調整後の株価も二五セントほどであった。一九九九年末までに分割後の株価は二三八ドルまで跳ね上がる。五年で一〇〇〇倍となったわけだ。同社はマサチューセッツ州に拠点を置く企業で、私の知り合いでCMGIの会長と家が近い者もたくさんいた。私の同僚のニール・ミラーがCMGIやほかのインターネット銘柄をカバーしていた。彼のニュー・ミレニアム・ファンドは一九九九年に二倍以上となった。

しかし、私は完全に後れを取った。一九九九年、ロー・プライストはたった五・一％上昇しただけである。多くの人々が、私は自分がどれほど間抜けであるか分かっていないと思ったであろう。私は間抜けだったのだ。私のベンチマークであるラッセル二〇〇〇インデックスには多くのインターネット銘柄が組み入れられていた。CMGIもベンチマークを構成していただけでなく、最も重要な銘柄でもあったのだ。ある上司はインデックスのウエートの半分だけでもCMGIを保有するよう懇願してきたが、私はそうしなかった。インデックスのウエートだけ保有すると、同社の保有数は三倍になり、ファンドのなかで最大の規模となる。CMGIは一度も営業活動によるキャッシュフローがプラスとなったことがなかった。私には、グリーン・ウィッチ、レイジング・ブル、トライバル・ボイスといった名前のベンチャー企業から構成される同社をどうしたらよいのか分からなかったのだ。

かつてハイテクのアナリストを務めていたあるバリュー志向のファンドマネジャーは、私とは異なるポジションを取っていた。私よりも一〇歳年上の彼は非常に長期にわたり、可もなく不可もない業績を残していたが、いつも素晴らしいアドバイスをくれた。大損を避けること、これが彼の信条であった。彼のファンドは私のそれよりも大きく、より小規模の流行らないが、成長している企業から成っていた。彼の引退が自身の判断によるものかどうか私には分からない。彼は「チューリップバブル」についてうるさく口にしていたが、そのことで彼のパフォーマンスが批判の的となってしまったのだ。彼が去った数週間後、新しいファンドマネジャーは、まるで泡から空気が漏れだしたかのように、すべての消費財銘柄、低PER銘柄、そして小型株を叩き売り、最先端の光り輝く新しいおもちゃに置き換えてしまったのだ。

対照的に、ビニーは世界の頂点にいた。私は興味がなかったのだが、ビニーは自分の資産が増えるたびに知らせてきた。私は一度誤って、自分のファンドがアンダーパフォームしていることを愚痴ってしまった。すると彼は、ガラクタを買った報いだと言うのである。私は未来の敵だったのだ。彼は、ジョージ・ギルダーがウォール・ストリート・ジャーナル（一九九九年一二月三一日付）に寄せたコメントと同意見だったのだ。つまり、「財務諸表が自らの判断を肯定するまで動こうとしない投資家は、見せかけの合理性に対する信頼ゆえに失敗するのだ」。

バブルの心理は、ゲーム理論のマーティン・シュービックが考案した悪魔のドル・オークションを思い起こさせる。一ドルは一セント単位でオークションにかけられ、最も高い価格を付けた人物が落札する。ここで難しいのは二番目に高い価格を付けた人物もその額を支払わなければならないが、何も手にすることはできないということだ。ビッド価格が一・〇〇ドルを超えても、二番目のビッドを付けた者はペナルティを避けるためにさらに高い価格を付け続けるのだ。これは勝ち目のないゲームなのであるが、止めることはできない。何かがおかしいと気づいても、止まらないのである。同様に、保有する資産が膨らんでいる投資家は、それを維持するために買わざるを得ないように感じるのかもしれない。シュービックのゲームも、投資におけるバブルも最終的にはすべてのプレーヤーにとって悲惨な結果となるのだ。

POP！

二〇〇〇年、ナスダック一〇〇が利益の一〇〇倍以上という高値を付け、その後の二年間あまりで七八％も下落すると、ハイテクバブルだったことに異議を唱える者はほとんどいなかった。S&P五〇〇は利益の（一九二九年と一九六六年の水準を上回る）三〇倍以上で取引され、やがて価値の半分が失われたけれども、多くの者が大型のグロース株がバブルであったとは考えていない。『ダウ36000』の著者が言うように、価値の推定は大きな幅をもってなされるものであるが、私にしてみれば、二つのバブルがあったことは明らかである。それは間違いない。だが、これはバリュー投資家にとっては有益な結論ではない。なぜならわれわれは、価値を下回る価格で株式を買い、公正な価値やそれ以上の価格で売ろうとしているからだ。一群の銘柄が価値の二倍で取引されているとしたら、われわれは身を引くべきなのである。

バブルの群集心理を扱うのは難しい。これは世界は劇的に変化しているという正しい前提から始まっているのだ。事態は予想よりもはるかに良いものだと分かると、長い歴史に基づいた期待はあまりに保守的なものと思えてくるのだ。人々は事実を誤解すると、その誤解に基づいて事を進め、さらなる誤解を広めてしまうのだ。企業を評価しようとするのは無駄なように思えてくる。金融の歴史は終わりなきブームとバストの連続である。つまり、それを学びし者は、大衆は正しく理解しているかどうかと疑いがちになる。ストーリーは間違っていないが、価格は間違っているのだ。

バブルがいつ終わるかを正確に言い当て得る者などいない。学者たちが言うように、自らの判断は正しくて、何百万もの投資家が誤っていると考えるのは傲慢である。しかし、何百万もの投資家が注意を向けるべきは、バブルが存在するかどうかではなく、それが時間の問題にすぎないのだということである。後に、似て非なる環境でシティグループのチャック・プリンスCEOが述べたとおり、「金融史上のあらゆるバブルはやがて破裂するが、そのタイミングはいつもサプライズとなる」のである。

ほとんどすべての者たちが好不況の片面だけが正しいと考えている姿を見ても「次に何が起こるか」という問題に答えられないことは明らかであろう。熱狂的な信者は熱狂的なままであるし、疑い深い者はいつまでも疑い深いのだ。にわか景気に乗り、不景気で損をすることもあれば、バブルにあらがい、後に落ちた果実を集めることもある。私は後者に属する。たしかに、マーク・キューバンはおおよそ最高値でブロードキャスト・コムを売却し、その後も億万長者であり続けた。しかし、株価の上昇を見逃し、遅れてやってきた揚げ句、やがて打ちのめされるトレーダーのほうがはるかに多いのだ。

バブルの最中にいるときは、自分ではリターンを直接コントロールできないということを理解しなければならない。自分がコントロールできるのは、自分の投資に付随するリスクであり、いつ買うか、またいくら支払うかということである。これらの要素は最終的に手にするリターンに影響を与えるが、市場は自分勝手に動くのである。サイクルは欲望と不安の間を行き来する。振り子がどこに位置するか分かるからといって、次に何が起こるかを推測しようとすることは無意味である。なぜなら、サイクルに標準的な規模などないのだ。目の前の状況があたかも永遠に続くかのように感じるかもしれないが、金融界の記憶など極めて短いものなのだ。二〇〇八年と二〇〇九年、ジャンクボンドの利回りは一〇％台であったが、二年後には市場最低の水準まで低下したのである。

第21章　二つのパラダイム

「経済学の興味深い課題は、自分たちが設計できると考えているものについて、実際には人間はほとんどなにも知らないということを人々に論証することなのである」――フリードリッヒ・フォン・ハイエク

「私が金持ちになったのは、ひとえに自分が間違っているときが分かったからである」――ジョージ・ソロス

現代の投資業界における二人の巨人、ウォーレン・バフェットとジャック・ボーグルの知恵は、完全に反対方向を向いているが、それでも一つの答えにたどりつく。バフェットが独特のスタイルでアクティブ運用の権化となった一方で、ボーグルはバンガードS&P五〇〇インデックスファンドを創設した。ポートフォリオを同時に、市場とまったく同じようにし、かつまったく異なるものにすることはできない。だが、どちらの方法も、本書で議論したたぐいの後悔を最小化するためのシステムである。インデックス投資の特質は、平均的であろうとすることで、極端な感情、無知、受託者の不正行為、陳腐化、過剰なレバレッジ、そして過大なバリュエーションがもたらす深い後悔を（広く薄く分散することで）避けようというものである。そ

して、インデックス運用はだれでもできるのだ。インデックスはすべてを少しずつ保有するので、インデックス運用を行う者たちが機会を見逃したことを後悔することはない。バフェットの目標も後悔を避けることにあるが、その方法ははるかに要求水準が高い。彼はマルチプルから見て、十分な安全域が確保されるまで有価証券を買おうとはしない。

バフェットとボーグルが唯一考え得る安全な投資方法を代表しているのではなく、もっと投機的な方法を好む者もいるかもしれない。選ぶべき道、そして時に開発しなければならない道は、自身の感情的な特徴や知識、そして好奇心によるのである。自分自身の動機や能力や限界を合理的に検証することは極めて不快であることが常である。しかし、それをすることが重要なのだ。多くの人々が流れ星を追う（そしてしばしば見逃す）べく努力するよりも、簡単な方法で満足することを求める。バフェットのように心を傾ける素養がないのであれば、自らを苦しめてはならないのだ。

かつてバフェットは、人生における投資のパンチカードは二〇件に限定すべきだと述べた。私のファンドがそれほど少ない銘柄から構成されたことはかつて一度もない。たとえバフェットが確実に認めるであろう銘柄が見つからなくても、私は行動することが求められている。私は世界を良いか悪いかで判断しない。あくまでグレーなものとして見ているのだ。さらに、私は学ぶことに興味と関心があるので、しばしば自分のコンピタンス領域の限界を試している。私は他人の視点から物事をとらえ、判断するよりも先に人々の良いところを見いだそうとしている。そのなかで、何人かの悪人に会ったこともある。パフォーマンスや弾力性に興味をそそられるが、私が魅了されるのは実験や適応性である。私は多くの者たちよりも我慢強いと思うが、思いがけない利益に浮かれないわけではない。だからこそ、私は安全に投資をしたいのだ。

私は、次のような条件を満たすものでなければ買いたいとは思わない。

1. 軽率な判断から影響を受けない
2. 事実の誤解から影響を受けない
3. 予想される受託者の不正行為から影響を受けない
4. 陳腐化、コモディティ化、そして過剰なレバレッジから影響を受けない
5. 将来が想像と異なるものとなっても影響を受けない

1. 愚かなミスターマーケット

ボーグルとバフェットは、自分たちの投資判断が感情に左右されないように、その判断もより少なく、より合理的なものにしようとしている。彼らは、注意深く、また冷静に物事を観察する術を磨いている。彼らは感情的になって軽率な判断を下すことを避けたいのだ。苦痛が指針とならないのはたしかだが、ボーグル信者（ボーグルヘッズ）のなかには、市場がどのよう

に動いていようと、毎月あらかじめ決めた金額を投資する者もいる。彼らは、やがてはうまくいくことを信じて、市場の高値でも、また底値でも買うのである。インデックスファンドは広く支持され、また退屈なもので、個別株がもたらすような有力情報やファンタジーのネタとはならない。例えて言えば、プロテイン飲料やセロリや豆腐を食べても、カロリーが少ないだけでなく、食事も魅力的でなくなるので、有効ではないかもしれないということだ。つまり、ボーグルが正しくも小言を言っているインデックス運用のＥＴＦ（株価指数連動型上場投資信託）に群がるデイトレーダーはいまだに存在するのである。回転率を最小化することで、誤った判断や手数料を回避し、キャピタルゲイン課税を先送りすることになる。

幸福のレシピの一つが、選択的不注意と無気力である。お金を失う苦痛は、お金を得る喜びよりも大きいので、株価が変動するのを見れば見るほど、不機嫌になるのだ。株価を追いかけるのではなく、投資対象の価値に影響を与える情報を集めることに多くの時間を費やすべきである。一年後に問題にならないようなニュースなら、読み飛ばせばよい。時に、本当のターニングポイントを見逃すことがあろう。そのために私は、書籍や年次リポート、エコノミスト誌のような雑誌をより多く読み、ｅメールやソーシャルメディアは避けるようにしている。素晴らしい結婚はよく観察することから始め、些細なことには進んで目を閉じることで継続すると言われる。これは株式にも当てはまる。どうして急いで判断しなければならないのか。明日になればもっとよく分かるかもしれないのに、だ。

バフェットは、よく考えもせず感情的に反応せずに、説得力ある事実が分かるまで待つよう自らを正すだけでなく、ほかの者たちが不満や不快に思っているときに買うことで利益を得てもいる。たいていの場合、気分屋のミスターマーケットが正しくも実在する脅威を認識したときに、株価は突如反応を示すのである。バフェットは、ウォーターゲート事件が公になったあとの一九七三年にワシントン・ポストを買っている。ニクソン大統領は新聞社を叩き潰し、同社が持つフロリダにおける放映権を無効にしたかったと言われていた。それは民主主義が機能していれば起こらないことであるが、すべてが型どおりに行われていたら、ウォーターゲート事件は起こらなかったのだ。一方、不景気が続くなか、いくつかの広告主が撤退した。短期的には利益が減少し、またワシントン・ポストが潰されるリスクは大きいと結論しても非合理ではなかった。そのような懸念は大げさだとするのは後知恵にすぎない。実際には、ポストの評判は高まり、同社の記者であったウッドワードとベルンスタインは国民的ヒーローとなった。

バフェットが行った大きな投資で、一九七〇年代中盤のＧＥＩＣＯ株の取得ほどひどい状況であったものはない。バフェットによるほかの取り組みとは異なり、ＧＥＩＣＯは多額の赤字を垂れ流し、すでに終わったと考える者もいた。その損失は、ＧＥＩＣＯが当初のコンピタンス領域、つまりリスクの低い政府職員向けの自動車保険以外に手を広げたことが原因だった。巨額の事業損失は、ＧＥＩＣＯが保険金の請求額に充てる資金を調達するために、下落相場で有価証券を叩き売らなければならないことを意味した。保険局長はＧＥＩＣＯの破産を宣言しようとしていた。同社のCEOは解雇された。GEICOの創業者夫婦はすでに他界していた。後に、彼らの息子もこの世を去るのだが、明らかに自殺である。この話のなかで、「逃げろ」と叫んでいない部分があるだろうか。だが、成功するがんの手術と同じように、この患者は概ね健康であり、患部を隔離し、切り離すことが可能であることが後に判明する。それでも、落ち着くまでには何年もかかったのだ。

2. 分かっているものに投資せよ

コンピタンス領域を定義することで、誤解を廃し、安全な投資を行うことができるようになる。向こう数年間の収益を左右する主要なファクターを見いだし、それらがどのように相互作用するかを把握できる企業に集中しなければならない。インデックス運用を行う者にとっては、個別株に関するものよりもマクロ経済に関するものが主たるファクターとなる。たいていの場合、アナリストは当該企業の利益率が循環的にトレンドよりも高い水準にあるか、それとも低い水準にあるか、平均回帰がそれを補っているか、それとも阻害しているかという意見から取り掛かる。次に、実質GDP（国内総生産）成長率＋インフレとして示される成長率を考慮に入れる。この成長率予想は過大になる傾向がある。なぜなら、ストックオプションによる希薄化や、インデックスに含まれていないスタートアップ企業や小規模事業がもたらすGDP成長率（グーグル、フェイスブック、ウーバーを想像してみればよい）を勘案していないからである。最後に、合理的な割引率が必要となる。ここまで読めば、S&P五〇〇インデックスを自らのコンピタンス領域に含めるだけの金融上の知識は得ていることであろう。

S&P五〇〇インデックスファンドの投資家は全産業を保有するので、トップダウンのセクターローテーションには関係がない。しかし、市場を保有する彼らは、トップダウンの経済的手法がマーケットタイミングを可能にすることを知っている。私の偏見かもしれないが、基本的にセクター間のローテーションやマーケットタイミングのコンピタンスを持つ者などおらず、ましてや高頻度での取引を行うのならなおさらである。アセットアロケーションと呼ばれるゆっくりとタイミングを計ることですら誤りやすく、さらにはそれに忠実であるために求められる忍耐力を持ち合わせている者などほとんどいない。経済のプロセスはあまりに複雑で、また隠れた連関があまりに多く、変化する人間の行動が関与することがしばしばであるので、数理的なシステムが正確に機能しないのだ。バフェットやボーグルはセクターローテーションやマーケットタイミングを非難することで、自らのコンピタンス領域にとどまらせようとしているのである。

またS&P五〇〇インデックスでは、おそらくはコンピタンス領域の外側にあるであろう外国を本拠とする企業に集中したり、ミステリアスなデリバティブが含められていることはないが、そうしているインデックスファンドもある。S&P五〇〇を構成する企業は広く海外で事業を展開しているのだから、さらなる分散を求めて外国のインデックスファンドを保有する必要はないと言われる。危険を承知で外国に手を出すのであれば、その国には、中長期的な予測を信頼に足るものにするだけの法の支配と政治的安定があるかどうかを検討すべきである。金融に関する情報がどのように翻訳されているかを検証しなければならない。特に、その国の文化や制度や言語が自分たちのそれらと異なる場合はなおさらである。

Ｓ＆Ｐインデックスとは異なり、バークシャー・ハサウェイはすべての業界に手を広げているわけではないが、同社のコンピタンス領域を超えるものも多く検討していることは明らかである。彼の業績に基づけば、バフェットはブランド力のある消費財メーカーやサービス業、そして保険会社や金融機関に関して優れたスキルを持っている。製薬会社もそのなかに含まれるかもしれないが、医療機器や医療サービスは別であろう。ＩＢＭを除けばハイテクは皆無で、パソコンもスマートフォンもインターネット企業もない。基礎原料や鉱業はほとんど無視されているし、農産物も同様である。だが、自動車メーカーのように概して回避している業界でも、バークシャーは自動車ディーラーのように自ら参加し得るセグメントを見つけだしてもいる。鉄道にも関与しているが、トラック輸送や海運には手を出していない。

バフェットは経済データを予測する能力はないと主張しているし、また投資判断を下すにあたり経済予測を利用してもいない。バークシャーの傘のなかにある企業は概してさほどシクリカルなものではないので、彼は経済予測を必要としないのだ。バフェットが好んで口にするのは、アメリカは長期的には成長を続けるということであり、それによってバーリントン鉄道の貨物量は増大し、単位当たりの固定費は下がり、利益が増えることになるというものだ。

バークシャー・ハサウェイは複雑な金融デリバティブを扱ってきたが、バフェットはそれらを自らのコンピタンス領域に含めたくはないようである。彼はそれを「金融上の大量破壊兵器」と呼び、再保険の巨人であるジェネラル・リを買収した際に取り込んだデリバティブのポートフォリオを何年もかけて縮小させている。もしデリバティブ取引を行うコンピタンスを持った企業があるとすれば、それはアジット・ジャンなどの名高い優秀な社員を抱えるバークシャーであろうと思うが、それでも彼らは極めて慎重なだけである。

折に触れ、バークシャーは外国株に手を出すが、ギネスやグラクソ、テスコ、サノフィなどそのほとんどはヨーロッパの企業である。ここでもまた、景気循環の影響を最も受けにくく、強力なブランドや特許や競争力を持った過度に複雑ではない事業である。これらの企業は数十年にわたって存続し、陳腐化しそうにない業界に属するものである。また、法の支配が行き渡った国の企業でもある。私の偏見かもしれないが、バフェットは英語圏の国がお気に入りのようだ。私の理解では、バフェットはラテンアメリカ、アフリカ、西アジアといった途上国地域は自らのコンピタンス領域の外にあるものと考えているのであろう。

ＧＥＩＣＯとワシントン・ポストは比較的シンプルで、理解しやすく、安定して、弾力性ある事業である。自動車保険は、保険のカテゴリーのなかでは最も「見たまま」の事業である。保険のプレミアムは保険金の請求に応える以前に回収されるので、適切な引き受けを行っていれば、キャッシュフローがマイナスになることはほとんどない。ＧＥＩＣＯは直接販売のモデルをとっていたので、代理人を用いているほかの保険会社よりも人件費が低い。ＧＥＩＣＯの保険の範囲は狭く、ほかの保険が何年もかかるのに対して、ほとんどが数カ月のうちに解決してしまう。事故後は、プレミアムは引き上げられるのだ。歴史的に、ＧＥＩＣＯは安全な運転手に集中してきたため、保険金の支出も平均を下回るものであった。その代わりに、ＧＥＩＣＯのプレミアムはそれほど高くなかったのである。ほとんどの加入者が更新するので、ＧＥＩＣＯは将来のプレミアム収入を安定させることができた。つまり、ＧＥＩＣＯを再生させるために何が必要かを見抜くような経営の第一人者は不要なのだ。収益性の低い加入者を排除するか、プレミアムを引き上げればよいのである。

一九七〇年代、ワシントン・ポストのような新聞の購読料収益は予測が可能であったが、広告料収入は景気循環に合わせて変動した。ワシントンＤＣでは政府職員の数が増大していたので、発行部数と広告のトレンドは上向きで、極めて安定していた。首都の有力紙であるワシントン・ポストは最大の購読者数を誇り、それによって他紙の広告主を引きつけていった。また、同社は編集により多くの資金を費やすことも、より多くの読者に費用を分散し、利益率を高めることもできた。新聞の印刷用紙とインク代は多少変動するが、ワシントン・ポストは製紙工場の権益を取得していたのだ。ウォーレン・バフェットは三〇〇〇行にも及ぶスプレッドシートを構築しなくても、ワシントン・ポストやＧＥＩＣＯで起きていることを解明することができた。両社は確実にバフェットのコンピタンス領域に属していたのだ。

3．正直かつ有能で信頼に足る仲介者

良かれ悪しかれ、われわれはだれも自らの資本の処分を最初から最後まで自分で管理することはできない。つまり、いずれかの段階で、信頼する代理人にすべてを委ねることになるのだ。バカげたことではあるが、代理人をまったく利用しないということは、投資した企業のすべての従業員の仕事を自分でやらなければならないということである。もちろん、重要な代理人とそうでない者とがいる。最も痛ましい状況は、完全に信用していただれかに裏切られることである。数あるなかでも、金融の目的は信頼の網のなかで、代理人をほかの代理人と、究極的には所有者と結びつけることにある。信頼が尊重され、また報いられるならば、すべては完璧に機能する。しかし、大騒ぎせずに利益を回収したいと考えているわれわれにとって有効なのだろうか。だれもが自らの利害に基づいて行動するが、利害の定義は皆同じではないのだ。

インデックスファンドの所有者たちは、資本を完全に横領されることはないが、その代わりにトラブルの幾ばくかは被ることになる。仮に五〇〇人のＣＥＯのうち二人が詐欺師で、二〇人が間抜けであるとしたら、インデックスファンドの所有者は平均的な損害を被ることになる。

システムが腐敗にまみれ、機能不全に陥っている場合を除けば、そのようなダメージは多くのことのなかに紛れてしまうものだ。ほとんどのインデックスファンドの信託報酬は資産の〇・一％程度であり、リターンに比べるとわずかなものである。しかし、パッシブ運用を行う者たちでさえ、受託者が守ろうとしているのが彼ら自身の利害であることに目を配る必要がある。いみじくも、近年このような懸念を重く受け止めるインデックスファンドのスポンサーが増えており、コーポレートガバナンスを改善させようと議決権を行使しているのだと思う。日本企業は現金を積み上げているが、まったく利息も生まず、また再投資することも配当として還元することもしないので、経営者たちは自分の企業の株主以外の利害を追っていることになるのだ。

全体として、S＆P五〇〇を構成する企業はしっかりとした基準にのっとっていると思う。それらは全米でも最大規模の企業であり、少なくとも過去においてしっかりした経営がなされていなければ、現在の支配的な地位を得ることはなかったであろう。ニッチな企業はS＆Pの企業よりも独特な製品や文化を持っていることが多く、また適応性も高い。しかし、資本配分においては、ほとんどの場合で巨大企業が有利となる。エンロンやバリアントのように、スポットライトを浴びると、プレッシャーが生まれ、数字をごまかそうとする可能性が出てくるが、透明性が合わせて求められれば、悪い行いを抑止する消毒剤となることのほうが多い。

バークシャーは、安定し、経営がうまくいっている企業全体を取得し、その状態を続けるよう促す。バフェットの経営スタイルに対する主たる批判は、彼が配下の経営陣を信じすぎるというものである。各部門は徹底した監査を受け、過大な現金があればオマハに送られ、大規模な資本配分に充てられるが、さもなければバークシャーはほとんど手を出さないのだ。二〇に及ぶ海外事業の本部職員は何百何千もの社員を雇用している。バークシャーは詳細な予算や目標を達成することよりも、「堀を広げ、永続的な競争優位を構築し、顧客を喜ばし、飽くことなくコストと戦うよう」、それらの経営陣に指導しているのだ。バフェットが敵とするABCは、傲慢（Arrogance）、官僚主義（Bureaucracy）、現状への満足（Complacency）である。誤った資本配分や不正につながるようなプレッシャーや誘惑を避けることが目的である。正しいインセンティブが与えられていなければ投資してはならない、と私は解釈している。経営陣がたくさんの株式を保有しているのは良い兆候である。

バークシャーは、大きな成功を収める優れた経営を示す二つのテストに合格している。つまり、顧客に特別な何かを提供し、資本を見事に配分しているのだ。一つ目は各事業部門で達成され、資本配分は高度に中央集権化されている。バフェットの投資先の多くがその分野を代表する企業で、高級クレジットカードのアメリカン・エキスプレス、髭剃りのジレット、家族向け娯楽のディズニー、炭酸飲料のコカ・コーラなどである。企業を一〇〇％保有するのも独特であるが、たいていはより込み入った背景がある。ベンジャミンムーア、デイリー・クイーン、デュラセル、フルーツ・オブ・ザ・ルーム、フライトセイフティ、シーズ・キャンディーズなどがそれである。事業が顧客を喜ばせ続けるかぎり、成長に必要とする以上の現金を生み出すであろう。ついでながら、顧客をだまそうとする事業は株主を含め他人にも同じことをするので、顧客を喜ばせることに焦点を当てることは悪い連中を排除することにもなる。

4．競争と陳腐化を避ける

陳腐化するものや、悲しくもコモディティ化するもの、負債に身を沈めるものにかかわろうとする者などいないが、投資におけるストーリーの多くがそうして終わっていくのである。S&P五〇〇には滑り落ちていく銘柄が常に含まれているが、生き生きとした新しい銘柄も含まれている。S&P五〇〇を構成する企業のほとんどが少なくとも数十年にわたる時間の試練に耐えてきたものであるので、向こう数十年を生き抜く可能性も平均以上のものであろうと私は考えている。一九六〇年ごろは、S&Pインデックスを構成する銘柄のライフスパンはおよそ六〇年であったが、近年ではそれが一六年ほどになっている。企業のライフスパンが短くなることすべてが投資家にとって悪いわけではない。その多くは合併買収の結果である。S&P五〇〇は時価総額加重なので、リバランスされるたびに上昇した銘柄のウエートが高まり、下落するとそれが低くなる。ここでもまた、平均的であることが極端な損害から身を守るのである。

リバランスと資本配分の重要性は、一九五八年に一株四三ドルでゼネラルモーターズに投資したと仮定してみればよく分かる。つまり、九％の利益率を手にしたか、全損となってしまったかである。ゼネラルモーターズは二〇〇九年に破産し、株式は紙切れとなった。ゼネラルモーターズ株がもたらす配当やスピンオフによって還元された資金をすべて再投資していた投資家はすべてを失ってしまった。半世紀にわたり、GMは配当とスピンオフとで一株当たり一九〇ドル以上を還元していた。デルファイやヒューズなど即座に売却していればさらに三六ドルの価値があった。インカムを費消するか、より良い何かに再投資しているかぎり、この利益率は満足いくものであった。これは、S&Pインデックスファンドと正反対であり、彼らは五〇〇銘柄からなるポートフォリオがもたらすインカムを再投資しているのだ。

バフェットがバークシャー・ハサウェイを買い始めたとき、同社は古い機材を抱えた将来性のない紡績会社で、さして差別化できていない製品を提供していた。この大失敗がなければ、バフェットは堀や独特の能力がもたらす安全性というものに目を向けることはなかったかもしれない。バークシャーはスーツの裏地では最大手だったが、裏地にはスーツを購入する者が追い求めるようなブランド性はなかった。輸入品との競争が激化し、バークシャーはもはや低コストメーカーではなくなり、また本来必要であった価格の引き上げも行えなかった。紡績工場を閉鎖することが地元地域を破壊することは知りながらも、外国の業者が優勢となることは避けられないことも分かっていたので、バークシャーは工場に再投資することはせず、ただ赤字を出しながらも何年間も工場を閉鎖せずにいたのである。

アメリカ合衆国は巨額の貿易赤字を許容する政策を恒常的に採用していたので、強いブランド力を持たないものや、外国でより安価に生産できるものは廃れていく運命だった。スーツの裏地もデクスターの靴も陳腐化はしなかったが、それらをアメリカで生産することは時代遅れだった。それでもバークシャーは、下着のフルーツ・オブ・ザ・ルームや子供服のガラニマルズなどのブランド品ではうまくいっていた。バークシャーは、国際的な取引が可能な商品を製造するコモディティ化した事業に投資する場合は、賃金がより低い国の低コストメーカーを好む。例を挙げれば、韓国の鉄鋼メーカーであるポスコは、日本の自動車会社が持つ厳しい品質基準を満たしながらも、日本の工場よりもコストが低いのである。

陳腐化やコモディティ化による影響を防ぐために、バークシャーは変化が遅く、輸入品との競争に直面していないブランド力のあるサービスや製品に繰り返し手を伸ばしてきた。ディズニーやジレットやコカ・コーラなどの消費財ブランドにとっては、国際市場は魅力的な機会でこそあれ、脅威ではない。これとは別にバフェットが追い求めているのは参入障壁や堀である。当初、バークシャーが鉄道や電力会社といったコモディティ化した企業を買収したときには驚きもしたが、さまざまな理由から、これらの産業は新規参入者が市場を荒らす可能性は低いのである。需要も安定し、また反復的である。自動運転のトラックや再生可能エネルギーのようなものが誕生し、商業的に収支が合うようになるまでは、陳腐化することもないであろう。そのときまでに、鉄道や公共事業も新たな世界に適応しているかもしれない。

多くのハイテク企業は進化的変化、差別化した製品、ロイヤルティの高い顧客、そして競合他社がいないことといったバフェットのパターンには当てはまらない。後半の三つに当てはまる数少ない企業はアルファベット、アップル、アマゾン、フェイスブック、ネットフリックスなどであるが、これらは華々しい勝者たちである。変化が常であれば、イノベーションもまたそうでなければならない。世界を征服した企業はある時点においてバフェットが言う衰退のＡＢＣの犠牲となる。つまり、傲慢、官僚主義、現状への満足である。そして、顧客をお金に変えることが、彼らを喜ばせることよりも重要となり始める。要するに、ハイテクは厳しいのだ。現在までにバフェットが投資した唯一のハイテク株はＩＢＭだが、さほど成功していない。

ワシントン・ポストはいまだトップクラスの全国紙の一つであるが、バフェットは当時まだ存在しなかったインターネットによって新聞の役割が損なわれるとは予想していなかった。実際に、ワシントン・ポストは二〇一三年にアマゾンの創業者であるジェフ・ベゾスに二億五〇〇〇万ドルで売却されたが、その価値は四〇年前と変わらなかった。バフェットは正しくも現金を生み出していて、永続性があり、成長しているフランチャイズを見いだし、放送局やケーブルテレビを買収することで、当時新聞にとっての目に見える脅威に対応していった。後にワシントン・ポストは教育サービスに手を広げ、スタンレー・カプランを買収する。さらにその後、インターネット雑誌のスレートを買収した。ワシントン・ポストが売却されたときの売却代金・金額は持ち株会社が持つ資産の一〇分の一以下であった。インターネットの登場を予見できた者はいないが、同紙はそれをうまく取り入れることで生き残り、繁栄したのである。私は占い師としての才能に乏しいので、学ぶ意欲を持つ経営幹部を探し求めるのである。

インターネットはＧＥＩＣＯにとっては僥倖で、それによってマーケティング、見積もり、顧客サービスがより容易かつ安価となり、同社のコスト競争力をさらに高めた。これは、「ハイテク株ではなく、ハイテクの利用者を買え」の一つの例である。ＧＥＩＣＯは競争に勝ち続け、今や全米第二の自動車保険会社である。一方で、自動車保険の特徴はほとんど変わっていない。自動運転が絶対確実なものとならないかぎり、自動車保険はなくならない。ＧＥＩＣＯについて言えば、バフェットは四〇年にわたり陳腐化やコモディティ化にあらがい、変化から利益を獲得すらする事業を見つけたことになる。バークシャーの一部であるＧＥＩＣＯには必要ならばいつでも対応できる強力な財政的裏づけがあるのだ。一九七〇年代にバフェットがＧＥＩＣＯに資金を投じなかったら、ＧＥＩＣＯは適確に機会をとらえるだけの柔軟性を持つことはなかったかもしれない。

バークシャーの借り入れに頼らない姿勢を非効率なまでに保守的だと見る向きも多いが、そうすることで判断を迫られることを避け、予期しない機会を利用する選択肢を手にしているのだ。最も大きな機会が訪れたときに、だれもが十分な資金を持っていないというのがシクリカルな事業のパラドックスである。世界的な金融危機のさなか、エクイティキッカーの付いた高利回りの優先株を買うだけの度胸と資金とを持ち合わせていた者はほとんどいなかった。ゴールドマン・サックスが一〇％のクーポンを出すなど、質の高い債券ではあり得ないことであるし、付与されたワラントは何十億ドルもの価値があったのだ。私の結論は次のとおりだ。変化が早く、機会があっという間に去ってしまう業界においては、負債の少ない企業が望ましい。

5．もっと安く買えるはずだ

投資をするにあたって安全な価格をどのように考えるかは、効率的市場仮説（ＥＭＨ）をどの程度信じるかによる。熱狂的な信者に言わせれば、株価は常に公正で、それゆえ安全であり、少なくとも株式としてはそれ以上ないほど安全であるとなる。熱狂もバブルも存在しないし、だれも市場でお金を稼ぐことはできない。この論理に従えば、投資家はリターンに対する適切な期待を設定することに注力すべきとなる。効率的市場仮説はＳ＆Ｐインデックスファンドを開発する理論的基礎となった。ボーグルは効率的市場仮説をさらに広げ、重要なのはコストであるという仮説を提示した。つまり、投資家は市場の平均リターンから費用と税金を差し引いたものを手にできると期待すべきだということだ。

ここで一つ言えることとは、個別株の所有者は市場と同じリターンを期待すべきであるが、それはインデックスファンドよりもはるかに変動しやすいものだということだ。同じリターンとより低いリスクを前提とするなら、インデックスファンドを買えとボーグルは言うことであろう。インデックスファンドの信託報酬は低いので、個別株の所有者はめったに取引しなければコストをさらに低くすることができる。しかし、私のようなアクティブのファンドマネジャーにとっては、それは警告である。アクティブファンドはより高い信託報酬を課し、回転率が高いものもある（近年、私のファンドはベンチマークであるラッセル二〇〇〇インデックスよりも回転率が低かった）。アクティブ運用のファンドのパフォーマンスを純資産ウエートで見てみると、ボーグルの主張どおり、ベンチマークにアンダーパフォームしていることをほとんどの調査が示している。しかし、費用が低く、経験豊富なマネジャーが運用し、より大きなファンド会社が管理しているファンドであれば、著しく良い結果となるであろう。

私が考えるとおり、平均的な銘柄については長期にわたって平均すると、その価格は公正な価値とおおよそ等しくなる。では、極端な外れ値についてはどうだろうか。それを効率的市場仮説の「雑」バージョンと呼ぶことにしよう。効率的市場仮説は、株式分析は大変な仕事であり、自分は市場よりも知識があると軽率に仮定すべきではないと警告する教訓である。人間のあらゆる行動と同じように、能力や努力には幅がある。平均的なプレーヤーは平均的だが、極端な場合は、名人もへたくそもいる。同様に、極端な場合、銘柄がバブルとなったり、株式市場がバブルとなることもあれば、信じられないほどの捨て値となることもある。たいていの場合、物事は多かれ少なかれ平均的であるので、ボーグル信者にとってはおおむね問題ないのだ。

私が心配しているのは、市場が普通ではなく、異常を来したときである。日々の共同幻想は市場全体ではなく、人気銘柄の一群で見られるものであるが、バブルは確実に姿を現し、そしてバブルと認識される。そして、弾ける。ただ、そのタイミングは分からない。たしかに、最終的に正しさが証明されないかぎり、一貫して世界と異なる意見を持っていれば、狂っているとされるのが一般的であろう。二〇〇〇年の株式のリターン予測について言えば、国債の利回りが六％を超えているときに、利回りが三・二％、シラーの利益率が二・三％というのは警告となっているべきだったのだ。同様に、一九八九年の目もくらむような高値では、日本国債の利回りが四・五％だったのに対して、日経平均のそれは一・三％だったのだ。それから、オーストリアのような悲劇的なケースもあり、人間模様のほうが市場よりもはるかに分別がなかった。こう考えていくと、インデックス運用は、誤った判断も大衆と共有していれば恥にはならないという意味においてのみ安全なのである。

バフェットは他人の愚かな行動を富に変えてきたが、掘り出し物を探すのは無意味だと教えてくれた大学教授に感謝していると言ったことがある。特に彼は、優れた事業であれば解決し得る大きな問題に対する過剰反応を探している。そのような投資は価値の四つの要素すべてを結びつける。つまり、高い利回り、成長予想、失敗から身を守る堀または競争優位、将来に対する確実性である。ＧＥＩＣＯのケースのような非継続事業を別とすれば、バフェットが保有する企業は会計処理が透明で、調整項目がほとんどなく、株主利益が公表利益を反映しているといった特徴がある。そのような状況は頻繁に起きるわけではない。

バフェットの最初のステップである、標準化した利益に基づくＰＥＲが低い銘柄を買うという行為はロボットでもできる。バフェットが買ったとき、ワシントン・ポストは利益の八倍であった。バークシャーはＧＥＩＣＯ株を、ピーク時の利益の一・五倍で取得しており、そのほとんどが七・四％の利回りを生む優先株を通じたものであったが、これは先のピーク時の利益の二・五倍に等しい価格で転換することが可能であった。ウェルズ・ファーゴは簿価と同じで、利益に対しては五倍以下であった。アメリカン・エキスプレスの一九六五年のＰＥＲは一〇倍である。コカ・コーラはグラマー株だったので一五倍だ。もし過去における利益が指標となるならば、取得価格は十分な安全域をもたらすものであった。

不思議で、うまく説明できないことは、すべてのケースにおいて利益が過去の業績をあっという間に追い抜くので、バークシャーの取得価格は驚くべきアノマリーであるかのように思えることである。一九八〇年代初頭までに、ＧＥＩＣＯの一株当たり利益は一度目の取得価格よりも大きくなっていた。五年後、ワシントン・ポストの利益は、取得価格の半分ほどである。アメリカン・エキスプレスの利益は四年間にわたって一株当たり三・三三ドルから一二・〇〇ドルまで増えた。コカ・コーラの利益はその後の一〇年間で四倍になった。いずれのケースでも、問題は極めて一時的なものであり、企業は拡大する顧客層に対して、独特の価値を持つ何かを提供してきた。一時の問題を別とすれば、これらは将来を見通せる事業なのである。すべてをまとめると、それら企業の価値は、利回りが示すものよりもはるかに大きい。マルチプルにプレミアムが付くだけの価値があるのだ。

ワシントン・ポストに関して言うと、バフェットの取得価格からすると七五％の安全域があった。メディアを巡っては非公開の活発な市場が存在するが、ワシントン・ポストの評価は四億ドルから四億五〇〇〇万ドルの範囲にあった。同社の時価総額はおよそ一億一〇〇〇万ドルで、最低でも七五〇〇万ドルであった。これを効率的市場と調和させるには、ワシントン・ポストが破産し、同社が持つほかの資産は無価値となる可能性が四分の三であると仮定するほかなかったのである。

安全域は互いに補強しあう

一つの次元における安全域が、別の次元における安全域を下支えすることがよくある。例えば、慎重で合理的に考える人物ならば、自らのコンピタンス領域の限界を知りまた受け入れるのは比較的容易である。自らの限界を知り、誤りを認められるようになれば、他者の能力の限界や倫理上の誤りを指摘する能力も高まるであろう。有能な経営者を求めているならば、陳腐化やコモディティ化、また過剰な負債による脅威を予測するようになるであろうし、よりうまく対応できるであろう。投資家が将来を見通そうとしてはまり込む袋小路を回避したならば、価値の推定はより信頼に足るものとなる。

絶対はない

人生も投資も本質的に安全ではない。それゆえ、われわれが議論してきたすべての安全域は相対的なものであり、状況によって変化し、トレードオフを内在している。合理性について考えてみればよい。タバコやアルコールやギャンブルといった非倫理的銘柄に投資することを拒む者もいるが、私にはそれが非合理だとは思えない。彼らは、それらの活動を通じて得られるいかなる利益よりも自らの価値観を優先しているのだ。バフェットが簡単な調査のあとに数十の韓国株式からなるバスケットを買ったが、これは非合理だろうか。または、彼がよく知る業界において優れた実績を持つ企業の株式で、ＰＥＲが一桁となっている銘柄をより深く調査することを正当化するだけのパフォーマンスの改善が見られないだろうと結論することは合理的であろうか。われわれは皆、自らが気分屋のミスターマーケットとなっているときがあるものだ。ただ、それがそれほど頻繁なことではないことを願うだけである。

異なるタイプの安全性にはトレードオフの関係が見られることが多い。ユコスの場合のように、算出された資産価値に対して大幅な割り引きがなされているということは、ロシアにおける財産権が極めて不確実だということだ。反対に、スーパースターのＣＥＯを擁するグラマー株や止めようのないグロース株の価格には非安全域が伴う。妥協してはならない安全域は、自らコントロールできるもの、つまり合理性とコンピタンス領域である。私同様に、自らのコンピタンス領域が少しばかり緩いものであるならば、生涯学習が最良の防御策となる。事実を収集している途中であれば、小さく賭け、分散を図ることで自らを守ることができる（もちろん、インデックスファンドを通じてもよい）。投資をする前に、自分自身の安全域の弱点を把握し、その一つで自らの結果にプラスの働きをするか、マイナスの働きをするかをじっくり考えるべきである。

自ら選んだ方法が、ボーグルのそれに近かろうが、バフェットのそれに近かろうが、次の五つのステップを通じて安全域を求めることで、後悔をしないですむ。

①自らの動機をはっきりさせ、感情に従って金融上の判断を下してはならない。
②理解されないものもあれば、自ら理解できないものもあることを認識しなければならない。
③正直かつ信頼に足る人々、独特の価値を持つ何かを行っている人と投資をしなければならない。
④世の移り変わりやコモディティ化、過剰な負債でも破壊されない事業を支持しなければならない。
⑤つまるところ、支払う価格よりも大幅に大きな価値を持つ投資を探し続けなければならない。

■著者紹介

ジョエル・ティリングハスト（Joel Tillinghast）

1989年からフィデリティ・ロープライスト・ストック・ファンドのファンドマネジャー。36年にわたり投資業界に君臨するベテランで、長期にわたってベンチマークを大幅に上回るパフォーマンスを上げ続けるトップクラスの存在として名をはせている。CFA（認定証券アナリスト）でもある。

■監修者紹介

長尾慎太郎（ながお・しんたろう）

東京大学工学部原子力工学科卒。北陸先端科学技術大学院大学・修士（知識科学）。日米の銀行、投資顧問会社、ヘッジファンドなどを経て、現在は大手運用会社勤務。訳書に『魔術師リンダ・ラリーの短期売買入門』『新マーケットの魔術師』など（いずれもパンローリング、共訳)、監修に『高勝率トレード学のススメ』『ラリー・ウィリアムズの短期売買法【第２版】』『コナーズの短期売買戦略』『続マーケットの魔術師』『続高勝率トレード学のススメ』『ウォール街のモメンタムウォーカー』『システマティックトレード』『株式投資で普通でない利益を得る』『成長株投資の神』『ブラックスワン回避法』『市場ベースの経営』『世界一簡単なアルゴリズムトレードの構築方法』『新装版 私は株で200万ドル儲けた』『リバモアの株式投資術』『ハーバード流ケースメソッドで学ぶバリュー投資』『システムトレード 検証と実践』『ウォール街のモメンタムウォーカー【個別銘柄編】』『マーケットのテクニカル分析』『とびきり良い会社をほどよい価格で買う方法』『インデックス投資は勝者のゲーム』『新訳 バブルの歴史』『株式トレード 基本と原則』『企業に何十億ドルものバリュエーションが付く理由』『ディープバリュー投資入門』『デイトレードの基本と原則』『ファクター投資入門』など、多数。

■訳者紹介

藤原玄（ふじわら・げん）

1977年生まれ。慶應義塾大学経済学部卒業。情報提供会社、米国の投資顧問会社在日連絡員を経て、現在、独立系投資会社に勤務。業務のかたわら、投資をはじめとするさまざまな分野の翻訳を手掛けている。訳書に『なぜ利益を上げている企業への投資が失敗するのか』『株デビューする前に知っておくべき「魔法の公式」』『ブラックスワン回避法』『ハーバード流ケースメソッドで学ぶバリュー投資』『堕天使バンカー』『ブラックエッジ』『インデックス投資は勝者のゲーム』『企業に何十億ドルものバリュエーションが付く理由』『ディープバリュー投資入門』『ファクター投資入門』（パンローリング）などがある。

2019年１月３日　初版第１刷発行
2022年１月１日　　　第２刷発行

ウィザードブックシリーズ(272)

ティリングハストの株式投資の原則
――小さなことが大きな利益を生み出す

著　者　　ジョエル・ティリングハスト
監修者　　長尾慎太郎
訳　者　　藤原玄
発行者　　後藤康徳
発行所　　パンローリング株式会社
〒160-0023　東京都新宿区西新宿 7-9-18　6階
TEL 03-5386-7391　FAX 03-5386-7393
http://www.panrolling.com/
E-mail　info@panrolling.com
編　集　　エフ・ジー・アイ（Factory of Gnomic Three Monkeys Investment）合資会社
装　丁　　パンローリング装丁室
組　版　　パンローリング制作室
印刷･製本　株式会社シナノ

ISBN978-4-7759-7242-7

インデックス投資は勝者のゲーム

ジョン・C・ボーグル【著】

定価 本体1,800円+税　ISBN：9784775972328

市場に勝つのはインデックスファンドだけ！

本書は、市場に関する知恵を伝える一級の手引書である。もはや伝説となった投資信託のパイオニアであるジョン・C・ボーグルが、投資からより多くの果実を得る方法を明らかにしている。つまり、コストの低いインデックスファンドだ。ボーグルは、長期にわたって富を蓄積するため、もっとも簡単かつ効果的な投資戦略を教えてくれている。

とびきり良い会社をほどよい価格で買う方法

チャーリー・ティエン【著】

定価 本体2,800円+税　ISBN：9784775972304

投資の達人と同じように投資できる！

バリュー投資で名高いウォーレン・バフェットは、「私はほどよい会社をとびきり安く買うよりも、とびきり良い会社をほどよい価格で買いたい」と事あるごとに言っている。バフェットに巨万の富をもたらしたのは、この単純明快な経験則だった。この種の投資戦略で富を築くための重要なカギは、株価と企業の質を正確に測ることだ。本書はその両方を1冊で解決する情報源である。

企業に何十億ドルものバリュエーションが付く理由

アスワス・ダモダラン【著】

定価 本体3,800円+税　ISBN：9784775972359

企業価値評価における定性分析と定量分析

一度も利益を上げたことのない企業が何十億ドルものバリュエーションを付けるのはどうしてなのだろうか。なぜ巨額の投資を得られるスタートアップ企業が存在するのか。ファイナンスの教授であり、投資家としても経験豊富なアスワス・ダモダランが、数字を肉づけし、用心深い投資家にもリスクをとらせ、企業価値を高めるストーリーの力について論じている。

ディープバリュー投資入門

トビアス・E・カーライル【著】

定価 本体2,200円+税　ISBN：9784775972366

驚異のバリュー指標「買収者のマルチプル」

本書では、バフェットやグリーンブラットの「魔法の公式」のパフォーマンスを上回る「格安な価格の適正企業」（買収者のマルチプル）の見つけ方を平易な言葉で説明していく。ビジネスに関する正規の教育を受けていない者でも、投資におけるバリューアプローチが理解でき、読後、5分後にはそれを利用できるようになるだろう。